不含傳說的普魯士

Preußen ohne Legende

德意志三部曲 1

賽巴斯提安·哈夫納◎著　周全◎譯

SEBASTIAN HAFFNER

目錄

周全譯序

黑中有白，白中有黑的普魯士

吾乃普魯士人，你可知我顏色？
黑白旗幟在我面前飄揚；
吾列祖列宗為自由而犧牲，
請謹記，這是我顏色的真諦。
我永不畏葸退縮，願與先人一般果敢，
無論天色昏暗或陽光普照，
吾乃普魯士人，願為普魯士人！

——普魯士國歌

曾經翻開過《一個德國人的故事》、《破解希特勒》、《從俾斯麥到希特勒》等等哈夫納論述的人，往往對封面內頁提到的《不含傳說的普魯士》一書頗感好奇。結果這本關於普魯士的經典著作，在過去幾年成為「左岸出版社」被詢問度最高的書籍。[1]如今它終於也和讀者朋友們見面了。對譯者自己來說，本書更具有非比尋常的意義：當初我透過它而開始私淑德國政論大師哈夫納先生，它是我德國史——尤其是普魯士史——的啟蒙書之一，並且陪伴我完成在德國的學業。《不含傳說的普魯士》這個標題，則甚至早在開始翻譯本書整整三十年前即已出現。

講得精確些，事情要回溯到一九八〇年底，譯者留學西德半年之際。某天我在雜誌上看見一本精裝版新書的廣告，不禁深受吸引。一方面是因為其標題——《Preußen ohne Legende》——十分簡潔別致，幾乎讓人不知該如何翻譯才好（光從字面來看，它叫做「普魯士沒有傳說」）。另一個理由則是，我們小時候都在歷史課本裡面讀過：「一八七一年，普魯士鐵血宰相俾斯麥統一了德國」——「俾斯麥」是人人皆可琅琅上口的對象，「普魯士」一詞卻容易讓人丈二金剛摸不著頭腦：普魯士到底是什麼？普魯士位於何方？誰是普魯士人？俾斯麥統一德國後，普魯士又跑到哪裡去了？……但最令人納悶的當然還是：此處的「傳說」究竟所指為何？

可惜精裝書很不便宜，再加上譯者當時正為了準備「下薩克森邦」（昔日普魯士「漢諾威省」）的「拉丁文執照考試」[2]而忙得焦頭爛額，所以只是把「普魯士沒有傳說」掛在心上，繼續納悶下去。時至一九八一年夏天，我總算順利通過考試得以正式展開學業，於是訂購了那本普魯士專論來犒賞自己，並前往普魯士的故都柏林市，不但參觀西柏林舉辦的普魯士特展，還去東柏林遊玩了一天。[3]我從西柏林坐地鐵進入東柏林之後，一離開車站便不知不覺步行來到著名的「菩提樹下大街」，赫然看見理論上不該出現的東西：那裡巍巍矗立一座紀念碑，頂端安放一尊巨大銅像，刻畫出一位身穿戎裝、頭戴三角帽的騎士。那是腓特烈二世國王（「大帝」），普魯士的標竿人物！東德這個「工農民主共和國」首都精華地段最主要的道路旁邊，竟堂而皇之陳列一尊「封建君主」騎馬立像，未免令人匪夷所思。

當初東德在一九四九年建國之後，第二年就把位於東柏林的普魯士王宮和「德皇

1 在左岸的四本哈夫納著作中，《不含傳說的普魯士》是最晚出版的一本。

2 在傳統德國大學，學生不「修學分」，而是「收集執照」（Scheine sammeln）——循序取得足夠「執照」之後，才有資格參加學位考試。拉丁文是西方的「文言文」，所以拉丁文「執照」成為敝校歷史系的最基本要求（有了拉丁文執照才可「收集」中古史執照、有了法文執照才可「收集」近代史執照、有了俄文執照才可「收集」東歐史執照……）。

3 柏林市在一九八〇年代仍由美、蘇、英、法四國共管，從西柏林進入東柏林無需申請簽證，但必須當日來回。

威廉一世紀念亭」拆得一乾二淨，藉以徹底清除「反動的普魯士軍國主義」之遺跡。腓特烈紀念像的底座也被大卸八塊移走，銅像本身則險些毀於熔爐，幸好後來法外開恩，僅僅把它發配至波茨坦的一座花園。到了一九八〇年十一月底（就是譯者看見「普魯士沒有傳說」廣告的差不多同一時候），東德共黨政府作風不變，又大費周章將之迎回「菩提樹下」！

東柏林的普魯士國王銅像消失三十年後驀然重返，西柏林則大張旗鼓舉辦普魯士特展，顯然譯者恰好躬逢其盛，現場目睹東西柏林如何重新發現了普魯士，並且競相透過普魯士來面對自己的過去。不過雙方跨出這一步的時候都需要很大勇氣。畢竟之前的情況相當敏感，而那可以套用東德末代總理和第一位民選總理——德・梅西爾——的講法說明如下：東西兩個德國都曾經是盟軍一九四七年一項決議的執行者。東德的代表人物是「一九四九世代」，將「普魯士精神」斥為「法西斯獨裁政權的重要基礎」；西德則有「一九六八學運世代」，把「普魯士的價值觀和美德」貶低成「蔑視人性」。[4]

自從德國於一九四五年戰敗、覆亡和遭到占領以來，普魯士便成為禁忌。德・梅西爾所指出的那項「決議」，其實是美、蘇、英、法四國引申邱吉爾「普魯士乃萬惡之源」的論調，給普魯士開立的「死亡證明」。紐倫堡大審結束四個多月後，「盟軍管制委員會」在一九四七年二月二十五日簽署《第四十六號法令》，宣布「**普魯士國家歷來是德**

國軍國主義和反動作風的支柱，它事實上已經不復存在」，為求「**維護各民族的和平與安全**」，以及「**在民主基礎上進一步重建德國的政治生活**」，自即日起「**解散普魯士**」。

看來普魯士會讓人氣憤得做出「激烈反應」，[5]甚至「陷入矛盾」。既然普魯士已不復存在，「盟軍管制委員會」又怎能「解散」（或「廢除」）那個不存在的東西呢？[6]不過此一怪異事件已讓人初步領略普魯士的「傳說」色彩：它是一個擁有「死亡證明」的國家，生前既「不民主」又「危及各民族的和平與安全」，卻足以令東西柏林同時對它緬懷不已，而且它還具備某些「美德」……。於是譯者在一九八一年夏末從西柏林返回我那所位於東西德邊境的大學後，立刻開始仔細閱讀剛買來的精裝書，這才化解心中的疑惑，終於明白書中所強調的並非「普魯士沒有傳說」，而是普魯士被硬生生套上了五花八門的「傳說」，以致充滿著「神話」、「迷思」與「扭曲」。

4 摘錄自洛塔爾．德．梅西爾（Lothar de Maizière）二〇〇六年九月二十八日的一篇演說詞：〈論美德、普魯士和胡格諾人〉（Von Tugenden, Preußen und Hugenotten）。

5 英國史學大師霍布斯邦曾在《趣味橫生的時光》中，回憶起「打了勝仗但缺乏幽默感的盟軍」，如何清除柏林「勝利大道」兩側的歷代統治者塑像，藉此「讓有關普魯士的一切，在一九四五年以後永遠從德國人的記憶中消失」。

6 該自相矛盾法令的英文版可摘要如下：「The Prussian State which from early days has been a bearer of militarism and reaction in Germany has de facto ceased to exist …… The Prussian State …… is abolished……」。

普魯士國旗只出現黑白兩種顏色（起初甚至沒有黑鷹圖案，光是上黑下白），而那些「傳說」就跟普魯士的旗幟一樣黑白分明，結果喜歡普魯士的人只看見白色（如「秩序」、「正直」與「寬容」），不喜歡普魯士的人只看見黑色（如「好戰」、「反動」和「不民主」），德國人則要等到一九七〇年代，才打破禁忌來正視普魯士「白」的一面。哈夫納就在整體氛圍出現微妙變化的時刻，以普魯士人的出身、批判的態度和不存偏見的做法，探討了那個不尋常的國度。既然哈夫納的著眼點是要破除神話與迷思，於是我在一九八一年秋季決定，乾脆把書名稱作《不含傳說的普魯士》好了。誰知時隔三十年後，它成了本書中譯版的正式標題。

* * *

普魯士最為人詬病之處和各種傳說的根源，無疑是其軍國主義。現在就讓我們看一個軍事方面的統計數字：普魯士國王腓特烈二世在一七四〇年五月登基時，他的父親（「士兵國王」腓特烈·威廉一世）留給他一支八萬三千人的軍隊——當時普魯士已將近三十年沒打過仗了。

對面積為台灣三點三倍的國家來說，[7]八萬三千人的常備兵力似乎不多。然而普魯士當時總共才二百二十萬人，因此軍人占了國民的百分之三點八。這看起來也還正常，但繼續計算下去的話，我們只會得出十分聳動的數字：其情況相當於美國在承平時期養兵一千二百萬，或者中國和印度隨時維持五千萬大軍！更駭人聽聞的是，普魯士那年的軍費支出高達全國歲入的百分之七十二點四，隨後數十年內更動輒超過百分之八十！若在別的國家，這種國防開銷恐怕早就把經濟拖垮。[8]一七四〇年時的普魯士卻同時握有「完成戰備的部隊」和「裝得滿滿的國庫」，以致腓特烈二世在同年年底放膽出兵奪取奧地利的西里西亞，結果戰爭時斷時續地進行到一七六三年。最後普魯士同時跟歐陸最強大的法、奧、俄三國鏖戰七年，打成了平手。莫非普魯士天賦異稟？

那倒未必，不過普魯士人的確具備許多美德，而美德往往源自「迫於無奈」或「後天養成」。想明白這點，我們不妨翻閱一下書中附上的幾張地圖。

一九八一年譯者首度看見它們時，浮現的第一個印象是「怎麼好像在下圍棋？」因為那些土地互不相連，從荷蘭、瑞士一直散布到立陶宛和波蘭。「棋盤」的重心在易北河東方，而那裡起先主要只有「布蘭登堡邊區」和「普魯士公國」兩個不相干的國度：

7 普魯士一七四〇年時的面積為十一萬八千九百二十六平方公里。

8 例如前蘇聯的國防支出大約還「只」占總預算的百分之三十左右，譯者一九九一年（蘇聯末年）在莫斯科街頭所見的景象，卻只能用一個「慘」字來形容。

前者是神聖羅馬帝國的邊陲之地，乃十二世紀「東向殖民」創造出來的結果；[9]後者則為十三世紀「條頓騎士團」所建立國家的殘餘部分，在十七世紀中葉成為自主國。歷史的因緣際會，使得布蘭登堡邊疆伯爵在三十年戰爭爆發那年（一六一八年），開始兼任普魯士公爵。「布蘭登堡—普魯士」不僅誕生於戰爭中，瑞典和神聖羅馬帝國軍隊的來回肆虐，更導致布蘭登堡邊區損失了三分之一以上的人口。[10]

等到三十年戰爭終於結束後，那個地寡人稀的國家開始創建常備軍來自衛。軍隊雖然主要只使用為談判時的籌碼，但隨著軍備規模的不斷擴大，財政負擔日益沉重，迫使普魯士全國上下必須以最務實的態度，做出最合理的規劃、最具效率的措施，以及最精確的行動——我們大可將此簡稱為「窮人的儉樸美德」。哈夫納在本書第二章，便對此做出非常精彩的敘述，說明「國家自保本能」和「國家利益至上原則」，如何鞭策普魯士在十八世紀那個崇尚理性主義、啟蒙運動和開明專制的年代，逐步成為歐洲國家之典範，甚至成為全歐洲受迫害者的庇護所。那些來自歐洲各地的人才，又在工商業、科學和文化上帶來了進步。十八世紀初的時候，柏林市的人口甚至三分之一來自法國，而且他們一直留了下來，例如東德末代總理德·梅西爾就是昔日法國難民的後裔。

一七〇一年一月十八日，布蘭登堡—普魯士的統治者做出一個「借殼上市」的動作，在不屬於神聖羅馬帝國的普魯士公國加冕為國王，其轄下宛如由一群變形蟲組成的國家從此更名為普魯士王國。此「借殼上市」之舉具有兩層意義。首先，布蘭登堡邊區形同將自己位於帝國內部的領土「轉移到境外」，從此更方便名正言順地跟帝國打對台。從另一方面來看：東向殖民者剛越過易北河的時候還是日耳曼人，但他們很快就在血源上融合成為一個半日耳曼、半斯拉夫的民族——古普魯士人卻是跟他們格格不入的「野人」，使用一種讓日耳曼人和斯拉夫人都聽不懂的語言。換句話說，那些「新普魯士人」決定把「異族」的名稱使用為共同的國號！

這讓人再度回想起普魯士國歌的歌詞：「吾列祖列宗為自由而犧牲」可烘托出普魯士努力讓國家在帝國旁邊自由活動。就「無論天色昏暗或陽光普照」而言，軍國主義豈不像是太陽，同時映照出普魯士陰暗與光明的一面，逼迫普魯士既「侵略成性」又「充滿美德」？至於「普魯士」這個「借殼上市」的國號，不正是「願為普魯士人」之最佳體現？

由於普魯士王國並非民族國家，其疆域支離破碎，各地民情差異頗大，「願為普魯士人」便意味著認同一種特定的生活方式。若按照普魯士哲學家康德的講法，那叫做「只

9 日耳曼人在西元四世紀展開「民族大遷移」，不斷向西歐和南歐推進，來自喀爾巴阡山區的西斯拉夫人漸漸乘虛而入，於是大約自九世紀起，易北河以東完全成為西斯拉夫民族的地盤。

10 例如「三十年戰爭」爆發之前，柏林市的居民有一萬四千人，戰後只剩下了七千五百人。

按照……能成為普遍規律的準則去行動」。特殊的歷史和地理條件，再加上軍事壓力、財政負擔和政治需求，促成普魯士的「國家利益至上原則」結合了「啟蒙運動精神」與統治者的「新教倫理」，創造出所謂「普魯士美德」，[11]大致為：誠實、自制、紀律、勤奮、服從、直率、公正（各得其所）、虔誠（但宗教寬容）、剛直（嚴於律己）、勇氣、守秩序、責任心、精確、正直、無私忘我、節儉、無畏（不自怨自艾）、忠誠、廉潔、謙遜、開明、實質重於表象、可靠。由於普魯士最後統一了德國，而且德國三分之二的地方直接歸普魯士所有，那些「普魯士美德」多半進而成為一般人印象中「德國人的美德」。

固然不可能人人具備這些美德，但普魯士國家理念可以此為標準來形塑國家的統治者和國民，讓他們共同替一位抽象的「普魯士國王」效力。上述美德又可總結成「鐵的紀律」、「強烈的責任心」與「高度的服從性」，而其成效有目共睹：普魯士在極短時間內，便從窮鄉僻壤躍居歐洲五強之一。地理因素雖使得普魯士成為「肉食動物」，必須不斷向外擴張和推動土地調整政策，否則國家疆域連形狀都沒有。但普魯士通常卻寧願只當「食腐動物」，在談判桌上和平繼承別處的土地，甚至表現得僅僅像是「刺蝟」一般。軍隊往往只是最後的手段，能不出兵就不出兵，因此普魯士在歷史上經常連續偃兵息鼓幾十年，不像英法俄老是在某地動武。但普魯士不打仗則已，一打起來就轟轟烈烈，於是給人一種「特別好戰」的感覺。其實除了腓特烈二世的西里西亞戰爭、一八一三年反拿破崙的「解放戰爭」，以及一八六四至一八七一年的三場戰爭，普魯士打過的仗並不多。

十九世紀的普魯士再也無法隨心所欲自由行動。它先是被拿破崙擊敗而淪為法國附庸，接著又融入梅特涅的歐洲體系，並且與奧地利和俄國結成「神聖同盟」，在一八四八革命之前成為對抗民主運動和民族運動的急先鋒。結果十八世紀那個理性十足、既進步又寬容的模範國度，變得既反動又充滿嚮往中世紀的浪漫主義作風，普魯士國王則始終未能走出開明專制的階段。等到梅特涅體系崩潰後，普魯士繼續跟著新的時代精神齊頭並進，可惜時代精神已變成民族主義和帝國主義。結果普魯士遭到德意志民族主義綁架而走上悲劇之路。

普魯士統一德國的行動，到頭來只意味著一種「最光榮的退場機制」——大多數普魯士人從此「願當德國人」，而且往往變成狂熱的德意志民族主義者。俾斯麥終於讓普魯士「吃飽了」，不必再進行擴張。普魯士卻逐步邁向死亡，被另外一個餓肚子的國家（德意志國）取而代之。普魯士軍隊已轉軌成為德國軍隊，只向德皇或「元首」個人宣

11 關於「普魯士的美德」，可參見英文版維基百科的「Prussian virtues」條目，或德文版維基百科的「Preußische Tugenden」（後者的說明比較詳盡）。

誓效忠。在德皇威廉二世那個狂妄自大的時代，德國社會已全面軍國主義化，幾乎到了「只有穿軍裝的人，才算得上是人」的地步。而就在普魯士早已名存實亡之際，普魯士「黑白傳說」卻如雨後春筍一般不斷冒出，而且黑色逐漸壓過了白色；白色的傳說則往往淪為極右保守派的宣傳工具。等到希特勒上台的時候，普魯士已在半年前死於「普魯士政變」。希特勒卻濫用了普魯士人美德，將從前知所節制的「肉食動物」改造成紀律嚴明、責任心強、高度服從的「掠食動物」，製造出千古浩劫。

其實不光是普魯士，就連德國也因為希特勒而永遠留下了污名。可是把希特勒的帳全部都算到普魯士和德國頭上，則未免有欠公允。我們讀完《不含傳說的普魯士》以後，或許更可體會德．梅西爾以「法國胡格諾血統的普魯士人、具歐洲色彩的德國國民、世界公民與基督徒人道主義者」之身分說出的話：「把普魯士縮減成『軍國主義』與『反動作風』的做法，就和把最近四百年來的德國歷史縮減成十二年（納粹德國）的做法一樣不合理。」

導言

普魯士已經死了，但正因為如此，我們得以擺脫把普魯士弄得面目全非的各種傳說：「金色的普魯士傳說」，認為德國的統一實為普魯士一貫的使命，歷代普魯士國王，乃至於之前的布蘭登堡選侯，時時刻刻都在為此奉獻心力；「黑色的普魯士傳說」，普魯士於其眼中僅僅意味著強盜作風的軍國主義，而且直到今天仍然將腓特烈大和俾斯麥視為希特勒的先驅。

大多數歐洲國家都有千年歷史可供誇耀，並言之成理——如果我們不吹毛求疵的話。普魯士卻大異其趣。普魯士很晚才在歐洲列國的星空當中現身，如流星般地升起又隕落。

「民族大遷移」塵埃落定後，今日歐洲各國的輪廓幾乎皆已開始清楚浮現之際，未來的普魯士依舊蹤跡全無。接著還需要第二次較小型的民族遷移——德國人在十二、十三世紀的「東向殖民」——才僅僅得以啟動普魯士的史前史。

史前史仍不等於歷史本身。因為可敬的「阿斯卡尼亞」家族位於施普瑞河與哈弗爾河流域的殖民地，[1]以及「條頓騎士團」在魏克塞爾河畔[2]更加令人肅然起敬的宗教共和國，暫時又同樣都一蹶不振。到了宗教改革時期，昔日條頓騎士團的國度已然變成一塊不起眼的波蘭屬地；布蘭登堡邊區則依舊是——或者再度淪為——德境各選侯國當中最貧窮落後的一個，[3]乃臭名遠揚的強盜騎士樂土。尚未有人能夠料想得到，這兩個相距甚遠的破落殖民地，有朝一日將共同搖身成為嶄新的歐洲強權。畢竟那是兩個多世紀以後才會發生的事情，更何況如同我們即將看見的，其間另有許多意外巧合發揮了作用。而即使是在一七〇一年，當布蘭登堡選侯自稱為「在普魯士的國王」（König in Preußen）之際，這個舉動看起來簡直像是一個笑話。

接下來可就發展得十分快速：半個世紀後出現了一位「普魯士國王」（König von

Preußen），而且他被同時代的人們尊稱為「大王」。[4]那位國王曾經向歐陸三大強權做出挑戰，並且通過戰爭的考驗。普魯士流星便在倏忽之間高掛天際，既亮光閃閃又熠熠生輝。

不到半個世紀之後，它就再度瀕臨灰飛煙滅。可是它並沒有熄滅——看哪，它還在那裡，它又回來了！時至一八一五年，這個剛在不久前無中生有冒出頭來，接著又幾乎沉淪於無形的國家看似終於根基穩固，與英國、法國、奧地利和俄國平起平坐，被接納為歐洲五強專屬俱樂部的成員，即便它只是裡面最小的一個。再過了半個世

1 阿斯卡尼亞家族（Askanier）得名自德國中部安哈特地區（Anhalt）一座城堡的拉丁文名稱——「Ascania」。該家族的根源可回溯至十一世紀，乃最資深的德國貴族世系之一。哈弗爾河（Havel）是易北河的支流，從北到南流過今日柏林市的西郊，施普瑞河（Spree）則為哈弗爾河的支流，由東向西貫穿整座柏林市。

2 「魏克塞爾河」（Weichsel）是東普魯士與西普魯士的界河，即波蘭文的「威斯瓦河」（Wisła），英文的「維斯杜拉河」（Vistula）。

3 選侯（Kurfürst）或譯為「選帝侯」，從十三世紀開始負責選出「羅馬人的國王」（十六世紀後象徵性地選出「德意志民族的神聖羅馬帝國」皇帝）。一三五六年時確立了七個選侯，分別為：美因茲大主教、科隆大主教、特里爾大主教、巴拉丁伯爵（萊茵—普法爾茨伯爵）、薩克森公爵、布蘭登堡邊疆伯爵，以及波希米亞國王。

4 「在普魯士的國王」總共有三位——腓特烈一世（1701-1713）、腓特烈·威廉一世（1713-1740）、腓特烈二世（1740-1772/1786）。一七七二年首次瓜分波蘭並取得西普魯士之後，腓特烈二世改稱「普魯士國王」。腓特烈二世被時人譽為「弗里德里希大王」（Friedrich der Große）。以下配合通用譯名，仍稱之為「腓特烈大帝」。

紀，這個國家卻冷不防躍升為列強當中最大的勢力。普魯士國王如今已是德意志皇帝（Deutscher Kaiser）。

然而就在贏得畢生最大勝利的這個時刻，普魯士開始一命嗚呼——儘管當時還沒有人能夠看清此一事實，今日卻人人有目共睹。普魯士已經征服了德國，現在它反而遭到德國征服。從普魯士的角度來看，不管俾斯麥做出了多少預防措施，建立德意志國的行動到頭來只意味著一種光榮的退場形式。[5]

人們可以沒完沒了地爭辯下去，普魯士究竟卒於何時：

一八七一年，當普魯士將自己的外交政策決定權轉讓給新成立的德意志帝國；

一八九〇年，當一位來自巴登的檢察官接掌德意志帝國外交部；

一八九四年，當一位巴伐利亞的侯爵成為普魯士總理；

一九一八年，當普魯士的君主政體一去不返；

一九二〇年，當普魯士陸軍被併入威瑪共和國的國防軍；

一九三二年，當共和國中央政府委派的一名全權代表罷黜了普魯士政府；

或者一直要等到一九四五年，當逃難與驅逐導致普魯士的核心省分除了一個之外，都已經杳無人煙的時候。[6]反正最晚從此開始，普魯士已告死亡。四大戰勝國在一九四七年畫蛇添足宣布解散普魯士的做法，只不過是侮辱屍體罷了。

如果說沒有人緬懷已經亡故的普魯士，那是誇大其辭的講法。然而遭到驅逐者「對失落家園的感傷」，不應該被拿來跟「對普魯士國的感傷」混為一談。那些人們如此無怨無尤地順應了自己新國度內的狀況，反而才是值得注意（以及令人欽佩）的事情。德國在一九四五年以後當然有過——並依舊存在——許多「前普魯士人」（不僅僅限定於被逐出家園者），而且那些人想到故國的某些特質，就會黯然神傷，若有所失：他們在「德意志聯邦共和國」懷念普魯士嚴格的秩序與誠信，在前「德意志民主共和國」則懷念普魯士質樸的自由主義與思想開放。只不過：無論是誰把想像力發揮到最大限度，也無法設想出來，普魯士究竟在何種情況下可以獲得重生，於是沒有人能夠像許多人之前盼望德國再統一那般，也認真至極地期待普魯士復國。德國的再統一是可以想像的事情，即便它曾經一度顯得遙不可及，普魯士的復國卻不一樣。普魯士已經死了，而且死者不能復生。

5 德意志國（Deutsches Reich）是德國歷史上的專有名詞，主要用於稱呼一八七一至一九四五年間的德意志民族國家——其範圍涵蓋了德意志帝國（Deutsches Kaiserreich）、威瑪共和國，以及「第三帝國」。

6 普魯士的核心省分為布蘭登堡邊區（Mark Brandenburg）、東普魯士（Ostpreußen）、波美拉尼亞（Pommern）和西里西亞（Schlesien）。二戰結束後只有布蘭登堡仍屬於德國，後三地的德國百姓已因逃難、屠殺和驅逐而消失。

但正因為如此，今天我們有辦法做出不一樣的事情。我們可保持距離來觀察這個已消逝國度的特殊性，甚至其獨一無二的性質（畢竟普魯士是一個完全人工化的產物——我們亦可稱之為「一件藝術品」），能夠比它還存在的時候辨識得更加清楚；而且正由於其歷史已經結束，現在就攤開在我們面前，我們得以讓普魯士的歷史擺脫當初與它齊頭並進、把它弄得面目全非的各種傳說：

一方面可擺脫「金色的普魯士傳說」，而若按照那種講法，德國的統一實為普魯士一貫的使命，歷代普魯士國王，乃至於之前的布蘭登堡選侯，時時刻刻都在為此奉獻心力。另一方面同樣也可以擺脫「黑色的普魯士傳說」——普魯士於其眼中僅僅意味著強盜作風的軍國主義，而且該論點直到今天仍然將腓特烈大帝和俾斯麥視為希特勒的先驅。兩種傳說都屬於昔日的政治宣傳。前者是十九世紀德意志民族主義者的宣傳，旨在役使普魯士為其目的效勞；後者則早在十八世紀即已出現，是普魯士各個鄰邦的宣傳，因為他們覺得自己受到這個可怕的新來乍到者干擾，甚至認為自己的生存面臨了威脅。

事到如今，由於再也無人對普魯士有所期待或者心懷畏懼，正適合讓人趁此機會擺脫殘留下來的各種傳說。普魯士並沒有什麼「德國使命」——恰恰相反的是，帝國的衰落才促成普魯士崛起；普魯士的直接死因則在於它受到勸說，起心動念想擔負起「德國使命」。至於普魯士長久以來令其鄰國感覺毛骨悚然，時而顯得危險萬分的東西，那與其說是它的軍國主義，倒不如說是它的國家品質：普魯士廉潔的行政體系和獨立的司法機關，其寬容的宗教政策與開明的教育制度。普魯士在自己的古典時期，在十八世紀，非但是歐洲最新興的國家，同時亦為最現代化的國家。現代化程度更高的法國大革命出現以後，普魯士的危機於焉開始。從此顯露出普魯士在國家結構上的弱點，導致它開始尋覓新方法來自我合理化，最後以一場自殺性的光榮勝利告終。

普魯士的歷史是一段饒有趣味的歷史，即使在今天也一樣——而且正是在今天才特別有趣，因為我們已經曉得了它的結局。那段歷史進展得牽絲絆藤，有著漫長的成形過程；它也結束得拖泥帶水，有著緩慢的死亡經歷。其間上演了一場大戲；如果我們願意的話，亦可稱之為一場大悲劇——純粹國家理念的悲劇。

第1章

漫長的成形過程

Das lange Werden

在普魯士的史前史階段，條頓騎士團成為主導波羅的海地區的一股勢力，柯尼斯堡則是一座欣欣向榮的漢薩同盟城市。但一四一〇年在坦能堡的敗績，導致條頓騎士團遭到波蘭步步進逼。一四六六年簽訂《第二次托倫條約》後，條頓騎士團必須割讓西普魯士、東普魯士成為波蘭的屬地，騎士團大團長則移居柯尼斯堡……

經過多年的外交談判，布蘭登堡選侯腓特烈三世終於在不動武的情況下，為自己和霍恩佐倫家族爭取到國王頭銜。一七〇一年一月十八日，他以法國式的豪奢排場，在柯尼斯堡舉行加冕典禮，成為「在普魯士的國王」腓特烈一世。

普魯士的史前史很長，有好幾個世紀那麼長，遠比它自己的歷史還要長。我們該從哪裡開始講起呢？最好的出發點，或許就是「普魯士」（Preußen）這個在意義上出現過兩次驚人改變的名稱。

起初它是一小支波羅的海異教徒民族的稱呼，而那些人的來源和歷史現在幾乎已經不復可考。因為自從這個不幸的民族被條頓騎士團以非常暴戾的方式基督教化，並且在此過程中屢遭殺戮之後，征服者採用了被征服者的名字——那是個相當奇特、在歷史上難得一見的現象。條頓騎士團所建立的國家後來被稱作「普魯士」，而騎士團帶來此地墾殖的日耳曼人和斯拉夫人，也逐漸與殘存的普魯士原住民融合，進而把自己叫做「普魯士人」了。至於是東普魯士人還是西普魯士人，端看他們定居在魏克塞爾河河口的東邊或西邊。眾所周知，東普魯士和西普魯士直到二十世紀中葉都還是德國最東北部兩個省分的名稱。二者共同構成了實際上的「普魯士」這個地方。

但除此之外，還有一整個國家從一七〇一年開始自稱為「普魯士」（即便西普魯士原本完全不屬於該國所有、東普魯士對它來說一直只是個偏遠省分，其核心區域則位於一個完全不相干的地方）。這是「普魯士」一詞在意義上的第二次重大改變：它從一個地區與部族的名稱變成了國號，而更加令人困惑的事情是，原先的地區名稱與部落稱呼繼續平行存在。從這個時候開始，「普魯士人」便不再侷限於東普魯士人和西普魯士人，此外還包括布蘭登堡人、波美拉尼亞人和西里西亞人，接著再加上萊茵蘭和西發利亞的百姓。後來逐漸有超過三分之二的德國人——更別說是波森的波蘭人以及北什列斯威的丹麥人——全部也成為普魯士人了。簡言之：他們都是霍恩佐倫家族統治下的臣民，[1]而這個新興國家從一七〇一年開始以獨立國的姿態出現在歐洲舞台，並於隨後一百七十年間以出人意料的方式全方位進行擴張。

這個名稱的確令人驚訝，需要好好解釋一下。霍恩佐倫家族並非出身自普魯士境內：他們本來是德境南方的貴族，其下榻地點不在柯尼斯堡，而是柏林或波茨坦；其國家的核心地帶則從來都不在原汁原味的普魯士，反而始終是布蘭登堡邊區。他們幹嘛把自己的國家叫做「普魯士」？為什麼不稱之為「布蘭登堡」呢？有很好的理由讓他們決定要這麼做，而且其理由可以遠遠回溯到普魯士的史前史。如果缺乏那方面知識的話，便無法明白其中的道理。

正如同已經提到過的，那段史前史非常漫長，它不但為時超過五百年，並且很難用三言兩語解釋清楚。不過我們還是打算試著這麼做。但如果想把它成功進行到底的

1 霍恩佐倫（Hohenzollern）亦音譯為「霍亨佐倫」或「霍亨索倫」——但「霍亨」和「索倫」都來自不正確的德語發音。

話，我們就絕不可迷失在細節中，必須彷彿觀察地球歷史一般，從「地質層」來解讀其各個階段的發展。而當我們這麼做的時候，一眼就可以看出三個不同層次。

其中最古老的層次——我們不妨稱之為「**普魯士太古史**」——是殖民時期的歷史，涉及了兩個德國殖民地草創、興盛和傾頹的經過。它們分別是阿斯卡尼亞家族在布蘭登堡，以及條頓騎士團在普魯士的殖民地。這段歷史開始於十二和十三世紀之交，結束於十四和十五世紀，而且一絲一毫也無法讓人看出日後普魯士強權的任何徵兆。儘管如此，這一段殖民時期的歷史卻是普魯士的起源與根本。雖然普魯士尚未立國，日後普魯士所特有的人口結構與社會結構非但已在此太古時期成形，更將以大同小異的方式一直維持到二十世紀。

那個國家惟獨在「普魯士」與「布蘭登堡」有了共同的統治者之後，才開始逐漸形成。此二地區的融合過程，便構成實際上的**普魯士史前史**，亦即年代稍晚的第二個「地質層」。它延續的時間同樣也將近兩個世紀，而且那已經不再是殖民史，反而演變成朝代的歷史和諸侯國的歷史。說得更精確些，那是一個特定統治者家族——霍恩佐倫家族——的歷史。霍恩佐倫家族遲至十五世紀初葉才來到布蘭登堡邊區，更還要過了整整一個世紀之後才在東普魯士登場。他們與之前殖民時期的歷史完全無關，至於他們在兩地現身一事，起先多少都是出於偶然。除此之外，一四一五年被德意志皇帝冊封到布蘭登堡邊區的該家族成員，以及一五二五年從波蘭國王那邊獲得普魯士公爵頭銜的該家族成員，分別屬於兩個不同的世系。不過霍恩佐倫證明自己是一個堅忍不拔、充滿企圖心的家族，對土地繼承權、家族財產以及家族權力具有獨到眼光。時至一六一八年，歷經各種政治婚姻、繼承條約與共同受封之後，該家族終於把所擁有的土地集中在同一人手中，統治區的面積則擴大了一倍。如此可謂已孕育出一個胚胎，將在八十三年後誕生那個國家。[2]

這八十三年——亦即普魯士史前史年代最新和最後的一個「地質層」——已有別於太古史和史前史，可以被稱作**普魯士國家成形的歷史**。它不再僅僅是一個朝代的家族史和繼承史，而已經演變為國家的歷史。其最傑出的人物，「大選侯」腓特烈·威廉，率先（在某種程度上甚至是提前）致力於創造出一種國家理念，而它就在隨後一百年內，決定了這個新興國家令人驚訝的作為與表現。

現在讓我們拉近距離觀察一下普魯士史前史的三個層次。第一個和最下面的層次，如前所述就是殖民時期的歷史——或者更精確地說，那只是其中的一個片段，因為在

2 從一六一八年開始，布蘭登堡邊疆伯爵與普魯士公爵為同一人。一七〇一年成立普魯士王國之前的八十三年間，其國號因而是「布蘭登堡—普魯士」（Brandenburg-Preußen）。

「中世紀全盛時期」的德國東向殖民過程當中，也涉及了從未隸屬於普魯士的國度（如薩克森和梅克倫堡），或者很晚才歸普魯士所有的地區（如霍爾斯坦）。但即便如此，日後普魯士的四個核心省分（布蘭登堡、波美拉尼亞、西里西亞，以及「普魯士」本身），已經能夠充分顯示出，被歸類到「德國東向殖民」這個名目下面的事件多麼風格迥異，並且產生了多麼不一樣的結果。

東向殖民的三種模式

殖民永遠都是侵略，意味著較弱勢的民族和文明遭到較強勢者征服。不過殖民也總是意味著進步，而那正是由於一個較弱勢和較原始的文明讓位給了較強勢和較高明者。殖民因而永遠夾雜著壞的一面與好的一面，對它的評價則總是取決於好的一面是否足以彌補壞的一面。

最理想的情況，當然還是不殖民就促成進步——亦即如果各民族能夠像日本在我們這個時代所做的那般，主動將發展程度較高的外來文明化為己有。中世紀的歐洲也發生過類似的事情。那個殖民年代的「日本」就是波蘭，而它早在公元十世紀——幾乎跟德國同一個時候——就已經自願變成了一個基督徒的王國。稍微資淺一點的波希米亞和匈牙利，亦即「聖瓦茨拉夫王冠」與「聖斯特芬王冠」的國度，同樣也透過接受基督教義和吸收基督徒高度發展的文明，躲過了慘遭殖民的命運。此類的東歐「路障」多少使得德國的殖民浪潮受到阻擋。畢竟東向殖民總是打著「宣揚基督教義」的旗號來進行，而這種做法在那些國家可就行不通了。結果東向殖民時的對象（亦即身受其害者），都是一些規模較小、實力較弱、「低度開發」（也就是「異教徒」）、置身德國與波蘭之間的部落。在十二和十三世紀時，德國的僧侶、騎士和農民給那些部落帶來了基督教義與「文化」——再加上外來移民和異族統治。那無論在任何地點都無法以不流血的方式進行。

但東向殖民在程度上出現了很大的差別。我們可從中明顯分辨出三種模式。基督教化與殖民化的工作，在波美拉尼亞與西里西亞進行得最為溫和。兩地早在德國人過來之前即已「半基督教化」。其斯拉夫裔的部族領導人（在西里西亞往往是波蘭後裔）多半都已經信仰基督教義，統治著異教徒的子民，他們為了鞏固自己的政權，於是把德國的僧侶和移民請過來擔任「發展援助人員」。我們固然無法表示，那些德國人是差勁的援外工作者；但我們也無法否認，援外工作往往會變質成土地侵占，而和平傳教有可能淪為強迫受洗。此外經常出現的情況是，實際過來的人數不但遠遠超出了要求，接著又有更多人湧進來。其間當然免不了爆發過衝突與流血事件，但是西里西亞和波美拉尼亞並未出現真正的軍事征服——兩地的日耳曼化循序漸進，所採取的方式是移入者與原住民和平融合。此外我們也不應該做出這樣的想像，於是誤以為遷移過來的德國土地貴族類似在庫爾蘭、利沃尼亞[3]和愛沙尼亞等地所發生的那般，以上層階級的身分直接被移植到當地斯拉夫農民階層的頭頂。

在波美拉尼亞與西里西亞封建社會金字塔的每一個層級，都出現了通婚的現象，從諸侯豪門、地方貴族直到一般農民皆如此。那是一個為時長達數百年的進程。德國人所帶過來的語言以及較優越的基督教文明，在此過程中逐漸蔚為主流。但即便如此，容克貴族家庭成員的獅子鼻，以及出現於許多容克貴族姓氏結尾的「ow」和「itz」等字根，[4]仍然繼續見證著當地統治階層的斯拉夫血統。那完全不能被稱作種族滅絕，甚至無法真正算是征服原住民，反而是在移居過來的同時，於不知不覺中因滲入而產生了質變。

布蘭登堡邊區的殖民過程可就粗暴多了。當地的殖民工作是由「阿斯卡尼亞家族」在十二世紀加以完成。該統治者家族的創建者——「熊羆」阿爾布雷希特——固然曾被一位改信基督教義的文德族諸侯[5]指定為繼承人，於是合法取得了布蘭登堡邊區的一個小角落。可是那裡的其餘大部分地區，卻是他請求皇帝賜封給他的采邑（異教徒的土地乃「無主之地」），被他以不折不扣的戰爭行動加以征服，而且在征服後的數十年內仍不斷出現叛亂與鎮壓。那是一段血腥的歷史，會讓人看了很不舒服。除此之外，等到布蘭登堡邊區被征服完畢後，德國移入者與當地文德族原住民的融合，進行得也不像在更東邊的地帶那般徹底：布蘭登堡邊區的文德人一直到了十八和十九世紀，往往都還自願或被迫聚居在城市郊區，亦即所謂的「棲此」。[6]而眾所周知的是，在當時幾乎仍然與世隔絕的「施普瑞森林」，有一小支擁有自己語言和習俗的文德族人定居了下來，不斷繁衍生息直到今天。

就另一方面而言，布蘭登堡遭到征服與殖民之後，發展得遠較波美拉尼亞和西里西亞快速許多，變成了獨具一格的重要地區。當後二者仍繼續長年處於小諸侯國林立

3 庫爾蘭（Kurland/Courland）位於今日拉脫維亞西部；利沃尼亞（Livland/Livonia）位於今日拉脫維亞北部和愛沙尼亞南部。

4 此處的「獅子鼻」（Stupsnase）指的是較短而稍稍往上翹的鼻子（snub nose）。「ow」這個字根相當於斯拉夫姓氏結尾的「ov」（歐夫），但在德國姓氏中讀成「沃」——例如「比羅」（Bülow）、貝羅（Below）；「itz」則出現於德國姓氏結尾當中諸如「尼茨」（-nitz）、「維茨」（-witz）……之類的音節。

5 在中世紀的時候，「文德人」（Wenden）通常意謂神聖羅馬帝國境內的西斯拉夫人。今日他們主要被稱作「索布人」（Sorben），分布於前東德東南邊陲的斯普瑞河流域，人數超過六萬。

6 「棲此」（Kietz）亦拼寫成「Kiez」，是古代德國東部城市郊外的斯拉夫人聚集區。這個字眼源自斯拉夫語系的「chyza」，意為「茅屋」或「房舍」。

的蒙昧狀態時，布蘭登堡的邊疆伯爵們卻立即躍居最高階德意志貴族之林。早在十三世紀的時候，他們已經以「帝國總司庫」（Reichskämmerer）的名義加入了「選侯」這個小圈子，負責選出德意志的國王；布蘭登堡則在阿斯卡尼亞家族的鼎盛時期，成為帝國境內的一股強大勢力。可是自從阿斯卡尼亞家族絕嗣以來，這股勢力再度消逝。新登場的貴族桀驁不馴，而布蘭登堡邊區在不斷更迭的諸侯家族統治下已然形同「狂野的東部」，以致講求拳頭法則的強盜騎士大行其道。

我們不必繼續對此好奇下去。在這裡僅僅需要指出的是：布蘭登堡邊區殖民歷史的演進方式，與波美拉尼亞和西里西亞的狀況差異頗大，而且無論在好的方面或者壞的方面都要更勝一籌。其殖民過程一方面更加粗暴和血腥，另一方面卻在政治上成果豐碩許多，並更加具有建設性。「熊羆」阿爾布雷希特是一個殘酷的征服者，然而阿斯卡尼亞家族的布蘭登堡邊區直到再度沒落之前，卻是一個十分體面和充滿活力的國度。不知怎的，一切殖民歷史都具有這兩種面向，只不過兩個極端之間的距離可大可小罷了。

兩極之間的距離，在原始的普魯士又遠遠凌駕於布蘭登堡之上。這是我們現在必須較仔細進行觀察的對象。條頓騎士團在魏克塞爾河畔的普魯士國度所進行的征服與鎮壓，是一部駭人聽聞的歷史；可是騎士團建立於被征服土地之上的國家，卻是當時的一個小型世界奇觀。這個早期原始普魯士的沒落與傾覆，則直接導引出日後普魯士強權的開端。

普魯士剛開始遭到殖民的時候，出現過為時長達數十年的血腥屠殺，那幾乎稱得上是種族滅絕，可與日後北美印第安人幾乎慘遭歐洲移民滅絕一事相提並論。在這裡沒什麼好掩飾的。有兩件事情可以解釋那段歷史為何如此恐怖：一是征服者的十字軍精神，二是他們與被害者在文明上的巨大落差。讓我們先從後者開始講起。

殖民時期易北河與奧德河流域的異教徒斯拉夫人，毫無疑問在物質文明、精神文明與宗教文明等方面落後於他們的基督徒殖民者；但他們本身還沒有落後到無法被同化和無法向前發展的地步。魏克塞爾河下游的異教徒普魯士人，或「普魯森人」，在德國人（以及波蘭人）的眼中卻並非落後的親戚，反而根本就是野人：他們是一個異類民族，既沒有文字也沒有曆法，口操一種讓日耳曼人和斯拉夫人同樣聽不懂的語言，[7] 而且有著令其基督徒鄰居們覺得野蠻的習俗——諸如一夫多妻制或棄養嬰兒——更何況他們還特別驍勇善戰。當那些基督徒鄰居來到普魯士擔任傳教士或殖民者，重新展

7「普魯森」（Pruzzen）亦拼寫成「Prußen」或「Prussen」，乃普魯士（Preußen/Prussia）得名的由來。普魯森人（古普魯士人）的語言屬於印歐語系波羅的海語族，是立陶宛語的遠親。

開波蘭人在條頓騎士團之前已經徒勞無功嘗試過的工作時，所產生的衝擊只會特別可怕。

加倍可怕的是，那些傳教士和殖民者才剛剛參加過十字軍東征，所帶回來的口號為：「殺死異教徒！」在布蘭登堡邊區，征服與傳教完全是兩碼子事：世俗的征服者僅僅要求對方歸順；基督教義的傳播工作則是由文職的僧侶負責進行，而且他們帶來了許多有用的技術，以布蘭登堡邊區最重要的傳教團體「熙篤會」（Zisterzienser）為例，其成員是沼澤地排水的專家。在普魯士卻是由恣意征服的條頓騎士團用劍來傳播基督教義。洗禮是他們向錯愕莫名的普魯士人所提出最優先和最重要的要求。凡是不願領洗的人，就只有死路一條。對普魯士人而言，騎士團的入侵是可怕的強暴經驗——全副武裝的陌生人不由分說地闖進其國度，以他們聽不懂的語言要求他們不理解的事情，並且殺死不立刻順從的人。

那持續了將近十年之久，從一二四二到一二四九年。緊接著是墳場般的寧靜。然後突然在一二六〇年大規模爆發了「普魯士起義」，宛如森林大火般席捲整個國度。那是古普魯士人於絕望中所做出的表現，由於在政治上組織不良而幾乎令人難以理解。反抗行動起初大獲全勝，而報復時的殘酷手段與當初征服時的暴行不分軒輊。長久下去以後，騎士團占優勢的軍事文明當然決定了戰果，但一場小規模的戰爭仍然肆虐了整整十五年，其間種族滅絕的色彩益發濃厚。不過奇蹟似地，此後竟然還是有一些普魯士人存活下來。

反正情況就是這樣。與普遍流行看法相反的是，古普魯士人並沒有遭到徹底鏟除。他們的殘餘人口進而在隨後一百年內，與如今被招募過來的殖民者徹底混合（但同樣並非完全沒有訴諸暴力），以致其語言和歷史已經蕩然無存。那些殖民過來的群眾受到騎士團國家極力獎助，其成員不但有德國人，而且也包括了鄰近地區已成為基督徒的斯拉夫人，諸如卡蘇本人、馬蘇里亞人、馬索維亞人以及波蘭人——騎士團從不挑三揀四。儘管騎士團成員遵守僧侶的清規戒律而沒有後代，卻照樣想要擁有信仰基督教義的新普魯士百姓，並且把他們創造了出來。

騎士團本身固然是非常可怕的征服者，接著卻以令人欽佩的表現，展開了殖民與建國的行動。繼十三世紀駭人聽聞的暴行之後，在十四世紀出現了一段盛世，讓騎士團國家宛如玫瑰般地繁榮綻放。它起源自德國殖民時期歷史當中最可怕的一個段落，可是那麼血淋淋誕生出來的國度如今卻脫胎成為模範殖民地。類似的情況在歷史上層出不窮：先是發生了慘劇，接著有新的人群過來，興高采烈地在墳場上面安身立命。

在十四世紀的時候，條頓騎士團國家的現代化程度顯得異乎尋常：它是一個夾在封建君主之間的宗教共和國，在頂端有一位被推選出來的「大團長」（Hochmeister），其周圍有一個「諮議會」(Kapitel),情況好比是今日的國家元首或總理與其內閣會議。全國被劃分為二十個行政區(Bezirk),各自接受大團長的指揮,由一位「總執事」(Komtur)配合「參事會」(Konvent)加以治理。他們全部都是騎士團成員,乃某種形式的國家公務人員,而非如同其他地方那般的封建領主——騎士團規定禁止擁有私產,而且全體團員皆未婚,因為騎士團的誓詞要求他們獨身禁欲。騎士團的補充人員來自帝國內部,其「德意志團長」(Deutschmeister)不斷在帝國境內招募新血,並且毫不費力就能夠完成工作。因為騎士團很快即已——按照當時的字義——建立起「養育院」(Hospital)這個口碑,可讓德意志諸侯家族的年輕子弟們獲得良好機會來出任高職。騎士團則可從中挑選最優秀的人才,並於長時間內受到良好治理。

先有了國家,接著這個國家創造出自己的百姓——由移民所構成的人口,而他們一抵達自己的新天地便發現凡事皆已安排妥當,並且被分配到自己的土地。那是一個因為戰亂而幾乎空無一物的肥沃國度,一個對能幹者來說機會無窮的國度。那些新移民都非常能幹,於是普魯士在十四世紀的時候十分豐饒,遠比其他德國殖民地都要來得富庶,擁有諸如但澤和柯尼斯堡之類快速成長的城市,以及長於經營的貴族(那是純粹的經濟貴族——政治事務歸由騎士團掌管),當地農民所享有的自由與財富更遠非周遭封建領地所能及。一個幸福的國度?

可是那個國度並不幸福。其「各個等級」日趨繁榮之後，只會越來越覺得騎士團是外來的統治者。他們在某種程度內確實始終如此。因為條頓騎士團刻意自帝國內部補充新血，而非從自己境內的貴族和上等階層當中就地取材。後者則把充滿羨意的目光投向鄰近的波蘭，望著當地貴族的勢力不斷坐大，讓波蘭王國變得越來越像是一個貴族共和國。等到騎士團在十五世紀陷入一長串對抗波蘭和立陶宛的戰爭時，赫然發現自己的「各個等級」——其百姓——起初還半遮半掩，最後則是明目張膽地完全跟敵方沆瀣一氣。騎士團國家因而淪亡——但除此之外，原因也在於騎士團本身的逐漸變質和劣化。畢竟長時間下來以後，「安貧」、「守貞」與「服從」很難抵擋得住權力的誘惑。

我們在這裡快速回顧的時候，刻意不對人名和日期多加著墨。我們既不曾提及諸如赫曼．馮．薩爾札、溫利希．馮．克尼普羅德、海因利希．馮．普勞恩之類著名的大團長，我們甚至也不打算談論廣受歌頌的「坦能堡戰役」（一四一〇年）——條頓騎士團第一次遭受的嚴重挫敗，而且那在某種程度上可謂是其波蘭戰爭中的「馬恩河會戰」。[8] 那場戰爭走入了德國與波蘭的歷史神話，在此為「英雄輓歌」，在彼則是「解放

8 馬恩河會戰（Marneschlacht）發生於一九一四年九月上旬，是第一次世界大戰時期西戰場的轉捩點。德軍於巴黎城外自行後撤，打勝仗的機會從此一去不返。

歡唱」。但它其實並沒有決定任何事情。畢竟條頓騎士團對抗波蘭的戰爭，在「坦能堡戰役」之後又繼續進行了半個多世紀。但其間有個年份數字還是必須一提，因為它對條頓騎士團的歷史和普魯士的史前史都意義重大：一四六六，亦即簽訂《第二次托倫條約》的那一年。騎士團國家於簽訂該條約之後喪失了獨立性，必須以波蘭為宗主國。西普魯士完全被割讓給波蘭（接下來幾個世紀內不斷湧入波蘭移民，而且他們過來以後就再也沒有離開）。東普魯士雖然仍歸騎士團所有，卻只能算是波蘭分封的采邑。那是一道深邃的歷史切口。

日後的德意志民族主義史學論述把它看成是國家的災難。當時卻沒有人作此感想。在十五世紀還沒有人以民族主義的概念來進行思考，條頓騎士團的德意志子民們反而覺得，轉移至作風鬆散許多的波蘭宗主權是一種解脫。皇帝和神聖羅馬帝國則對此不聞不問。東普魯士轉而成為波蘭的屬地之後，便創出第一個先決條件，使得日後可在其土地上組成一個新而自主的國家：普魯士從此已不歸屬帝國所有。即便東普魯士還要再過幾個世紀才有辦法擺脫波蘭，但此刻已在無意間踏出創建未來普魯士國家的第一步。

一五二五年接著又踏出了第二步：最後一任大團長利用宗教改革的機會，在那年解散條頓騎士團國家並自立為世俗化的「普魯士公爵」——不過可想而知的是，他仍舊必須以波蘭為宗主國。那是一段不怎麼振奮人心的歷史，情況與宗教改革時期許多諸侯家族的歷史沒什麼兩樣：眾所周知的是，其他諸侯往往也把宗教改革視為大發利市的機會，將純粹的宗教教義拿來充當掠奪教會財產的藉口。那位末代大團長甚至還背叛了自己的職務，以及背叛了那些選舉他出任該職務的人們；他固然為此被帝國「剝奪法律保護」，但一切其實都對他不痛不癢。他雖遭到譴責，卻不受挑戰地繼續統治了幾十年，甚至表現得還不算差勁（他是柯尼斯堡大學的創辦人）。他如同其他任何世俗王侯一般地娶妻成親，並且把他自己的公國遺留給一個精神失常的兒子。

就這位不忠不義的末代大團長和第一任普魯士公爵而言，若非他本身屬於某個特定家族的話，他那段有些不光彩的歷史幾乎不值得一提。他來自霍恩佐倫家族，名叫阿爾布雷希特·馮·布蘭登堡—安斯巴赫，而由於他的緣故，東普魯士與布蘭登堡邊區一起落入同一家族手中。再自然也不過的後續發展是，那個家族從此開始竭盡全力，務必要讓同一人來掌控布蘭登堡邊疆伯爵與普魯士公爵的領地。

霍恩佐倫家族的權力政治

我們於是來到普魯士史前史第二個「地質層」的中央部分。那不再是殖民時期的歷史，而已經成為諸侯家族的歷史——霍恩佐倫家族權力政治的歷史。後來隨著霍恩佐倫家族相繼出任普魯士國王和德意志皇帝，這段歷史遭到了過度渲染，以致十五和十六世紀的布蘭登堡選侯們都被講得活像是已經積極展開行動，為日後普魯士——甚至德國——的偉大而貢獻心力。其實他們當中沒有任何人曾經那麼做過，連一個也沒有。他們只不過是普普通通的德意志地方諸侯，並不比許多如今早已遭人遺忘的同時代諸侯來得高明或拙劣，而且他們所推動的，是跟其他每一個諸侯同樣小鼻子小眼睛的家族政策：千方百計藉由政治婚姻和繼承政策來取得「繼承要求權」，並儘可能將許多領地集中成為家族資產。此外我們可以發現他們既不斷抗拒逐漸衰弱的帝國中央權力，而且在另一方面也持續與自己的三個「等級」——貴族、教士和城鎮——針鋒相對，因為後者正如同他們自己抗拒皇權一般，總是在抗拒諸侯的中央權力。那種如今只會讓人看得興味索然的投機活動與拉鋸爭鬥持續進行了兩個世紀。布蘭登堡邊區的霍恩佐倫家族耗費一個世紀的時光，才或多或少得以馴服當地的強盜騎士；其「繼承要求權」則還要等到又過了一個世紀之後，才終於開花結果。

霍恩佐倫最初是一個「施瓦本」的貴族家族，在十二世紀末葉來到「弗蘭肯」，於隨後兩百年內成為「紐倫堡城堡伯爵」（但那只是一個榮銜而已，並不表示真正的統治權），[9]並分別在「安斯巴赫」和「拜羅伊特」一帶取得了兩塊小諸侯的領地。[10]他們在那兩百年間取得功名的方式，主要是靠出任帝國行政官員，而非在地方上當諸侯。

以第六任紐倫堡城堡伯爵為例（後來他在一四一五年成為霍恩佐倫家族第一任的布蘭登堡邊疆伯爵），他之所以能夠出人頭地，是因為擔任了西吉斯蒙德國王的顧問和代辦——他曾經透過自己的外交手腕促成西吉斯蒙德當選國王，[11]為此獲得布蘭登堡邊區做為酬庸。那是名副其實的國王獎賞，意味著身分地位的巨大提升。然而它同時也是一個沉重的負擔，隨即只會讓這位被拔擢者感覺消受不起。他很快就離開了布蘭登堡邊區，因為跟當地囂張跋扈的貴族之間的爭鬥進行得既不愉快又不順利，讓他洩了氣。他的兒子也未能終老於此，而第三位霍恩佐倫邊疆伯爵更難得踏上自己的土地。

對這個施瓦本—弗蘭肯政治家族而言，帝國的各種事宜與業務還是有趣得多，遠非他們在偏僻的「帝國吸墨沙盒」[12]新獲得的領地所能及。霍恩佐倫家族一直要到了

9 施瓦本（Schwaben）亦稱「斯華比亞」（Swabia），位於德國西南部，大致相當於日後的符騰堡王國——其首府為斯圖加特。弗蘭肯（Franken）亦稱「法蘭克尼亞」（Franconia），位於今日巴伐利亞的北部，其第一大城為紐倫堡。紐倫堡乃帝國自治城市，紐倫堡城堡伯爵（Burggraf von Nürnberg）無權干預城內事務。

10 安斯巴赫（Ansbach）為「中弗蘭肯」（Mittelfranken）的首府；拜羅伊特（Bayreuth）或譯為「拜魯特」，是「上弗蘭肯」（Oberfranken）的首府。兩地都位於紐倫堡附近，從十九世紀開始歸巴伐利亞所有。

11 西吉斯蒙德在一四一一年當選「羅馬—德意志國王」（Römisch-deutscher König），一四三三年才成為皇帝。

12 布蘭登堡邊區由於土壤貧瘠多沙，被譏為「德意志民族的神聖羅馬帝國之吸墨沙盒」（Streusandbüchse des Heiligen Römischen Reiches Deutscher Nation）。

第四代才終於在那裡紮根，勉強如同其他地方諸侯那般就地處理政務。此外他們仍舊和從前一樣，對於在別處創造「繼承要求權」一事至少同樣興致盎然（那是在帝國西部，但也在波美拉尼亞，而且已經開始在西里西亞）。可是無論他們再怎麼處心積慮安排，長時間內還是乏善可陳。接著發生了一場突如其來的意外，將最大的「繼承要求權」——繼承普魯士的資格——投入他們的懷抱。

無巧不成書，對條頓騎士團國家進行宗教改革，並且把它世俗化的末代大團長，剛好就是霍恩佐倫家族的成員。在此之前，霍恩佐倫家族與騎士團毫無任何瓜葛。更何況當時布蘭登堡的霍恩佐倫家族統治者，約阿希姆一世，並未插手涉入其親戚在普魯士的叛教行動，即便此事突然為整個家族開啟了如此驚人的未來前景。約阿希姆一世非但未曾涉入，本身還是宗教改革的死對頭，並且與他同時擔任馬德堡大主教與美因茲大主教（以及身為「贖罪券」著名販售者）的親弟弟緊密結盟。那一位遠房堂兄在普魯士的所作所為令他深惡痛絕，於是一直要等到這位布蘭登堡邊疆伯爵死後，霍恩佐倫家族才開始正視自己在普魯士始料未及的機會。

接下來他們可就進行得非常徹底。約阿希姆二世不僅違背自己真正的宗教信仰，也在布蘭登堡邊區推行宗教改革；他更趁著普魯士的老阿爾布雷希特在一五六八年去世的機會，做出種種努力和讓步而爭取到波蘭國王首肯，成為其普魯士遺產的共同受封者。除此之外——為求絕對保險起見——他的兩名子孫還分別與普魯士公爵「傻子」阿爾布雷希特・腓特烈的兩個女兒成親。[13]可是那位公爵出乎每個人的意料之外，竟然活了很久很久——其「執政期」為時長達整整五十年。一直要等到約阿希姆二世的曾孫才總算順利繼承完畢，使得布蘭登堡和普魯士終於集中在同一位霍恩佐倫統治者的手中。那時已經是一六一八年。

我們把上述一切都解說得很快，因為對今日的讀者來說，此類諸侯家族政治的相關細節實在沒什麼意思。但我們千萬別忘記了，那一切其實進展得如同蝸牛般緩慢：

一四一五年——霍恩佐倫家族來到布蘭登堡邊區；

一四六六年——條頓騎士團國家成為波蘭的附庸國；

一五二五年——有一位霍恩佐倫家族的成員被波蘭國王冊封為普魯士公爵；

一五六八年——布蘭登堡的霍恩佐倫家族成為普魯士的共同受封者；

13 阿爾布雷希特・腓特烈（Albrecht Friedrich, 1553-1618）由於精神失常而被稱作「傻子」（此外他的兒子全部夭折，只有女兒）。「傻子」跟約阿希姆二世（Joachim II., 1505-1571）是平輩（曾祖父為同一人，但雙方的年齡出現巨大落差）。後來約阿希姆二世的孫子續絃娶了「傻子」的四女兒；其曾孫約翰・西吉斯蒙德（Johann Sigismund, 1573-1619）則迎娶「傻子」的長女為妻（他自己的「姑婆」）。約阿希姆二世的後代因而同時有權繼承布蘭登堡和普魯士。

一六一八年——開始繼承普魯士。

這呼的一下就讀過去了，讓後人感覺彷彿像事先在路上安排好的一連串停靠站，直直通往霍恩佐倫家族的普魯士國家。然而其間交織著幾個世紀的光陰，而且在前往每一站的途中都有整個世代的人們生老病死，完全不曉得下一站是何模樣、到底還會不會出現下一站，以及一切將如何繼續走下去。事實上每一次都可能出現截然不同的後續發展。日後霍恩佐倫家族的神話把它呈現得活靈活現，彷彿這個家族在天意的安排下，幾個世紀以來都目標明確、目光遠大地不斷致力於創建日後的普魯士，為它「奠定基礎」。甚至一直到了二十世紀，學童都還必須滿懷虔敬的心，將條頓騎士團的事蹟與布蘭登堡選侯們的統治年代倒背如流，彷彿那分別是他們自己國家的舊約和新約聖經一般。

但真實的情況是，假若當初有人告訴十五和十六世紀的布蘭登堡選侯們——更遑論是十三和十四世紀的騎士團成員——他們正在替未來的普魯士國家鋪路，他們全部都只會大吃一驚；更何況後來還需要出現許多巧合，才使得布蘭登堡選侯同時也變成了普魯士公爵。普魯士國家成形時的「偶然性」、「隨意性」，以及頗為欠缺的「可說服性」，便宛如壞仙女放進搖籃裡面的詛咒禮物一般，在整部普魯士歷史當中一直黏附在那個國家的身上。就某種意義而言，普魯士不見得有存在的必要，它未必應該在那裡。普魯士不同於其他任何歐洲國家，它總是可有可無，而且終其一生都需要依賴過度發達的「國家求生意志」和「軍事自保動能」，才得以彌補這種出生時的缺陷。

喜歡打破神話而非創造傳說的腓特烈大帝，曾經在自己那本《布蘭登堡家族歷史回憶錄》裡面寫道，其家族的歷史實際上要到了約翰・西吉斯蒙德的時候，才開始變得有趣起來。原因倒不在於那位選侯的個人特質。他是一位無足輕重的統治者，僅僅在位十一年（從一六〇八到一六一九年），由於暴食和狂飲很早便毀掉了自己的健康——他在四十七歲去世之前的許多個年頭其實已經無法視事。然而剛好就在這位耽於享樂的巴洛克君主任內，有兩大繼承要求權得到落實，導致他巨幅擴充自己的統治區，拓展了國家未來的前景：先是一六〇九年在西方取得于利希—克雷弗，但由於當地的繼承權始終受到爭議，布蘭登堡便突然捲進法國與荷蘭等西方強權的政治角力；接著就是一六一八年在東方取得普魯士，隨即又陷入瑞典與波蘭較勁和衝突的現場。疆域的巨幅擴充於是也產生沉重負擔，在政治上帶來新的要求和威脅。我們可以表示，霍恩佐倫家族自從落實了這些繼承權之後，就「被迫必須不斷追求偉大」，而這從此又變成普魯士的國家生存法則。

但是要等到約翰・西吉斯蒙德的孫子才看清這一點。他的兒子，一個特別軟弱膽怯的統治者，受困於完全不一樣的壓力：一六一八年非但是布蘭登堡和普魯士開始成為「共主邦聯」（Personalunion）的年份，它更是「三十年戰爭」爆發的同一年。布蘭登堡邊區曾在三十年戰爭期間長年遭到徹底蹂躪，人們因而可以合理地懷疑它是否還會有辦法重新爬起來：它曾經承受瑞典和帝國的軍隊摧殘，而布蘭登堡選侯只能無助地在雙方之間來回搖擺；最後布蘭登堡甚至還被自己的部隊荼毒——選侯於危急存亡之秋將士兵招募過來，可是卻又無力支付，結果他們非但沒有辦法驅除外侮，反而變成了第三場全國性的災難。幸好偏遠的普魯士大致未受戰火波及，並且在戰後一度成為霍恩佐倫轄下各個領地的中心，以及重建時的根據地。除此之外，儘管霍恩佐倫的疆土曾經受過重大傷害，《西發利亞和約》最後還是將該家族列為戰勝者，而這在兩方面產生了重大意義：

皇權的衰落使得他們跟其他所有的諸侯一樣，在帝國內部形同享有自主權（但在普魯士尚未如此，因為波蘭仍為其宗主國）；同時他們新獲得了重要的土地——在東邊有「後波美拉尼亞」和「卡緬」，在西邊則為「明登」與「哈爾伯施塔特」兩個昔日的主教區，此外並取得「馬德堡主教區」的繼承要求權。霍恩佐倫家族的勢力在一六四八年之後已經相當可觀，與維特爾斯巴赫家族、韋廷家族和韋爾夫家族列為同一級，[14]只差還不能跟哈布斯堡家族並駕齊驅而已。然而其統治區是由兩大三小五個互不相連的疆域共同組成，只有馬德堡與布蘭登堡直接接壤。每當統治者從一個領地前往另一個領地的時候，都必須穿越外國國境。即便他自己的各個領地也無法構成統一的國家，反而分割成七、八個轄區，完全是透過共主的關係才得以連結在一起。統治者所戴上的冠冕並非一頂，而有七、八頂：他是布蘭登堡邊疆伯爵，普魯士、波美拉尼亞、馬德堡以及克雷弗的公爵，馬克（在萊茵蘭）的伯爵，明登侯爵，哈爾伯施塔特侯爵。其轄下每一個諸侯國都分別具備自己的機構和特許權，並於相當程度內擁有自己的法規。統治者在每一個諸侯國都會遭遇到不一樣的內部阻力，以及對其君主權力所施加的限制。因為每一個諸侯國都希望按照自己的老方式，由自己的「各個等級」來治理。

大選侯的悲劇

統治者於此情況下所面臨的任務不言可喻。他必須竭盡所能把地理上互不相連的轄區銜接起來，也就是要想方設法取得或征服橫隔在中間的土地；同時他必須把自行

14 維特爾斯巴赫家族（Wittelsbacher）統治巴伐利亞、韋廷家族（Wettiner）統治薩克森，韋爾夫家族（Welfen）則統治漢諾威。後來韋爾夫家族並建立了英國的漢諾威王朝；韋廷家族則建立英國的薩克森—科堡—哥塔王朝（Sachsen-Coburg und Gotha）——一九一七年時更名為「溫莎王朝」（House of Windsor），沿用至今。

其是的各個領地結合成一個完整的國家。然而二者其實互為因果：因為國家若不統一，便無力對外進行擴張性的「土地調整政策」(Arrondierungspolitik)；可是如果沒有辦法順利完成「土地調整政策」的話，國家就無力對內馴服地方分離主義。那是一項艱鉅萬分、實際上難以達成的雙重任務！

有一個人曾經在自己將近五十年的統治時期，不斷致力於這項雙重任務，最後以「大選侯」之名走入歷史。這個榮銜他當之無愧——他的一生和他的作為確實具有偉大之處。可是若有人進而將之讚譽為「普魯士的真正創建者」，那就言過其實了。因為大選侯於其充滿非凡英雄奮鬥的漫長人生當中，能夠順利完成的事情非常有限，事實上只辦好了一項工作：促成普魯士(東普魯士)獲得自主地位，讓這個國度在一六六〇年擺脫波蘭的宗主權。但不管怎麼樣，歷經一場既漫長又血腥的瑞典—波蘭戰爭，再加上兩次更換盟友之後所贏得的這項成就，將為他的子孫們帶來極為光明的前景。

除此之外，大選侯腓特烈．威廉的歷史，幾乎是一部不斷對內和對外爭鬥的歷史，而且很奇怪地總是徒勞無功。那不禁讓人聯想起「西西弗斯」和「坦塔洛斯」所受的折磨——前者來來回回把沉重的石頭推上山，又看著它滾下去；後者渴望已久而且幾乎已經到口的飲水，總是在最後一刻被從嘴唇移開。以「前波美拉尼亞」為例(那是把布蘭登堡邊區與「後波美拉尼亞—卡緬」地區連接起來時所迫切需要的環節)，大選侯曾經兩次加以征服，然後又必須兩次把它拱手讓人。爭取其他領地的時候也出現過不少類似情況，結果到了一六八八年大選侯去世之際，他的疆域幾乎還是跟四十年前一模一樣——其間卻不斷出現戰爭、討伐、打贏和打輸的戰役、勇敢的英雄行為與大膽的盟友更換，再再都讓人看得頭暈目眩。

後來大選侯透過安德瑞亞斯·施呂特爾製作的塑像，以經過神化的方式被呈現在世人面前。那尊騎馬立像曾經在二百五十年的時間內，聳立於柏林市昔日的「長橋」之上，今日則被安置在「夏洛特堡宮」的正前方：大選侯以凱旋的古羅馬皇帝之姿，傲然騎馬從戰敗的敵人頭上越過——他們受到束縛而只能無助地舉頭仰望，必須一直這樣子成為紀念碑底座的裝飾品。施呂特爾的雕像固然是偉大的藝術作品，其呈現歷史的方式卻錯誤得可笑。腓特烈·威廉在有生之年從來都不是勝利者，他自己反而始終是受束縛者，必須無助地舉頭仰望；但其偉大之處，也正在於他永不停歇地舉頭仰望。他的「敵人」或者「盟友」(前面已經提到過，他不斷更換盟友的做法令人頭暈目眩)，始終是比較強大的一方：在西邊有法國與荷蘭，往往還加上了皇帝，在東邊則是瑞典與波蘭。他卻加入他們的大戲跟著一起玩，不斷地攪局，甚至反覆不斷地在力足以把他壓扁的強權之間換邊站：這是相當令人吃驚並且有些了不起的事情，可是那麼做的時候非但需要勇氣，更需要極度厚臉皮的作風。但這種厚臉皮作風實乃國家利益至上原則所導致的結果——若有人願意的話，亦可表示那是國家理念所規定出來的結果。然而這種國家理念來自一個事實上仍未真正存在的國家，並且一直要等到大選侯推動「冒牌貨」一般的政策之後，那個國家才終於得以出現。

腓特烈．威廉是一個很有遠見的人。他不僅在缺乏真正實力的時候推動了大國政策，甚至還建立起一支小型艦隊，進而在非洲取得了殖民地。他即使在新崛起的各個海上強權面前也不甘雌伏。可是等到他那位比較務實的孫子（以及真正的普魯士國家建構者）即位之後，又把那一切都銷售出清了。腓特烈．威廉所推動的刀光劍影和胸懷大志（亦可貶稱為「買空賣空」）的外交政策，幾乎沒有造成任何結果。但神奇的是——功績卓著的是——那也沒有帶來任何災難。一六七五年，布蘭登堡在費爾貝林擊敗當時被譽為歐洲第一的瑞典軍隊之後，歐洲各國宮廷和輿論界紛紛將布蘭登堡的統治者稱作「大選侯」。這個舉動固然展現出敬意，卻也蘊涵著一絲諷刺：一位選侯不可能大到哪裡去，「大選侯」一詞（Großer Kurfürst），聽起來其實有一點像是「大侏儒」（großer Zwerg）。腓特烈．威廉終其一生都是這樣。

類似外交方面的情況也出現在內政上。大選侯曾經做出巨大努力，試圖將其轄下各個民情殊異的領地建設成一個國家，然而他在國家內部同樣也只創造了一樣東西：一支小型的常備陸軍（起初是六千人，最後有二萬八千人），以及為了支付軍費而引進的徵稅權。可是為此付出了多少代價！

布蘭登堡地方議會一六五三年通過的決議，使得容克貴族在自己的領地上形同小國王，擁有自己的司法權和警察權；其他地區的情況甚至還要來得更加糟糕。當我們在前面表示大選侯「受到束縛」的時候，所想到的是他的「各個等級」——特別是地方貴族們——到處給他設下的羈絆。而他一輩子就像是困處小人國之內的格列佛一般，徒勞無功地想把束縛扯掉。這種爭鬥從來都沒有停止過。東普魯士的貴族又最桀驁不馴，而那些人自古以來就習慣於跟他們所羨慕的波蘭貴族進行勾搭，聯手對抗自己的領主。大選侯曾經在一六七九年——於其人生和統治期將盡之際——下令將圖謀不軌者之一的馮·卡克斯坦上校從華沙綁架回普魯士，然後在默美爾斬首示眾：那固然是暴君般的動作，但所烘托出來的與其說是「暴君氣焰」，倒不如稱之為「一個永遠受挫折者的絕望情緒」。大選侯歷代的繼任者們也從未在王權與貴族之爭中獲勝。最後他們決定息事寧人，普魯士因而繼續是一個容克國家。我們還會在後面對此做出詳細描述。除此之外，我們也會留待下一章再來敘述大選侯的移民政策，說明他如何建立了一個行之有年的普魯士傳統。

儘管他沒有——還沒有——成功建立起普魯士（布蘭登堡－普魯士）那個大國，但他毫無疑問首開風氣之先，成為在眼前清楚勾勒出未來國家願景的第一人。他是個宛如摩西一般的人物，雖然已經看見了應許之地，自己卻無法進入。他曾進行艱苦的奮鬥，打算從無能為力的處境之中創造出力量，到頭來卻依然徒勞無功：這就是他的悲劇。他的兒子和繼任者將會另起爐灶。

這個兒子和繼任者，腓特烈，普魯士的第一位國王，受到了普魯士－德意志歷史學家們的冷遇——或許他被對待得太刻薄了一點。我們時而能夠感覺到，他們會在談論普魯士王位締造者和第一個加冕者之際顯得尷尬，因為他們必須對這麼一位缺乏英雄色彩的國王做出描述。他確實不具英雄色彩。可是他具有別種優良的統治者屬性，而且那些屬性在今天甚至比英雄本色更加受人重視。他是一個受過良好教育的人，其宮廷內更洋溢著文化氣息，這是他轄下各個粗獷殖民地昔日難得一見的景象。其首都歸功於他的緣故，才會被譽為「施普瑞河畔的雅典」(Spree-Athen)，即便那個別名起先聽起來或許有一點像是反諷。他以自己的第一批著名建築物——王宮、軍械庫、夏洛特堡宮——來妝點柏林市容，他創立了藝術學院以及科學院（最初名叫「科學協會」），他對施呂特爾大力贊助，而他那位學養豐富的王后更是萊布尼茨的獎掖者。但腓特烈一世不免揮霍成性。他的兒子和繼位者當上國王之後，一切做法都跟父親完全背道而馳，並且將其父的宮廷派頭稱作「世上最瘋狂的排場」。不過腓特烈一世的「瘋狂排場」還是帶來了若干正面結果。其揮霍的作風並非乏善可陳。

以上只是順便說說而已，我們所探討的對象到底不是霍恩佐倫家族的國王們，而是普魯士這個國家。腓特烈一世對文化的慷慨解囊之所以會讓我們感興趣，是因為那種做法也建立起一個普魯士的傳統——而且是一個往往受到忽視的傳統。腓特烈一世真正的壯舉，當然還是爭取到國王的頭銜。此事純粹以和平與非暴力的方式來完成，不曾出現過戰時的赫赫軍功，所憑藉的只是許多年來小鼻子小眼睛耐心進行的外交談判。或許正因為這層緣故，此事才會在普魯士的歷史傳說當中扮演了如此不起眼——簡直稱得上是「丟人現眼」——的角色，畢竟那種歷史傳說總是必須「號角齊鳴」才會像個樣子。儘管如此，獲得國王頭銜之舉卻是決定性的一步，走近了大選侯一輩子也無法藉由英雄氣概來實現的目標：將一群中等和小型的諸侯國結合成為單一國家。

普魯士王國得名的由來

對自己祖父絕無好評的腓特烈大帝曾經寫道，其國王頭銜只不過是虛榮心作祟的結果而已：虛榮心驅使他追求並獲得了一個沒有實質意義的榮銜，於是表面上的位高權重並不真正意謂權力的增加。但平心而論，那種判斷未免流於膚淺。因為在政治的領域內，表象本身就是權力的一部分，更何況腓特烈大帝自己對此也十分明白，並且曾於其他場合公開做過類似的說明。「戰無不勝」的光環，往往可以省卻戰爭與戰役之苦，而誰若有辦法訴諸人群的幻想，統治他們的時候就可以比較不費力。反正在一七〇〇年前後，「國王」頭銜是一個宛如魔咒的字眼（其情況正類似今日「民主」這個用語一般）。

腓特烈一世發揮直覺，做出了自己父親辦不到的事情。那是靈光乍現的結果，但必須先要出現過那種念頭才行。

自從簽訂《西發利亞和約》以來，稱王的趨勢即已蠢蠢欲動。那個和約摧毀了皇權，讓德意志各大諸侯從此都覺得自己是國王，並且巴不得如此稱呼自己。但他們在另一方面仍然有所顧忌，不敢堂而皇之在帝國境內稱王。「布蘭登堡國王」這種頭銜聽起來未免過於挑釁，畢竟皇帝與帝國都還存在。就連「巴伐利亞國王」、「薩克森國王」和「符騰堡國王」之類的頭銜，在一七〇〇年也都還是無法想像的事情；而過了一個世紀，等到此類頭銜於拿破崙時代紛紛出現之際，那就意味著神聖羅馬帝國的末日。但儘管時機在一七〇〇年前後尚未成熟，一些大諸侯家族卻已經找到了一條出路：他們設法在外國取得王位。薩克森的韋廷家族在一六九七年成為波蘭國王，於是也不動聲色地在薩克森當國王；漢諾威的韋爾夫家族在一七一五年成為英國國王，因而也在漢諾威當上了國王。

順便說明一則歷史軼聞：霍恩佐倫家族在半個世紀之前也曾經有過類似的機會。瑞典的古斯塔夫・阿道夫國王駕崩後出現了一個計劃，打算讓其王位繼承人（後來的克莉斯汀娜女王）與布蘭登堡統治者的繼承人（日後的大選侯）結為夫婦。假若此事成真的話，霍恩佐倫家族將不會成為普魯士國王，而是擔任瑞典國王——他們將統治一個結構紮實的瑞典—德意志—波羅的海王國，那麼天曉得還會怎樣繼續發展下去。但此事沒有了下文，主要是因為克莉斯汀娜頑固拒婚，而且眾所周知的是：她一輩子都沒有結過婚、後來改信天主教，自己本身就是一個怪胎型的人物。

如今到了腓特烈選侯的時代，固然已經不再有外國王冠等著讓霍恩佐倫家族戴上，可是他們自己不就在異域擁有一大片土地嗎？這突然派上了用場（只需要出現相關的念頭即可），因為普魯士（東普魯士）很久很久以來，從一四六六年開始，就不再屬於帝國所有。它反而曾在兩個世紀的時間內成為波蘭屬地，一直要等到大選侯在位期間才順利擺脫波蘭的宗主權——那是大選侯在外交上的唯一成就。腓特烈在普魯士境內並不是帝國的諸侯，他在當地享有自主權。而且他在那裡可以完完全全合法地成為國王，情況正如同薩克森的統治者在波蘭，以及漢諾威的統治者在英國一般。然而一切都只能侷限「在」普魯士而已。主要是因為波蘭對此十分堅持，畢竟另一塊普魯士——西普魯士——仍然在其掌控下。波蘭無論如何都必須阻止別人要求西普魯士的所有權。

此前針對承認國王新頭銜所進行的各項談判既棘手又困難，在面對皇帝和波蘭國王的時候尤其如此。然而最大的阻力——這是另一則歷史軼聞——卻來自條頓騎士團。畢竟條頓騎士團依舊存在！騎士團固然在一五二五年（大聲抗議地）損失了普魯士的土地，可是它在德國設置的教團組織，亦即騎士團國家的境外招募站，卻不斷延續了命脈，一直要等到一八〇九年才被拿破崙解散。身為強硬派的天主教徒，條頓騎士團後來緊緊依附於哈布斯堡家族（《大團長與德意志團長進行曲》——「我們來自皇帝兼國王的步兵團」[15]——直到今天都還是奧地利陸軍最著名的進行曲之一），並且在維也納發揮一切影響力來進行阻撓，不讓那個異端、不合法、遭到霍恩佐倫家族竊據的普魯士公國，現在甚至以王國的地位得到承認。但如同我們所知道的，那只是白費苦心而已。一七〇一年一月十八日，布蘭登堡選侯腓特烈三世在柯尼斯堡給自己戴上了王冠，從此他搖身成為「在普魯士的國王」腓特烈一世。

「在」這個字眼難免美中不足，不過它只對外有效——當初選侯的談判代表們為了爭取同意，才不得不出此下策。對內則無庸置疑，腓特烈自始就是第一位「普魯士國王」——不復從前那般，在這裡是邊疆伯爵、在那裡是公爵，而在其他的地方又分別是伯爵或侯爵等等。他轄下所有的領地現在共同構成了「普魯士」王國，即便布蘭登堡人、萊茵蘭人和西發利亞人連做夢也從未想到，他們有朝一日將會突然開始使用這個遙遠東方國度的名稱。他們從此都變成了普魯士的百姓、接受普魯士國王的官員管理、由普魯士國王的軍隊加以衛戍，並且——人性就是這樣——很快就不再抱怨下去，反而以自己屬於一個既強大又受人尊敬和畏懼的國家為傲。他們的地方分離主義已經遭到嚴重打擊。腓特烈完成了一項重要的征服行動：身為普魯士國王，他征服了其臣民的意識。這才促成他的兒子得以順利完成他的父親所失敗的任務：將分散各處的領地凝聚成為一個既真實又能夠運作的國家。但這項任務仍在未定之天。

普魯士還只不過是一個方案而已。但這個方案如今已被昭告天下，並且已經在國內廣泛獲得接受。普魯士的漫長成形過程已經抵達目的地。其成形的歷史已告結束，它自己的故事正式開始了。

15「我們來自皇帝兼國王的步兵團」是那首進行曲演唱版的第一句歌詞。「皇帝兼國王」即一八六六年之後的「奧地利皇帝兼匈牙利國王」（奧匈帝國皇帝）。一九三八年以前，奧地利有一個精銳單位就叫做「大團長與德意志團長第四步兵團」（Infanterie-Regiment Hoch- und Deutschmeister Nr. 4）。

第2章

粗線條理性國家

Der rauhe Vernunftstaat

一七〇一年成為王國之後，普魯士仍舊是一個非自然形成、隨機拼湊在一起的組合。國家命脈的延續有賴於進行土地調整與領土擴張。

腓特烈一世那位巴洛克國王的繼任者——「士兵國王」腓特烈．威廉一世——整頓負債累累的國家、引進了高稅率、微薄的官員俸祿、斯巴達式儉樸的宮廷作風……經過二十七年的勵精圖治，創造出對外擴張所需的國力。

腓特烈二世隨即運用這個力量，並且將之消耗殆盡；但他吉星高照，結果在自己的大賽局中成為贏家。

前述「普魯士方案」是一項攸關國家鞏固和國家擴張的方案，它一七〇一年被公開宣示之後，在十八世紀已經及時完全實現，令同時代的人們瞠目結舌不已。我們甚至可以宣稱，主導此事的兩位普魯士國王「超額」完成了自己分內的工作：腓特烈・威廉一世，「我們在內政方面最偉大的國王」，不僅把他繼承過來的大大小小領地建設成一個國家，更進而使之成為那個時代最嚴密、最先進和最有效率的軍事國家；其子腓特烈則被時人尊稱為「大王」（後人不應該一口否定這個頭銜），而且他非但讓這個國家終於有了迄今一直明顯缺乏的連貫形狀，並且馬上使得它成為歐洲強權。

這兩位普魯士國王締造的功業非同凡響，而且即使是現在進行歷史回顧的時候，其成就仍然顯得跟當初一樣地不尋常。但我們不可因為這層緣故，便表示十八世紀的古典普魯士完全歸功於這兩位國王的個人貢獻，才會宛如突然誕生自虛無縹緲間之後，接著就彷彿油污似地在地圖上蔓延開來。時代精神也在其中發揮了作用：當時盛行於全歐洲的國家理念——國家利益至上原則——有利於創造出一個像普魯士那般人工化的理性國家，甚至還令人盼望能夠出現這麼一個模範國度。普魯士在那個時代乘著強勁的順風破浪前進。它不僅十分新穎，它還非常現代化，我們簡直可以表示：它很時髦。

但另外還有一個因素共同發揮效果，或者甚至產生了決定性的意義：純粹的「不得不爾」。這種必要性源自每個國家和每位個人天生的自保本能，而對於像普魯士這樣的國家來說，它即使在一七〇一年被宣布成為王國之後，仍舊是一個非自然形成、隨機拼湊在一起的組合。在此情況下，自保本能更只會驅使它進行土地調整與領土擴張——也就是要進行征服；擴張和征服又逼迫它必須在最大範圍內綳緊與集中內部的一切力量。

兩位偉大的國王

「大選侯」當初試圖雙管齊下，結果以失敗收場；他的孫子和曾孫卻績效斐然，因為他們分工完成了那兩項任務，並且是以合乎理性——合乎國家理念——所要求的方式進行：領土的擴張需要國力來配合，但不管國家命脈的延續再怎麼有賴於領土擴張，國力必須先被創造出來才行。「士兵國王」腓特烈·威廉一世創造了它。腓特烈大帝隨即運用這個力量，並且將之消耗殆盡；但他吉星高照，結果在自己的大賽局中成為贏家。

父親與兒子其實都不是出自內心的渴望才那麼做，並非為了實現個人願景而恣意施展天才的創造力。他們父子二人施政的時候，反而都在某種程度內擔負著嚴酷的現實壓力——其臣僚與許多子民想必對此也有所感受，否則國內的阻力恐怕還會來得更加強勁，所獲得的成就則將大為失色。在普魯士這個案例當中，我們特別應該設法避開諸如歷史「法則性」和「命定性」之類的神祕學觀點：那個國家從來沒有任何東西是按照歷史法則預先注定的，其各個組成部分純粹是意外被拼湊到一起，該國絕非自然生長而成，它是人工化的產物。它需要人工維護，否則這個意外的產物就會再度分崩離析，同時它必須進行擴張才勉強得以繼續存在下去。從國王到最普通的臣民都一清二楚，曉得除此之外別無他途可尋。就這一點而言，我們倒可以在不落入「國家神祕主義」的情況下表示：「普魯士理念」——亦即「普魯士方案」——當時發揮了（或者它本身就是）一種難以捉摸、不具個人性質的力量，督促國王們和臣民們分別扛起自己的責任。

這兩位偉大的普魯士國王恰好正是這方面的最佳例證。父子二人所事奉的對象，是那個需索無度的普魯士國家理念，雖然其一切要求都合乎理性且勢在必行，卻讓他們感覺是「非己所願」、「強行施加」，甚至「不近人情」。而當他們二人為此效勞的時候，自己的性格都遭到扭曲變形——有時是往壞的方向扭曲。例如腓特烈．威廉一世有個怪習慣，喜歡在談論起普魯士國王的時候使用第三人稱：「我希望擔任普魯士國王的大元帥和財政部長，這一定會讓普魯士國王稱心如意。」他自己屈意奉承的那位「普魯士暴君」，導致這個原本虔誠、單純、喧鬧，而且基本上心地善良的人自己也變成了暴君。

於是這位「驅使者」兼「被驅策者」在生活方式與執政風格上，展現出永不滿足、充滿暴力、喜怒無常、粗野威脅、拳打腳踢、缺乏耐心等等的作風，以及他批示公文時總是喜歡寫出的「趕快！儘速辦理！」（Cito! Citissimo!）某次有幾位「戰爭與領地公署委員」[1]對一項詔令表示異議，結果這位普魯士國王暴跳如雷地說道：「那些傢伙打算逼我就範——但他們必須按照我的旨意來辦事，否則我就會惡魔上身：我會跟沙皇一樣，下令動用吊刑和炮烙，如同對付謀反者一般地折磨他們。」接著正常的腓特烈·威廉又驀然重返：「上帝知道我很不喜歡這麼做，而且我因為那批遊手好閒傢伙的緣故，有兩個晚上沒睡好覺。」他是一個秉性忠厚的人，卻由於為國效勞而被改造得狂暴易怒。

那是腓特烈·威廉一世。腓特烈大帝則還要更勝一籌！其「國王是國家的第一公僕」這句名言，曾經在不同的上下文裡面被反覆使用，這是大家曉得的事情；但比較不為人知的是，其法文原始版本的關鍵字眼並非後來往往被使用的「serviteur」（僕人），實際上是「domestique」（家奴）——「國家的第一家奴」。[2]那聽起來突然變得完全不同

1 「戰爭與領地公署」（Kriegs- und Domänenkammer）為十八世紀普魯士王國的省級行政機關（由之前分別負責徵集「軍賦」與「田賦」的兩個單位合併而成），接受柏林中央政府的「總理事務府」（Generaldirektorium）管轄。

2 本書原文分別列出了「國家的第一公僕／家奴」在兩種語言的講法。德文：「der erste Diener des Staates」，法文：「le premier domestique de l'Etat」。

了，令人聯想起腓特烈所講過的另外一句話，而且他同樣曾經多次把它用不同的方式加以複述：「盲目的偶然讓我生而被詛咒必須從事的這門手藝，多麼令我憎惡！」

腓特烈天生是一個文藝愛好者、一位「哲學家」（今天我們會說：一名知識分子），以及人道主義者。他擔任王儲期間因而曾經與父親有過可怕的衝突，但我們不必在這裡將此事複述第一百遍。軍裝雖然是他人生後期的唯一服飾，起初卻被他很不屑地稱作「壽衣」。其長笛演奏、對藝術的喜愛、洋溢著啟蒙運動人道精神的《反馬基維利》那部著作、與伏爾泰的熱烈友誼、於即位之初急忙頒布的人道主義法令——廢除刑訊（但有例外），「報紙不應該受到束縛」，「**在我的國家，每個人都應該按照自己的信仰方式得到救贖**」。那一切皆非假面具或故作姿態，而是真正的腓特烈以及他的本性。

腓特烈犧牲了它們，把它們犧牲給他覺得自己生而被詛咒以致必須從事的「令人憎惡的手藝」。更確切地說，它們被犧牲給普魯士的國家利益至上原則，而那項原則要求他實施強權政治、發動戰爭、進行戰役、掠奪土地、背棄同盟與撕毀條約、偽造錢幣、從其臣民和士兵以及他自己身上壓榨出最後一點東西來。簡言之，就是要求他當普魯士國王。腓特烈為此抑鬱寡歡。他雖然沒有像父親那般變成了一個脾氣暴躁的人，卻成為一個冷冰冰的憤世嫉俗者，以及對身邊人士尖酸刻薄的討厭鬼。他不喜歡別人，也不被別人喜歡。他對自己完全漠不關心、不修邊幅、很不清潔、總是穿著那一身破舊的軍服。其間他始終富於機智，可是卻充滿了消極負面的想法，而且在內心深處很不快樂；同時他總是忙個不停、一直戮力從公、隨時保持警戒、孜孜不倦地致力於那個令他憎惡的手藝。他直到嚥下最後一口氣為止，都是一位偉大的國王——有著一個破碎的心靈。

我們絕不可錯過一段摘錄自腓特烈著作全集的引言（那套文集總共二十五冊，可惜今天幾乎已完全不再有人閱讀它們了），因為它似乎可以讓我們從最內在的一面來窺探這位國王的性格。腓特烈大帝在一封私人信函當中寫道：「我之所以不使用『天意』一詞，是因為在我看來，我的權利、我的紛爭、我個人以及整個國家都太過於微不足道，無法讓天意覺得重要；既無謂又幼稚的人類衝突，則不值得勞駕天意來操心。更何況我不相信天意會做出任何奇蹟，以便讓西里西亞繼續留在普魯士這邊，而非落入奧地利、阿拉伯人或者薩爾馬特人的手中。因此我不把一個如此神聖的名稱，濫用在這麼不神聖的東西上面。」那的的確確是他的想法，可是他卻為了這麼不神聖的東西犧牲了無數人的生命——而且就某種意義而言，也犧牲掉他自己的生命。

我們可以認為其作風是玩世不恭，要不然也可以覺得它引人入勝。畢竟腓特烈屬於英國人所稱「需要適應的口味」(acquired taste) 那種類型：乍看之下令人厭惡，可是人們開始跟他打交道之後卻會傾心於他，其間所產生的感覺固然稱不上是愛意，但卻有可能比愛意還要來得更加強烈。昔日流傳甚廣、充滿愛國情操與虔敬之意的歌功頌德，使得「老弗里茨」[3]成為傳聞軼事中普受歡迎的英雄人物，但如果我們更深入了解真正的腓特烈，那些吹捧只會顯得荒誕可笑。但就連今日不時被塗鴉在腓特烈紀念像上面的污衊字眼，也以一種奇特的方式與他擦身而過。他稱得上是超脫於那些污名化做法之外，他自己早就預料到那一切，而且知道得更清楚；結果等到所有的壞話都說盡之後，他反而繼續一如往昔那般引人入勝。

我們也可以用同樣方式來看待他的國家——他和他父親的國家。這兩位國王——父親與兒子——的某些特質，已深深融入那個國家。它是一個粗線條的理性國家，乃七拼八湊而成，缺少了奧地利的魅力、薩克森的優雅、巴伐利亞的古樸。我們可以表示，那是一個沒有特色的國家；但若用普魯士的行話來說，那卻叫做「不無」特色。這個古典的普魯士乍看之下並不令人興味盎然，反而容易讓人起反感，頂多也只不過是心生敬意罷了。但越是近距離觀察它，它就變得越有趣。

歷來關於這個國家的最貼切講法，出現在一本可惜不怎麼受到注意的書籍裡面——西里西亞日耳曼學家兼斯拉夫學家，阿諾·盧博斯所撰寫的《德國人與斯拉夫人》（一九七四年出版）。下列的引文很長，但是值得一讀，甚至再次細讀；它的每一個字句都切中要害。盧博斯是從十八世紀最後三十年內，非自願成為普魯士人的許多波蘭人之角度，來觀察普魯士這個國家。他眼中所見的情況如下：

普魯士當時呈現出來的，是一個極不尋常的國家——其紀律、服從、軍事操練、正派的官員、忠誠的貴族、既廉潔又開明而且講人道的司法審判體系、一視同仁的理性態度、完美的行政機構、要求克己自制並具有喀爾文和新教徒色彩的清教主義，以及傾向於世界主義和宗教寬容的自由精神。那是一個偉大的理念綜合體，被四位彼此極不相同的君主共同創造出來，[4]在「王權」與「領地」的概念之下融於一爐。普魯士的獨特之處為，它有別於那些跟種族綁在一起的國度，必須推出一些準則來建構與鞏固國家，而且惟有透過這些準則才得以存續下去；此外它具備一種無可否認的多樣分歧性，於是發展出一套特別激進的威權主義原則來相抗衡。那裡沒有普魯士民族、沒有可做為樣板的「國家核心地帶」民族性、沒有統一的方言、沒有占主導優勢的民情風俗。多樣化的風貌簡直可以被看成是其基本特

3 弗里茨（Fritz）是弗里德里希（Friedrich）的德語簡稱。「老弗里茨」（Der alte Fritz）則為普魯士百姓對「弗里德里希大王」（「腓特烈大帝」）之暱稱。

4 這四位君主分別為：腓特烈・威廉（「大選侯」）、腓特烈一世國王（王國的建立者）、腓特烈・威廉一世國王（「士兵國王」），以及腓特烈二世國王（「腓特烈大帝」）。

質，但這只會更加突顯出國王和官署之威權所產生的連結與調和功能。

威權本身卻並非起源於歷史慣例或王朝成規，反而是來自國家整體的運作能力——來自統治者家族、其轄下的不同機構，以及各個百姓階層所做出的成就。國家定義自我的方式，就是向每一個人分派任務，要求他們在國家內部各就各位，並且為國效勞。國家則承諾以全國共同的成就欲望做為基礎，在權力政治、經濟事務、社會領域和文化發展等方面帶來進步。凡是否定這種成就欲望的行為，將被視為威脅國家生存而遭到懲罰。國家要求完全的認同、絕對的服從與責任心。只要不逾越國家所規定的分際，它便容許自由的存在——例如在宗教信仰和民族身分上的多樣性。特別是在斯拉夫少數民族那裡，普魯士給他們帶來了一種全新的共同歸屬感。

我們無法對古典普魯士的本質做出更精確的總結，而且上述引文其實已經道出了一切。不過我們還是想進行更仔細的觀察，來看出那一切究竟應當如何解釋，以及事情發展至此的經過。

一場軍事革命

古典普魯士在同時代和後世人們眼中最引人注目，但僅僅被盧博斯列為特色之一的事物，就是它著名的軍國主義。普魯士是一個軍事化的國家，其程度遠遠超越別國。它必須這麼做，如果它想把東一塊西一塊的國土連貫成一個整體的話——而且其所處的地理位置要求它必須那麼想。

「其他的國家擁有一支軍隊，普魯士卻是一支軍隊擁有一個國家」，米拉波伯爵曾於腓特烈大帝在位末期半嘲諷半驚駭地如此寫道。那句話講得很對，可是卻又不對。普魯士軍隊從未「擁有」普魯士國家，而且根本從未做過任何嘗試來統治國家，或者影響國家的決策——它是全世界紀律最嚴明的軍隊，軍事政變在普魯士始終是無法想像的事情。軍隊反而是國家最重要的工具、它的王牌和它的心肝寶貝；一切為軍隊而設，一切圍繞著軍隊打轉，一切與軍隊共存亡。這個國家並非被軍隊擁有，而是真正「著迷於」[5]對軍隊的照顧。就連其——按照當時標準——既現代化又極為先進的財政、

5 原文在此一語雙關。德文「擁有」（besitzen）一字的過去分詞——「besessen」——同時意為「（被）擁有」和「著迷」（著了魔、狂熱於、醉心於）。

經濟與人口政策，最終的目的也在於提高作戰能力，而這意味著：為了它的軍隊。

其實普魯士在那麼做的時候，只不過是把當時歐洲普遍流行的實務發揮到了極致而已。普魯士的軍國主義並非一個孤立的現象；即便在這個方面，十八世紀的普魯士也完全符合時代精神。它只不過是從《西發利亞和約》之後席捲歐洲各主要國家的軍事革命當中，得出了最激進的結論。

簡言之，那場革命意味著軍隊的國有化。此前的情況，在今天會讓我們感覺非常陌生：歐洲各國都不擁有軍隊，充其量只不過是禁衛軍和民兵罷了。軍隊屬於私人的企業，每當國家必須打仗而需要一支軍隊的時候，就向私人承租——往往還支付不起那筆開銷。十六和十七世紀的許許多多場戰爭（包括三十年戰爭在內）都是以此方式進行，但是長久下來以後，這種做法已經被證明行不通；在三十年戰爭時期，它更為受到戰火波及的各個國家帶來了災難性的後果。其原因在於那些往往不固定支薪的傭兵部隊軍紀渙散，此外他們缺乏今日所稱的「後勤補給」，亦即有組織地持續供應他們所需的物品。（就這方面而言，華倫斯坦的軍隊——至少是在成立之初——構成了一個具有前瞻性的例外。）他們必須自力救濟，從自己戰鬥、紮營，或者行軍通過的處所就地取得給養，那些地點於是遭到他們「蹂躪」（這是該用語得名的由來[6]），而且他們曾經在三十年戰爭時期摧毀了整片整片的地區。

三十年戰爭過後，各地都拋棄了那種制度，甚至往往走入另外一個極端。凡是還像樣的國家從此都一直自行養兵，軍隊於是擁有了同樣遭到國有化的專用後勤補給系統，行軍時不再就地取材，而是從兵站前往兵站（但這嚴重影響了十八世紀軍隊在作戰時的機動性），同時他們更受制於前所未見最嚴酷野蠻的軍紀規範。十八世紀軍隊的「笞刑」與「夾道鞭打」等體罰方式（不侷限於普魯士），直到今天都還讓我們讀得毛骨悚然。不過我們也必須正視事情的另外一面：士兵們吃盡更多苦頭的同時，平民百姓的苦難就減少了許多。在紀律蕩然、缺乏補給的傭傭兵時代，作戰總是意味著燒殺姦淫擄掠。如今這已成過去。腓特烈大帝因而可用不偏離事實太遠的方式來強調：「和平的公民應該完全感覺不到國家在打仗。」那是三十年戰爭結束還不到一百年以後的事情。

普魯士參與了這場全歐洲的軍事革命，亦即如同瑞典、法國、西班牙、奧地利、俄國那般地成為一個軍事化的國家，這件事情本身並無特殊之處。真正特別的地方在於三個方面：首先是普魯士軍隊的人數，其次是它的素質，第三則為其社會成分。

腓特烈・威廉一世國王——「士兵國王」——在位期間，普魯士軍隊的常備兵力為

6 德文「蹂躪」（verheeren）這個動詞可直譯為「遭到軍隊化」（大軍過境）——其字根是「Heer」（軍隊、陸軍）。

八萬三千人，他的兒子才一登基就立刻增加到十萬人，後來在戰爭時期甚至還把人數加倍。對一個小國家來說，這實在多得不成比例，多得令人難以置信；諸如法國、奧地利和俄羅斯之類的大國，其軍隊規模也只不過稍微大一些而已。在其他所有的政府開支項目方面，於是都需要斯巴達式的節儉作風（「普魯士式的節儉」），因為五分之四的政府歲入已經花在軍隊上面了。「士兵國王」的普魯士刻意為了國力而犧牲璀璨——按照國王自己的用語，那是「務實」的做法。其宮廷派頭在各國王室極盡奢華之能事的那個年代，比較起來未免顯得寒酸；而在他的統治下，就連藝術與文化的發展也少得令人失望。普魯士的貧窮困頓與普魯士軍國主義之間出現的反差，縱使在他生前也已是歐洲普遍受到嘲笑和令人搖頭的對象。

不過那只是最起碼的部分而已。光靠節儉仍不足以籌集這個貧窮國家所需要的超級軍費開銷。無怪乎腓特烈．威廉自稱為普魯士國王的「大元帥和財政部長」了。普魯士在他執政期間是歐洲稅賦最重的國家；後來腓特烈大帝還把稅率調得更高，儘管其臣民對他的聲譽並非沒有感覺，可是長久下來以後，那種做法還是讓他變得不受歡迎。大量的稅賦（在城市裡面是消費稅或「國內貨物稅」，在鄉間地區則為土地稅或「田賦」），必須加以徵收和催繳。為此就需要一個高效率的財政主管機構，而這意味著大量的公務人員——雖然惟有透過普魯士式的節儉作風才得以支付其薪水，可是他們每一個人都必須絕對可靠，結果又不得不強迫他們遵守軍隊般的紀律，以及準軍事化的榮譽守則。普魯士的「軍事國家」與「公務國家」因而環環相扣，互為表裡。

此外還需要加上普魯士的「經濟國家」。如果想要支付昂貴的軍費，同時積聚戰備物資的話，那麼就得拼命向百姓徵稅；可是在收到稅以前必須先要有東西可以讓人抽稅，畢竟一頭餓牛產不了多少奶。普魯士國家因而也推動經濟政策，以當時頗不尋常的方式來資助和補貼製造業——比方說在鄉間地區是亞麻與羊毛紡織業（那同時亦為製作軍隊制服所必需的材料），在城市裡面則是諸如著名的「柏林王室瓷器工坊」之類的業者；此外還成立一所國家銀行，以及致力於土地改良和土地開發（例如奧德河河口灣的排水工程）。對那個時代而言，這一切都意味著高度現代化、十分進步的政策，而且「順便」也是一種人道主義的政策。畢竟那些措施都帶來了工作與麵包——但只是順便而已。

這種冷冰冰的「順便」人道主義，進而主導了普魯士的移民政策與人口政策。現在必須對此做出較詳細的說明，因為我們已隨之來到古典普魯士的基本特徵之一，而且它跟普魯士的軍國主義同樣特性十足和引人注目——那項特徵就是幾乎無限度地對外地人友好的態度，並且樂意接受移入者與難民。許多厭惡普魯士軍國主義的人們，在這裡找到了可以接受的一面。然而那兩項特徵其實互有關連。

普魯士乃十八世紀全歐洲受迫害者、被羞辱者、遭歧視者的庇護所和避風港，其情況幾乎類似十九世紀的美國。實際上那早在大選侯的統治時期就已經開始。一六八五年的時候，法國廢除一個世紀以來畀予法蘭西新教徒信仰自由的《南特詔書》，大選侯立即頒布《波茨坦詔書》，邀請受迫害者前往普魯士。結果他們成千上萬地接受了邀請，並且對此心懷感激。到了一七〇〇年前後，柏林市三分之一的居民是法國人。那些難民都受到良好的照顧、獲得住宅和貸款、完全不必否認本身的民族屬性，而且他們還獲得自己的法國教堂與法國學校。那一切堪為典範，而且非常有益。眾所周知的是，普魯士的「法國殖民地」一直維持到二十世紀，並帶來了許多精緻的工藝技巧和生活習慣，而且在許多個世代的時間內為國家提供了優秀的官員與文學家。

法國人並非特例。一七三二年，在腓特烈．威廉一世國王任內，出現了另外一個大規模移民潮：二萬名薩爾茨堡新教徒為了躲避「反宗教改革運動」而逃難到普魯士，在之前由於黑死病肆虐而人口銳減的東普魯士安家落戶。除了這些引人注目的大規模移民行動之外，整個十八世紀——而且從大選侯的時代即已開始——都看得見新移民和宗教受迫害者源源不斷地湧入普魯士，其中包括華爾多教派、門諾教派、蘇格蘭長老教派的信徒，此外也包括猶太人，甚至時而還有不喜歡其他較嚴厲新教國家的天主教徒。他們全部都受到了歡迎，而且他們全部都獲准繼續使用自己的語言、繼續維護自己的風俗習慣，以及「按照自己的信仰方式得到救贖」。對普魯士國家而言，每一個新的子民都不成問題。每當傑出外籍人士有意直接出任高級公職的時候，它也不會表現出小家子氣。我們將在後面讀到，普魯士「改革時期」的靈魂人物——斯坦因、哈登貝格、沙恩霍斯特、格奈森瑙等等——幾乎本來都不是普魯士人。此外我們也想在這裡提前說明一下：普魯士在十八世紀末期進行征服以後，新獲得了數百萬波蘭臣民，而那些人的民族特性與宗教信仰全未受到干擾和破壞。老普魯士沒有「日耳曼化」的問題，這是與日後的德意志帝國不同之處。普魯士並非一個民族國家，而且也不打算成為一個民族國家，它僅僅是一個國家，就此而已。它是一個理性的國度，向所有的人開放。每個人都享有同等的權利，但也必須承擔同等的義務——在這方面也不打折扣。

一切看起來都相當美好，並且非常人道。實情確也如此。然而普魯士這種高度自由化移民政策與人口政策的動機，卻並非人道主義。那只不過是順便對人友善罷了。其動機來自於「國家利益至上原則」；而如果我們更仔細觀察的話，在這裡也會與「軍國主義」重逢，亦即那個把其他一切事物都牽扯進來的超大型普魯士軍隊。

軍隊所費不貲，吃掉了國家的預算，於是需要增加稅收。可是若想增加稅收的話，就應該提高納稅力和經濟力，於是必須推動經濟政策，以及促進經濟成長。經濟的成長有賴於人口增加（當時尚未進步到能夠用機器來取代人力的地步），因而也需要推行移民政策，如果這麼做的時候還能夠順便對人友善的話，那就再好也不過了。「在我看來，人們是最大的財富」，腓特烈·威廉一世曾經這麼表示，而腓特烈大帝表達得更加清楚：「最重要、最通用和最真實的原則為，一國真正的實力在於其龐大的人口數量。」他在一七五二年的政治遺囑中（後來俾斯麥認為該文件應該永遠不解密），更說出了自己內心的想法：「朕希望我國擁有足夠省分來維持一支十八萬人的軍隊，亦即比目前多出四萬四千人。朕希望，扣除所有支出項目之後能夠每年有五百萬銀元的結餘……。這五百萬大致相當於一次戰役的開銷。有了那筆金額之後，我們即可自費進行戰爭，而不至於陷入財政窘境或者成為任何人的負擔。在和平時期，這筆進帳可使用於各種對國家有益的經費。」

因此普魯士的一切都會在某種程度內回歸到軍隊，而我們現在也必須重返軍隊那方面。

若從人口總數和國家財政實力來衡量，普魯士的軍隊無疑巨大得不成比例，可是其兵員數量依然少於法國、奧地利和俄羅斯等真正大國的軍隊。後來普軍力足以和這些較大型的軍隊分庭抗禮——在「西里西亞戰爭」是對抗其中之一，於「七年戰爭」時期甚至同時對抗三者——證明自己在質量上享有優勢。這種質量優勢的謎底從未完全被揭曉，當時沒有，今天也沒有。固然普魯士將領極度樂於接受當代進步幅度仍相當有限的軍事科技新知，但這僅僅是一部分的解釋理由。固然普魯士軍隊率先推出了「齊步走」的行進方式，並以鐵製裝彈通條來取代木製通條，而且就連遠近馳名的「波茨坦巨人衛隊」亦可從此角度來看：較長的手臂當然可以在刺刀戰享有優勢，於是那位「士兵國王」癡迷於蒐集「長人」的作風或許不只是一種怪癖而已。[7]可是這些事情無法說明一切。

普魯士陸軍的戰術和操練跟其他各國的軍隊並無二致，普魯士的軍紀固然十分嚴厲，但也不至於比別人來得更加刻薄。「普魯士人開槍也沒那麼快」這句俗語所著眼的對象，並非普魯士軍隊作戰時的射擊速度——即便他們使用鐵製裝彈通條，使得開槍的速度變得特別快。[8]其實這句俗語所強調的是：普魯士不急著槍斃逃兵，不至於例如類似法國人所做的那般，捕獲自己的逃兵之後就毫不留情地把他們拖到行刑隊前面——

7 波茨坦巨人衛隊（Potsdamer Riesengarde）就是腓特烈．威廉一世國王的巨人擲彈兵團（第六步兵團），其成員則被稱作「長人」(lange Kerls)。它宛如今日的籃球隊，士兵最低身高標準為一八八公分（最巨大者高達二一七公分）——國王自己的身高則在一六〇公分上下。本書封面就是波茨坦巨人衛隊的進擊。

8 「普魯士人開槍也沒那麼快」這句德文俗語，今日被使用於取笑急性子或沉不住氣的人。普軍士兵以裝彈快速聞名。在前膛槍時代，普魯士軍人的射擊速度是敵方的兩倍。一八四〇年代末期普軍率先換裝後膛槍（撞針步槍）之後，於普奧戰爭時的射擊速度甚至為奧軍（仍使用前膛槍）的五倍以上！

《在斯特拉斯堡的塹壕上》。[9]在普魯士，那些倒楣鬼固然會被打得半死，但接著又被調養得健健康康，以便有辦法繼續服役。他們實在太寶貴了，不可以被槍斃；普魯士式的節儉作風在這方面也不例外。

君主政體與容克貴族制度

腓特烈大帝的軍隊享有質量優勢之真正原因，說不定在於別的方面：我們必須從其人員結構的成分來看出端倪。一七二〇年代開始出現改變之前，普魯士軍隊補充兵員的方式與其他國家相同，完全是透過招募來進行，結果士兵都是僱傭兵、往往是外國人、往往是在社會上混不下去的人。因此逃兵事件層出不窮，於是出現了極不人道的軍紀。這種現象在十八世紀始終沒有完全停止過。腓特烈．威廉一世執政時期的後半段雖仍繼續採用募兵制（更佳的說法或許是：拉壯丁），然而招募的工作需要花費許多金錢而且會在外國惹出不少麻煩，於是開始藉由徵兵加以補充，然後逐漸遭到取代。

在剛開始的時候，此事完全讓人感覺不出來。起先只不過是把特定的地方行政區——「募兵區」（Kanton）——分配給個別的團級單位，供其在國內進行招募工作，藉以避免各單位之間相互干擾。接著每個「募兵區」都被攤派了一定的新兵員額，而其結果為：早在腓特烈．威廉一世執政期間就已經形成了一個類似「選擇性兵役」的體系。

那是一種選擇性的，仍非普遍性的徵兵制。城市居民完全不被徵召入伍，而且在鄉間地區也出現了許多例外：工商業者、文教業人士、擁有土地的農民、新移民、作坊的工人等等都永遠免服兵役。他們必須在其他方面為國效勞，亦即應該賺取金錢和照章納稅。但大量出現的例外，使得沒有被納入例外、原先只是「招募」對象的人們很難逃避，於是國內的募兵制漸漸演變成徵兵制，而普魯士軍隊逐步成為一支由本國百姓組成的軍隊。這自然而然會給士氣帶來不一樣的影響。

但除此之外，那也以特色十足的方式改變了普魯士鄉間的社會結構（在此的情況亦為二者環環相扣）。隨之演變出來的發展是，未繼承農舍的農家子弟順理成章地成為士兵，未繼承莊園的容克子弟則成為軍官。這自然而然強化了容克貴族的勢力：容克貴族如今除了是農民的領主之外，還進而擔任他們在軍中的長官。那同時也化解了國王權力與容克勢力之間的矛盾：容克貴族擔任軍官之後就變成公僕——並且開始喜歡上那個調調。就另一方面而言，國家則樂於讓容克貴族成為可靠的軍官儲備所。

9《在斯特拉斯堡的塹壕上》（*Zu Straßburg auf der Schanz*）是一首十八世紀末的德國民謠，講述一名在法軍當兵的瑞士人鄉愁發作，打算深夜泅水到河對岸逃跑回家——結果他遭到攔截，早上十點鐘就被三人行刑隊當眾槍決。

當初腓特烈．威廉一世國王仍舊按照傳統的模式，與他的「各個等級」持續處於衝突狀態（「各個等級」在普魯士指的主要就是「容克」）。他針對東普魯士稅務糾紛所發表的議論一直流傳至今：「我摧毀容克的權威；我達到自己的目的，並且把王權鞏固成為一道銅牆鐵壁。」腓特烈大帝的做法卻截然不同，他最後甚至讓容克貴族完全免稅：「由於他們的子弟必須捍衛國家，那些家族有資格以各種方式受到鼓勵和獲得保障。」普魯士貴族軍官團於是成為溝通王權與容克的橋樑：二者如今都在同一個軍事國家擔任公職。

國王與「各個等級」之間締結的這個和約頗不尋常。普魯士隨之在十八世紀成為一個特例，不像其他各國那般，內部的爭端愈演愈烈。可是和平免不了有其代價。曾經有人對古典普魯士做出正確的描述，表示那個國家站在兩條不一樣長的腿上：在城市裡面，國家的權力可一直向下延伸至每一個公民；在鄉間地區卻只有辦法及於縣長——縣長固然是國家的公務人員，卻仍然出身自地方上的貴族，可算是國家權力與容克權力之間的關節。到了縣長的層級以下，國王在鄉間地區已難有著力點。容克貴族就像小國王一般地在自己的莊園進行統治。

此外並有人指出，普魯士國王與容克貴族之間的和約，是在農民背脊上簽訂的。但若仔細觀之，便可發現農民與容克貴族之間的關係並未因此出現改變。農家子弟如今和容克子弟一樣，都有服兵役的義務。那對雙方而言都是一種新的負擔，可是日久天長之後，它也為雙方帶來了新的價值觀與榮譽感。更何況一切仍舊維持原狀。容克貴族與農民之間的關係，自從東向殖民時期以來便無不同。二者當初往往就是以騎士與扈從的身分一起過來，藉由占領或分配而獲得土地——騎士得到了騎士莊園，扈從則得到了農舍。農民家庭誠然必須加倍工作：他們不但在自己的農舍獨立耕作，還必須去容克莊園服勞役。但情況從一開始即已如此，而且一直維持到十九世紀。農民的生活非常艱苦，在普魯士和其他各地都一樣。但值得注意的事情是，十六世紀的大規模「德國農民戰爭」不曾蔓延到昔日的殖民地區。此外縱使在十七和十八世紀，布蘭登堡與普魯士的鄉間地區仍不曾出現過明顯的階級鬥爭、大規模人口遷徙，以及農村人力外流。那一切都要等到斯坦因的「農民解放」進行失敗之後才開始爆發——因為必須服勞役但擁有土地的農民，往往已經變成了自由而無恆產的農業工人。

普魯士的貴族有別於法蘭西、奧地利、波蘭等國的貴族，並非城市貴族或者宮廷貴族，而是自己也跟著一起工作的鄉間貴族，因此經常被他們在帝國內部的貴族同僚譏笑為「草根容克」和「高級富農」。普魯士沒有土財主。容克貴族與「他們的」農民之間具有非常密切的共生關係，容克對農民而言並非來自遠方的不知名剝削者，而是與之彼此相識的業務負責人；他們不但多半因而受到尊敬，有時甚至還深受愛戴。他們當中固然也有「敲骨吸髓者」，然而這種罵人的字眼偏偏來自容克貴族那邊，於是它證明了兩件事情：那種人實際上屬於例外，而且其同儕對他們大不以為然。

整體來說，我們不至於產生一種印象，於是認為十八世紀普魯士鄉間的各種社會體制令農民難以忍受——其實它們運作得相當順暢。它們在那個世紀被移植到軍隊裡面以後，很快就獲得的輝煌戰果似乎進而提高了軍中農民士兵的自尊心。至少可以確定的是，普魯士擲彈兵曾在行軍走向「洛伊騰戰役」的時候高聲合唱（軍隊的歌聲永遠都是個好兆頭），而且他們所唱出來的是下列這一段聖歌讚美詩：

請讓我勤奮做出自己分內工作，
依據我在您旨意下所處的位置。
請讓我在必須工作時立刻去做，
當我做好後請讓結果順利圓滿。

那簡直非常適合拿來使用為普魯士的國歌了。十八世紀的普魯士國家不要求百姓表現得歡欣鼓舞、不訴諸愛國主義和民族情感，甚至也不訴諸傳統（反正它沒有傳統），而完全只是喚醒人們的責任心。普魯士最高等的勳章叫做「黑鷹勳章」，由腓特烈一世國王創設於其自行加冕的前一天，而它上面寫出的拉丁語銘文是「Suum cuique」——「各得其所」。這個講法非常適合使用為國家格言。但如果以德文把它翻譯成「各盡其責」(Jedem seine Pflicht)，或許還會更加恰當。從國王直到最卑微的臣民，每一個國民都被國家分派了必須確實貫徹的任務，同時每一個「等級」又分別承擔起不同的責任。有些人必須以金錢為國家效勞，有些人則以鮮血，某些人甚至以「腦筋」，但大家都必須勤奮不懈。那個國家逼迫人人盡一己義務的時候，完全不留情面。可是在其他任何方面，它又比同時代其他任何國家來得更加自由，呈現出一種冷冰冰、主要是建立在「無所謂」態度之上的自由主義——這種做法卻同樣可以讓國民感覺稱心如意。我們已經在觀察普魯士移民政策和難民政策的時候，看見過這種現象。而德文的「各得其所」(Jedem das Seine)——在法文亦可稱作「各取所好」(Chacun à son goût)；凡是不會對國家造成傷害的事情，國家就不插手干預。這方面最極端的例子，是一個有關一名騎兵跟他的馬兒搞獸姦的真實故事。在十八世紀的歐洲，獸姦幾乎被視為最駭人聽聞的罪行，各地都會將犯案者酷刑處死以昭炯戒。腓特烈大帝卻下令：「把那頭豬玀調到步兵去。」

普魯士的三個無所謂

我們可以表示，普魯士具有三大「無所謂」的態度：其中第一個會被今日的自由主義者視為典範，第二個不無可議之處，第三個則容易讓人起反感。十八世紀的普魯士國家對宗教無所謂、對族群無所謂，而且對社會無所謂。其臣民可以信仰天主教或新教，可以皈依路德教派或者喀爾文教派，可以是摩西的信徒，甚至——如果他們願意的話——更可以是伊斯蘭教徒，普魯士對此都完全無所謂，那些人只需要徹底盡好自己對國家的責任即可。普魯士對族群也同樣無所謂：百姓不必是德國人；來自法國、波蘭、荷蘭、蘇格蘭、奧地利等地的移民都一視同仁地受到歡迎，而等到普魯士開始兼併奧地利和波蘭的土地之後，其奧地利臣民與波蘭臣民所受的待遇，與土生土長的普魯士人完全相同。普魯士在社會方面也抱持無所謂的態度：每一個國民都是自己命運的塑造者。他打算如何度日過活，那是他自己的事情。頂多只有戰爭傷殘者和軍人遺孤才會受到國家照顧，但也未必一直如此。腓特烈大帝明確要求人人享有同等的權利，就連最卑微的乞丐也不例外——但那只意味著權利平等，並不表示社會救濟。假如乞丐變成了強盜，那麼一視同仁的權利就變成了一視同仁的刑事法。平民生活過不下去的人，還能夠去軍隊裡面謀生路。但如果他連當兵都當不好的話，那就只能算他自己倒楣了。

但說來奇怪的是，這「三個無所謂」在時人眼中的評價順序剛好跟現在完全顛倒。普魯士並非我們今日所稱的「社會福利國家」一事，那個時候非但不會受到任何人怪罪，反而被視為理所當然。在十八世紀的歐洲，社會福利國家的構想根本尚未出現。它要等到十九世紀末葉才被發明出來，而且其發明者是普魯士晚期的一位政治人物：馮·俾斯麥。民族國家也尚未在任何地點被宣布成立，即便它已經在法國、英國、西班牙、荷蘭與瑞典隱約成形。普魯士的移民政策與民族政策固然極為大方，但也不至於完全脫離歐洲的框架，而且頂多只能算是過度誇張地進行一種在別國也不完全陌生的做法罷了。然而普魯士所盛行的宗教寬容，在十八世紀卻是不成體統，而且幾乎變成了醜聞。宗教寬容的實務使得普魯士遙遙領先了它自己的時代——今天人們多半會表示，那是在好的方面遙遙領先；當時普遍的看法卻認為，那是在壞的方面遙遙領先。

當時的那種意見其實並非毫無道理可言，畢竟它正確地感覺出來，一則最晚從腓特烈大帝統治時期開始，普魯士的宗教寬容基本上便來自對宗教的無所謂（我們幾乎可以表示：源於對宗教的蔑視）；再則——重新套用阿諾·盧博斯對普魯士的總結說明——起初「具有新教徒色彩的清教主義」已經轉化成一種「自由精神的傾向」，以致認為上帝已死，於是由國家不聲不響地取而代之。但無論那到底是「宗教寬容」還是「視宗教如無物」，對同時代的人們來說，普魯士看待宗教的態度至少跟普魯士的軍國主義同樣異乎尋常和令人側目。因此現在我們有必要更仔細地回顧一下古典普魯士的這項重要特徵。

宗教寬容之由來正如同普魯士形成過程當中的許許多多事物一般，帶有偶然巧合的性質。大家可還記得那位暴飲暴食的古老選侯，一六〇八至一六一九年在位的約翰．西吉斯蒙德（腓特烈大帝曾經表示，自從有了他以後，其家族的歷史才開始變得有趣起來，因為他在東方和西方都繼承了廣大的土地）？那一切都起源於他，而且與他在西邊繼承過來的領地有所關連。約翰．西吉斯蒙德繼承萊茵河下游的「于利希—克雷弗」地區之後，馬上就惹出許多紛爭（因為另外還有一些競爭者也提出了繼承要求）。當地居民主要信仰喀爾文教義，而約翰．西吉斯蒙德既然自己的繼承權受到挑戰，於是極力設法爭取當地喀爾文信徒的支持。結果他個人從路德教派轉而信奉喀爾文教派。縱使宗教上的動機或許在此發揮了若干作用，然而最主要的動機無疑來自政治方面的因素——我們可別忘記了，宗教與政治在十七世紀的時候彼此糾纏不清。約翰．西吉斯蒙德卻不敢強迫他在布蘭登堡和東普魯士的子民們也跟著成為喀爾文教徒。萬一這麼做的話，勢必將造成難以逆料的不利後果。然而他是一位便宜行事的統治者，結果在德意志諸侯當中，約翰．西吉斯蒙德率先放棄了基於「地區決定信仰」原則的宗教主導權。[10]布蘭登堡—普魯士這個國家則率先促成不同的宗教信仰可以並行不悖，而且必須如此。

但這也帶來了一些麻煩：在十七世紀人們眼中，對宗教信仰的寬容並非理所當然之事，因而必須由當局者強迫百姓那麼做。國家硬性規定百姓信仰某種宗教，那是人們習以為常的慣例；如今國家卻不此之圖，反而要求國民寬大為懷，必須容忍其鄰居當中信仰不同宗教的人——亦即他們認為不信神的人——這讓百姓最高和最神聖的情感受到了傷害。在約翰・西吉斯蒙德時代的柏林市，喀爾文教派宣教士的玻璃窗會被人砸碎。歷代布蘭登堡選侯和普魯士國王必須一再透過嚴刑峻法，禁止一切教派的神職人員在祭壇上進行漫罵與煽動，不准他們把不同信仰者說成是魔鬼的奴僕。結果著名的柏林市牧師及聖歌作詞者保羅・格哈特寧可移民出去，也不願意在良心上受到這種折磨：他是一名宗教寬容之下的殉道者。這種宗教寬容措施，在今日看來是普魯士光彩的一面，可是對其十七世紀的臣民而言，那在很長的時間內（甚至直到十八世紀為止）卻是強人所難，比起它的軍國主義、稅收壓力與容克貴族統治來得更加強硬和

10 一五五五年的時候，神聖羅馬帝國皇帝與信奉新教的諸侯簽訂《奧古斯堡和約》，藉以結束宗教戰爭。該和約以拉丁文確立了「地區決定信仰」(cuius regio, eius religio) 的原則——即各地區的宗教信仰由當地統治諸侯來決定。

更加令人難以理解。

一直要進入十八世紀下半葉，等到基督教會開始失去影響力，以及啟蒙運動由上而下滲漏至民間之後，整體情況才終於有所改變。但普魯士早已藉由本身的宗教寬容，針對這種時代精神的風向改變做出最好準備。它成為啟蒙運動時代的典範國度，而且沒有任何人能夠像腓特烈大帝那般，以如此令人信服的方式體現出這種新時代精神。他本身就是一個自由思想者，而且他對傳統宗教及其各種儀式的嘲諷，有時已經到了近乎低級趣味的地步（虔信宗教的齊騰將軍有一次延誤了抵達宮廷的時間，於是很抱歉地表示那是因為他必須領聖餐的緣故。腓特烈卻問道：「齊騰，那麼您把您救世主的身體好好消化了嗎？」）如今在普魯士廣大的圈子內，宗教寬容終於從很不情願被強迫接受的做法，變成了受到歡迎、令人感激的事情。但同時也不可忽視的是，這種宗教寬容即便稱不上具有反宗教的色彩，至少已轉而成為對宗教的冷漠感，連帶使得對國家的責任心強過了對上帝的責任心。

我們在這裡遇見了難以具體拿捏的事物——心路的歷程和意向的改變多半只能臆測而無法加以證明。在普魯士鄉間地區當然仍舊普遍存在著信仰虔誠的民眾（後來到了十九世紀的時候，甚至還出現過一種宗教復興運動），可是那種虔誠的信仰還能夠被稱之為基督教義嗎？我們可別忘記，基督教義很晚，非常晚，才傳播到普魯士各地，而且往往是在十分惡劣的伴隨條件下進行。普魯士人皈依天主教還沒有多久，就變成了新教徒；他們改信新教還沒有多久，卻被迫必須寬容其他宗教，這又讓基督新教信仰變得不那麼重要。難道我們還會覺得納悶，為何當宗教在比較資深的民族那邊已經根深柢固之際，在普魯士這邊卻形成了某種真空，以致有一種我們可稱之為「責任宗教」（Pflichtreligion）或「國家道德」（Staatsethik）的事物乘虛而入？普魯士擲彈兵在行軍前往參加洛伊騰戰役的途中，曾經高唱聖歌讚美詩；而發人深省的是，其唯一的內容就是祈求上主賜予力量讓他們盡好自己的盡任——而他們應盡的責任就是要贏得戰鬥。「盡責任」遂成為普魯士第一個和最高的戒律，同時也構成了整個「因信稱義的教義」（Rechtfertigungslehre）：盡好了自己責任的人就不會犯下過錯，可以隨心所欲做他想做的事情。第二個戒律為，最好不要自怨自艾。第三個，而且比較柔性的戒律是，在自己周遭人們的面前未必要表現得「很好」（那只會是誇大其詞），但一定要做出得體的表現。對國家應盡的責任則凌駕於一切之上。這個替代性的宗教可以讓人過活，甚至能夠把日子過得既正派又規矩——如果他們所效勞的國家始終既正派又規矩的話。一直要等到希特勒上台之後，普魯士「責任宗教」的侷限性與危險性才顯露無遺。

為求完整起見，現在其實還應該談一談普魯士的國民教育和司法行政——二者與今日的情況相形之下固然顯得原始，在當時卻相當先進。[11]但是我們並不苛求完整。關於十八世紀普魯士那個粗線條的理性國家，我們已經說明了最重要的部分，而現在還剩下來的工作，就是要整理出我們的印象。

這個國家會讓我們產生何種觀感呢？首先當然是：陌生。它與我們今日在自由、民主、民族、社會、文化等方面的國家觀念沒有多少共通之處，難免時而會令人大惑不解地問道：我們在此所談論的果真只不過是兩百年多前的事情嗎？但我們可別忘記了，十八世紀其他所有歐洲國家的情況也同樣陌生（歐洲以外的國家當然更加如此）。凡是以今日尺度來衡量過去的人，只能表示他自己缺乏歷史感。反正本來就已經很不公平，而且當然無法改變的事實是，只有現代人能夠撰寫過去的歷史，而古代人絕不可能撰寫現代的歷史。把十八世紀的普魯士拿來跟二十世紀的德國歷史做一對比之後，有許多地方會讓人搖頭——有些事情則令人震驚。

觀察普魯士這個理性國家之後所出現的第二種感覺，無疑便是對其成就所產生的敬意，甚至會覺得它體現出來的精密機制讓人看得賞心悅目。它的一切是那麼地本末有序、環環相扣、合為一體，以及替同一目標服務，而且這架粗線條組裝起來的國家機器運轉得十分乾淨俐落，在某種程度內甚至是自動操作——這些都歸功於其設計時的深思熟慮，而它在運作的時候既不會受到蠻橫干預，也不至於做出多餘的粗暴行為，其副產品則往往是冷靜的人道主義。它觀賞起來十分奇妙，在美學上所產生的舒服感覺，就如同一首完美譜出的賦格曲，或者一闋不斷展開的奏鳴曲，甚或早期工業化時代的一架靈巧器械。在這個粗線條的國家裡面暗藏著許多巧思，不無可能會令人為之振奮。

可是此刻卻有某樣東西驀然浮現，讓興奮之情頓時消散於無形。與其將那「某樣東西」稱作「異議」，倒不如說它是一個「疑問」，而問題就是：這一切到底是為了什麼？普魯士不斷督促自己的臣民完成應盡的責任，可是國家本身究竟又該盡好哪些責任？人人都必須為「普魯士理念」效勞，可是普魯士又為什麼理念效勞呢？我們找不到任何理念，沒有宗教上的理念，沒有民族上的理念，更沒有任何類似今日所謂「意識形態」的理念。這個國家只為自身效勞，致力於維護國家的存續，而不幸的事情是，地理上的因素使得它同時無可避免地必須致力於向外擴張。普魯士本身即為目的；而對其鄰國來說，普魯士打從一開始就是一種危險和威脅。它本來並不存在，而且無足為奇的是，許多人希望它根本不復存在。在腓特烈．威廉一世的年代早就如此，因為普魯士

11　普魯士在一七一七年開始全國普設小學並推動國民義務教育，一七六三年更成為全世界第一個正式實施國民義務教育的國家。

的武力已經強大得駭人聽聞。時至腓特烈大帝的年代更是如此，因為他使用了那個強大的武力——而且是使用於掠奪，這是我們不得不客觀指出的事實。在腓特烈大帝的歷次戰爭當中，他的敵人幾乎總是有理的一方。然而那幾場戰爭的英雄卻都是腓特烈，他的無理行為因為他的英雄表現而相形見絀。有時候歷史就是這麼的不公平。

普魯士不見得非要存在不可。這個世界可以沒有普魯士。它卻想存在下去。沒有人邀請這個蕞爾小國參加歐洲列強的小圈子。它偏偏硬擠了過去，並且排闥而入。至於它如何花費半個世紀的功夫，透過機智、權謀、放肆、狡詐和英雄作風來完成此事，那是一場很有看頭的大戲。

第3章

微不足道的強權

Die kleine Großmacht

普魯士於開始成形以及躍升為強權的階段，完全是歐洲在《西發利亞和約》與法國大革命之間那個時期的產物。在其他任何年代，像普魯士這樣的一個國家都不可能發跡得如此聳人聽聞。我們不妨將此時期稱作「歐洲強權政治的青春期」，正值調皮搗蛋和喜歡惡作劇的年齡。其間歐洲的權力平衡出現了萬花筒般的變化。

歐洲東北部新出現的這個半強權置身於一個不安全的中間階段，而且那裡絕非久留之地——普魯士必須繼續前進，否則就只能後退。它是一個擁有強權兵力的小國家，全國只有邊境、全國只有衛戍區，更何況有感於自己隨時可能遭到消滅，必須「永遠保持警戒」：這不是長久之計。它的出路只有退讓與萎縮，或者向前逃跑。腓特烈大帝的繼任者選擇努力向前逃。

腓特烈大帝的主要事蹟至今仍廣為人知。他從奧地利人手中拿走西里西亞，以及從波蘭人手中拿走西普魯士（這兩項行動都沒有任何法理上或道德上的藉口可言），於是使得他自己的國家——至少是其易北河以東的核心地帶——總算有了連在一起的領土形狀。他真正的壯舉則是在「七年戰爭」期間，對抗由奧地利、法國和俄國等三大歐陸強權組成的同盟，成功保住了他搶劫過來的西里西亞（那真的只能叫做搶劫）。即便最後出現過一個難以逆料的幸運發展，但那項成就其實已遠非當時仍然又小又窮的普魯士力所能及，已經近乎奇蹟了。正因為這個成就的緣故，而不是由於縱使加上西里西亞和西普魯士之後依舊微不足道的領土與人口，普魯士才得以廁身歐洲強國之林，成為其中排名最末和最小的一個。反正一個國家若有辦法在漫長的七年之內，鏖戰三大強國而不被擊敗，那麼它本身想必也是一個強國。普魯士的案例總是顯得如此不可思議。

後來在一八一一年的時候，亦即普魯士的「偉大」再度看似一去不返之際，普魯士政治家威廉·馮·洪堡寫道：「普魯士非其他任何國家所可比擬；它更加偉大，而且它不僅止於希望變得更加偉大，它還必須大於本身自然實力所能及的範圍。為了達到這個地步，它必須添加別的東西進來……，腓特烈二世時代所添加的就是他自己的天才。」

其話中包含許多事實，不過那或許並非全部的真相；同時我們無意在此討論，是否可藉由「天才」一詞，完全貼切地表達出腓特烈大帝獨特的偉大之處。腓特烈的確曾透過其個人的膽識、毅力和韌性，讓普魯士做出了超越該國實際物質力量的表現，而且那種表現不是隨時隨地都能夠加以複製的。此外腓特烈無疑促成普魯士的實質權力基礎持續巨幅擴大，幾乎增加了一倍。然而等到腓特烈去世後，其繼任者們雖完全稱不上是「天才」，普魯士卻照樣在二十年的時間內繼續維持強權地位，接著狠狠栽了一個跟頭之後，又重新恢復大國地位。可見除卻腓特烈的個人特質與個人成就之外，必定還有其他的因素做出了貢獻，才會讓這個不起眼的國家具備大國品質；而我們如果更仔細觀察的話，便不難發現那些其他的因素是什麼。這可以從兩個方面來看。

首先，獨特的國家性質賦予了普魯士非凡的彈性和延展性，而這種獨特性質導致普魯士非但比其他國家更有本領來征服異國的土地和人民，並且得以在完成征服之後，成功地進行同化與整合。

其次是有利的大環境：當時的國際權力態勢尚未定型下來，仍相當具有流動性，使得腓特烈那種勇於下手和轉向迅速的政策，能夠獲得非比尋常的機會（但很少有人記得的是，後來他的第一位繼任者也維持了那種政策）。

我們將留待本章的結尾部分，於探討第二次和第三次瓜分波蘭所產生的問題時，回到上述第一點並做出較詳細的說明。就第二點而言，我們則必須先把它擺在眼前，才會有辦法明白腓特烈大帝之所以成功的原因，而不至於只是看得連連搖頭嘆息。

有利的大環境

普魯士於開始成形以及躍升為強權的階段，完全是歐洲在《西發利亞和約》與法國大革命之間那個時期的產物。在其他任何年代，像普魯士這樣的一個國家都不可能發跡得如此聳人聽聞。我們不妨將此時期稱作「歐洲強權政治的青春期」，正值調皮搗蛋和喜歡惡作劇的年齡。其間歐洲的權力平衡出現了萬花筒般的變化，而那是之前與之後從未有過的現象。

在之前的歐洲（同樣為時長達一個半世紀，並以奇特的方式與今日類似）只有過兩個真正的強權，而且當二者明爭暗鬥的時候，其餘各國都不得不選邊站：哈布斯堡王朝與波旁王朝。之後則從拿破崙危機結束直到第一次世界大戰爆發為止，歐洲都處於一個既穩定又經過精心維護的五強均勢體系當中。可是一六四八至一七八九年之間的歐洲卻熱鬧得宛如賭場大廳一般。在那一百四十年裡面，歐洲大陸就像是一個「權力交易所」，其各種行情不斷波動起伏，而且總是有某個地方正在打仗。戰爭簡直已經成為那個年代的常態，不過——歸功於我們在前一章所描述過的軍事革命——那是一種多少還可以讓人忍受得了的正常狀態。平民百姓繼續過著幾乎和平的生活，只有軍隊在作戰。至於郡縣和邦國隨著紛至沓來的戰爭而更換統治者，那並不是什麼了不起的事情。其間雖然有新強權興起和舊強權沒落，但同樣也無足為奇。

自從簽訂《西發利亞和約》以來，德國人（或「羅馬人」）的帝國已經變成了一具活僵屍。諸如巴伐利亞、薩克森、漢諾威，以及布蘭登堡—普魯士之類的邦國，便在它腐爛的身軀之內欣欣向榮，發展出自己的生命。神聖羅馬帝國已經再也稱不上是強權。如今除了舊有的法國和奧地利兩大霸主之外，又增加英國和俄國兩個新成員。昔日的三個強國——西班牙、波蘭與土耳其——已經欲振乏力，逐漸從征服者和支配者的角色淪為外國政策所爭奪的對象。兩個新近崛起，但有外強中乾之嫌的國家——荷蘭與瑞典——則在暫時躋身強權之列以後，無法長期維持自己的地位。等到二者開始沒落時，又有一個更不搭調的新來乍到者登台露面，而且它出乎各方意料之外保住了自己的位置：普魯士。

腓特烈大帝掠奪土地的行動在此背景烘托下，便不至於像現代人所理解的那般礙眼了。腓特烈的普魯士針對西里西亞和西普魯士所採取的行動，其實無異於法國在亞爾薩斯、瑞典在波美拉尼亞、巴伐利亞在普法爾茨，以及別人在其他地區所曾經做過或者正在做的事情。[1]更何況就西普魯士而言，最起碼還有理由可以拿來辯解，指出普魯士的的確確需要那塊土地來銜接波美拉尼亞和東普魯士——我們只需要看一下地圖即可明白此事。

西里西亞卻無此必要性。奪取西里西亞之後，普魯士便拓展到其實跟自己扯不上關係的地區——西里西亞始終像是一個長長的鼻子，從北方連成一氣的布蘭登堡、波美拉尼亞和普魯士等地區，直直向外延伸出去。幾個世紀以來，它曾伴隨著波希米亞的王位一直歸奧地利所有，[2]奪走西里西亞一事因而成為對奧地利的嚴重公然挑釁。奧地利無法原諒那場搶劫——至少有整整半個世紀如此，在內心深處更是永遠耿耿於懷。我們可別忘記：奧地利曾經是，並且在很長時間內繼續是一個遠比普魯士強大許多的霸權。隨著這種持久的敵意，腓特烈讓他自己的國家扛起了一個沉重包袱，而那遠非在西里西亞贏得的土地所可彌補。

那麼他為何要出此下策？眾所周知的是，那成為他幾乎一開始就採取的行動。腓特烈在一七四〇年夏天登上王位。到了同年十二月，他便命令旗下的軍隊開入西里西亞——「與榮耀有約」。為什麼呢？

他固然勉強有資格針對西里西亞的幾小塊土地提出繼承要求，可是那些要求權都過於破綻百出，不足以成為動機，更何況真正被使用為藉口。他自己從未講明個中原委。如果我們看見他在一七四〇和四一年所做出的解釋，只會讀得汗毛直豎。他一七四〇年的一封信函裡面寫著：「一想到自己的名字將被刊登在報紙上，隨後又出現於歷史中，這種心滿意足的感覺引誘了我。」過了一年以後，他又在《我這個時代的歷史》一書的草稿中寫道：「擁有已完成戰備的部隊、裝得滿滿的國庫，以及血氣方剛的性情：這些都是導致我開戰的理由。」然而我們不應該對這種講法過度當真。畢竟自我識諷和自我嘲弄都屬於腓特烈獨具一格的作風。他發動戰爭的真正理由雖然相當投機取巧，但還是嚴肅多了。使得他受到「誤導」的東西，其實是一個獨一無二的有利機會。

哈布斯堡家族的統治者在十月去世，沒有留下男性子嗣。其女兒瑪麗亞．特蕾西亞的皇位繼承權不無可議之處——至少可讓人在承認其繼承權的時候索取某種代價，例如要求獲得西里西亞！那麼何不乾脆立刻獲得雙重保障，先拿走所要求的代價之後，再以擁有者的身分來討價還價呢？更何況時機也非常有利於這麼做，因為奧地利軍隊已在一七四〇年悉數撤出西里西亞，占領該地的行動將形同軍事演習。奧地利才剛剛

1 法國在十七世紀逐步併吞原屬神聖羅馬帝國的亞爾薩斯，一六八一年更出兵兼併其首府斯特拉斯堡。在三十年戰爭期間，瑞典曾占領波美拉尼亞，巴伐利亞則占領遠在德境西南部的普法爾茨（Pfalz）。

2 哈布斯堡家族從一五二六年開始兼任波希米亞國王，波希米亞國王的轄區則成為其世襲領地，其中最重要的地區包括波希米亞、摩拉維亞、西里西亞等地。

透過一個不怎麼有利的和約，結束了一場不怎麼順利的土耳其戰爭，而且「簽訂這個和約之後，奧地利軍隊處於完全失調的狀態……既元氣大傷又士氣不振。大部分的軍隊在和約生效後仍然駐防於匈牙利。」此為腓特烈在《我這個時代的歷史》裡面的寫法，可見奧地利當時所處的情況是：在政治上可被訛詐，在軍事上無力抵抗。腓特烈自然不想錯過這個機會，可以讓自己的國家增加一大片領土。

這在道德上說不過去，在政治上也無法被稱作「高瞻遠矚」。但十八世紀時的政治就是這麼搞出來的，不光是普魯士如此行事而已。所謂的「奧地利王位繼承戰爭」便是個很典型的例子。那場戰爭雖然始於腓特烈的突襲行動，立刻贏得盟友的一方卻並非遭到入侵的奧地利，反而是發動攻擊的普魯士：它找來了法國、巴伐利亞和薩克森。他們也都打算利用奧地利一時之間的積弱不振，準備大撈一筆。即便普魯士趁此機會明目張膽地掠奪了土地，也完全不會對他們的同謀共事造成妨害。顯然他們都覺得那沒什麼好大驚小怪的。

實際的發展卻迥然不同。腓特烈過了一年半以後就冷酷無情地拋棄了自己的盟友。如今奧地利在備受煎熬之下，迫於形勢必須設法取得喘息空間，而最簡單的做法莫過於暫且讓普魯士保留西里西亞。腓特烈則覺得自己的盟友們開始變得尾大不掉，已經到了有一點讓人提心吊膽的地步。既然他本身除了西里西亞之外，對奧地利已經別無所求，於是乾脆毫無顧忌地單獨媾和，即便奧地利只是暫時不過來跟他搶奪西里西亞也無所謂。可是一等到奧地利重占上風，壓倒了隨著腓特烈退出而實力轉弱的同盟，他又以跟當初簽約時同樣冰冷的態度，撕毀新近簽訂的和約重新投入戰局（一七四四年）——畢竟奧地利獲勝之後恐怕會有能力把西里西亞從他手中奪走。隨即他在一七四五年第二次毀棄同盟條約，因為奧地利第二度在西里西亞問題上面做出了讓步。歷經八年的光陰之後，「奧地利王位繼承戰爭」總算在一七四八年不了了之地落幕，所有的參戰國都沒有得到任何好處，只有普魯士除外——它早在三年前就已經從戰爭中全身而退，帶著自己的戰利品抽腿離開。當時有一位法國外交官又好氣又好笑地說道：「我們每一個人都在替普魯士國王工作。」這就是那句成語的來源。[3]

反正這就是當時搞政治的手法。腓特烈的西里西亞政策無疑屬於肆無忌憚的權力政治，但肆無忌憚的權力政治恰好是當時的風尚。這在所謂「第一次瓜分波蘭」的時候變得更加明顯，而腓特烈將在三十二年後採取的那個行動當中，獲得西普魯士做為自己的一份。一七七二年有三個大國於天下太平之際達成共識後，不由分說便從夾在他們中間的一個較弱小國家，切下了三塊各自中意的土地。這種做法今天聽起來未免令

3 法文有句成語叫做「替普魯士國王工作」（Travailler pour le roi de Prusse），意為「做虛工」（白忙一場）。

人匪夷所思，當時的想法卻不一樣，而且從一個事實即可看出此事——這回是三國共同獵取戰利品，而不像昔日西里西亞的情況那般，只有一個國家動手。那三個大國——俄羅斯、普魯士和奧地利——顯然一致認為自己的行動完全中規中矩，其他的強權也都不覺得其中出現了特別違反常理或者令人髮指之處，沒有出面干預的必要。至於最先想出那個主意的國家到底是俄國還是普魯士，至今仍眾說紛紜。但不管怎麼樣，雙方很快便達成協議，而奧地利的瑪麗亞·特蕾西亞起初雖然猶豫了一下，結果還是一起加入行動，免得空手而歸。腓特烈對此的評語是：「她哭了，可是她拿了。」

這句評語特色十足。腓特烈大帝是一個玩世不恭的人。他並不比同一時代的其他政治人物更加毫無顧忌，但與眾不同之處在於他不會掩飾自己的毫無顧忌。他反而往往樂此不疲，喜歡以醜惡用語來形容他自己做過的事情（而那也是別人所做出的事情）——很難講那究竟是出於戲謔賣弄，抑或源自內心深處對他那個「令人憎惡的手藝」（這又是他自己的用語）產生的絕望感。他無疑具有類似「梅菲斯托」一般的風格。至於人們究竟覺得那種情形令人作嘔，或者反而在某種程度內具有吸引力，完全是口味的問題。畢竟有不少《浮士德》的讀者認為，「梅菲斯托」比「浮士德」更對人胃口，並且會在他以玩世不恭的笑話，將浮士德老是充滿形上學色彩的長篇大論削減至其塵世化的核心部分之際，心中暗暗為「梅菲斯托」叫好。但身為政治人物，腓特烈的「梅菲斯托式」犬儒主義卻成為一大障礙，再加上他的鹵莽作風，那幾乎令他於「七年戰爭」期間陷入萬劫不復的境地。他並非一位大師級的政治家。他的偉大之處是在別的方面。

我們之前曾經在「天才」一詞的後面——亦即威廉・馮・洪堡拿來形容腓特烈大帝的用語後面——很小心地打上了一個問號。腓特烈本身雖然充滿機智、富於想像力，並且多才多藝，不僅在政治和軍事方面具有天分，在文學和音樂等方面也一樣。但他其實無論在任何領域內都不能算是天才，反而只是一個天賦甚高、涉獵領域多得異乎尋常的業餘愛好者。他為巴赫譜出的曲調固然令人肅然起敬，他寫給伏爾泰的文字即便具有極高的可讀性，但都稱不上是天才之作。身為政治家與戰略家，他也缺乏「天才般的」深入見解和遠大目光，以及高手所具備的駕輕就熟技巧。恰恰相反：腓特烈至少在他漫長即位時期的前半段，一直不折不扣是個碰運氣的賭徒。

腓特烈大帝的冒險

他在那個年代替自己贏得了雙重聲譽，被視為成功的政治家和勝利的大軍統帥。對於日後普魯士所建帝國內的德國人而言，他簡直像是集俾斯麥和毛奇於一身。但如果認真進行探討的話，與俾斯麥和毛奇的比較卻剛好對腓特烈非常不利。不論我們在其他方面如何看待他們二人，俾斯麥的戰爭與毛奇的戰役皆為計劃與執行上的大師之作。俾斯麥在開始打仗之前，沒有哪一次不是先小心翼翼地將敵人孤立起來，讓他們陷入不義。腓特烈卻在他那三場西里西亞戰爭當中，漫不經心地讓自己成為無理的一方；在「七年戰爭」的案例當中，他更於孤立無援的情況下，莽莽撞撞地攻擊了一個實力遠遠居於優勢的同盟，而那個同盟之所以會組成，又只能怪罪他自己。俾斯麥進行每一場戰爭的時候，從一開始就曉得該如何在贏得優勢之後重返和平；腓特烈卻從不那麼做。他「守株待兔」。

腓特烈擔任軍事指揮官時的表現，可以和他擔任政治人物時的表現相互呼應。毛奇的戰役都事先有條不紊地經過徹底計算，謀定而後動。腓特烈所打過的仗——除了極少數例外——都是戰略上的即興之作，而且往往是孤注一擲。當戰局順利的時候，那種作風可以讓勝利顯得特別耀眼；但它不一定每次都行得通，萬一戰況失利的話，後果便非常可怕。一七五九年「庫納斯多夫戰役」[4]結束後普魯士所處的情況，已經與四十七年後「耶拿戰役」結束之際相差無幾。為何後一次的戰敗導致全國陷入崩潰，而前一次的戰敗卻未如此，這是一個很有趣的問題，而且我們還會在後面繼續加以探討。腓特烈個人的貢獻則只不過是其中一部分的原因罷了。

但至少還是必須部分歸功於腓特烈。他在「七年戰爭」漫長可怕的最後三個年頭，才真正有資格獲得「偉大人物」（der Große）這個稱號，所憑藉的不是其天才，而是堅強的性格。腓特烈在那幾年內向時人與後世所呈現出來的，是在極度缺乏希望的情況下，由非凡的恆心、韌性與毅力，以及由苦行僧般的吃苦耐勞能力——甚至麻木不仁的態度——所構成的奇觀，讓一次又一次的命運打擊從身邊彈開。這位國王於發跡之初，按照他自己的講法是一個輕浮的「命運寵兒」；但他在厄運當頭的時候，卻像是被綁在刑訊柱上的印第安人那般，展現出無畏的精神。他真正偉大的地方就在於此。即便後來出現過一個僥倖的意外（俄國的皇位更迭與改變結盟對象），對其堅忍不拔做出了獎賞，但他的表現並不會因而失色。

現在到了應該更仔細察看一下「七年戰爭」來龍去脈的時候。這場戰爭被視為「普魯士的榮耀」之精華與瑰寶，以致後來各種傳說滋生蔓延，讓人再也無法掌握其真正的過程。二十世紀的德國人在兩次世界大戰期間，都曾經將那種神話列為指標——最後眾所皆知產生了災難性的後果。因此我們又多出一個理由，務必要把真正的情況弄

4 庫納斯多夫（Kunersdorf）是奧德河東岸的一個村莊（或音譯成「庫勒斯道夫」）。一七五九年八月十二日，普軍在「庫納斯多夫戰役」中慘遭奧俄聯軍擊潰，導致柏林門戶洞開。聯軍僅需乘勝追擊，即可攻占柏林結束戰爭，卻由於兩軍主帥不和而分頭退兵！同年九月一日，腓特烈在一封私函中將此事稱作「布蘭登堡王室的奇蹟」。

清楚。

首先是其背景歷史。「七年戰爭」爆發之前所發生的事情，當時被人們稱作「外交革命」。那是一場翻觔斗似的結盟體系大轉換，由普魯士首開風氣。普魯士先前征服西里西亞的行動，完成於和法國結盟之際（但如同我們已經看見的，遵守盟約與否完全隨它自己高興），此後法國與普魯士的合作關係便成為常態。腓特烈在一七五二年的政治遺囑中寫道：「特別是自從贏得西里西亞以來，我國當前的利益要求我們與法國和所有敵視奧地利皇室的國家維持盟友關係。西里西亞跟洛林是兩姐妹，而普魯士娶了姐姐，法國娶了妹妹。[5]這種關連性迫使兩國採取相同的政策。普魯士不可坐視法國失去亞爾薩斯或洛林，而且普魯士能夠發揮有利於法國的牽制作用，因為它有辦法立刻將戰爭帶入奧地利世襲領地的核心區域。」[6]對於想給十八世紀的普魯士硬生生套上「德國使命」的人們而言，這種講法未免顯得不可思議；可是從政治算計的角度來看，它卻完全言之成理——只要法國和奧地利繼續維持固有敵對關係的話。

不過事情並沒有就此定型下來。法國與奧地利在歐陸固有的敵對關係，主要是基於傳統而非因為實際糾紛的緣故，才會一直綿延不絕。其重要性如今已日益被英法兩國在美洲、加拿大和印度等地的新衝突所取代。而當腓特烈在一七五六年與英國簽訂《西敏寺條約》成為盟友的時候，他低估了這種新的形勢。就兩方面來說，他做出了錯誤的判斷：他期盼英國能夠促成俄國脫離長久以來與奧地利的同盟，否則至少對之產生掣肘作用（但那是白費苦心）；同時他斷定，法國與奧地利之間的敵意無法化解（那就彷彿霍爾斯坦[7]在一個半世紀以後所估算的那般，將英俄敵對關係列為恆常不變的因素）。可是他算盤打得不對（就跟霍爾斯坦一樣），最後惹惱了法國。這給予奧地利大好機會來消弭與法國的舊歧見，從此跟法國結盟來對抗普魯士：這是一七五六年的第二個「外交革命」。

奧地利從未接受失去西里西亞這個事實。它之所以跟俄國締結盟約，正是為了要替日後的再征服行動做好準備。奧地利、法國與俄國新組成的三國同盟甚至目標更加遠大：將普魯士縮減至布蘭登堡邊區，並且由同盟國瓜分它其餘的領土。鑒於那個大同盟所享有的壓倒性優勢，我們既無法宣稱此一目標設定得不切實際，也無法表示它

5 洛林公國本來隸屬神聖羅馬帝國——其首府南錫（Nancy）原名南齊希（Nanzig）。洛林公爵法朗茲計劃與哈布斯堡皇位繼承人瑪麗亞・特蕾西亞（Maria Theresia, 1717-1780）聯姻，結果引起法國抗議（擔心奧地利勢力重返萊茵河流域），最後被迫在一七三五年讓出洛林。他入贅維也納之後在一七四五年成為法朗茲一世皇帝（Franz I. Stephan, 1745-1765），洛林則在一七六六年正式被法國併吞。

6 從西里西亞穿越波希米亞之後，即可威脅維也納。

7 霍爾斯坦（Friedrich August von Holstein, 1837-1909）是德意志帝國外交部的高級參贊和「大內高手」（為時長達三十年），對第一次世界大戰爆發之前的德國外交政策產生了重大影響。

超出了強權政治在十八世紀所應有的範圍。那麼何不乾脆如同日後瓜分波蘭那般地瓜分普魯士呢？

腓特烈的處境非常險惡。他的英國新盟友距離十分遙遠，而預計的英國戰場所在地甚至更遠在千山萬水之外——在印度和加拿大。他必須獨力抗拒三個對手，而且其中任何一方都比他來得強大。結果他決定發動一場先發制人的戰爭。

可是腓特烈膽大包天，打算讓先發制人之戰同時也變成一場新的征服戰爭。在我們已曾多次引用過的一七五二年「政治遺囑」裡面，腓特烈有個句子寫道：「在歐洲各個國度當中，普魯士最關切的地區為：薩克森、波蘭轄下的普魯士，以及瑞典轄下的波美拉尼亞。其中又以薩克森的用處最大。」腓特烈開始打仗的方式，是不宣而戰入侵和占領薩克森，並且俘虜薩克森的軍隊。在整場戰爭期間，他不把薩克森看成被占領的國度，反而視同已經遭到征服與併吞的土地：薩克森人從此必須繳納由普魯士官員負責徵收的普魯士稅款，已成階下囚的薩克森部隊則被普魯士國王毫不留情地整編到他自己的軍隊裡面。此種做法證明為完全無效，因為那些薩克森士兵只要一有機會就開小差。畢竟他們的心中也有榮譽感。

這場隨著薩克森遭到普魯士征服而爆發的戰爭，總共可分成四個長短不一的階段。最初的九、十個月是由普魯士展開攻勢；在接下來兩年的時間內，普魯士改採守勢，把防衛戰進行得出乎意料地成功；隨後整整三年的時間是在絕望中進行的延宕戰，普魯士幾乎已經窮途末路，只能為了求生存而負隅頑抗；最後一年則是四處蔓延的厭戰情緒，結果雙方師老兵疲，簽訂了一個妥協的和約。

卡萊爾[8]寫道：普魯士的劍比奧地利、法國和俄國的都要來得短，可是拔劍出鞘速度比較快。假如腓特烈曾經把希望寄託於此的話，那麼希望欺騙了他。一七五六年征服薩克森的行動，讓他喪失寶貴的時間。來年春天他雖然還有辦法入侵波希米亞，可是已有一支同樣強大的奧地利部隊嚴陣以待。雙方各自出動六萬人左右的兵力，進行了十八世紀截至當時為止最大的戰役——按照施利芬後來習慣使用的講法，普魯士人在那場戰役中僅僅獲得一個「不光彩的勝利」。奧地利部隊秩序井然地退回布拉格城內固守；普魯士部隊必須展開圍城戰，而奧地利的救兵已趕來馳援。腓特烈不得不兵分為二，以便迎擊前往布拉格解圍的部隊，而且他首度以數量居於劣勢的兵力冒險發動攻勢：三萬三千名普魯士人在「科林」對抗五萬四千名奧地利人。結果他吃了敗仗，而這意味著：他必須放棄圍攻布拉格，並且撤出波希米亞。先發制人之戰的奇襲效果

8 卡萊爾（Thomas Carlyle, 1795-1881）乃十九世紀蘇格蘭作家和歷史學家。他是腓特烈大帝的崇拜者，曾寫出六大冊《普魯士國王腓特烈二世，或稱「腓特烈大帝」的歷史》（*History of Friedrich II of Prussia, Called Frederick the Great*）。

隨之落空。

既然事態如此，那場戰爭其實早就全盤皆輸，因為各國現在都已經拔劍出鞘，而且他們來自四面八方：法軍協同帝國派出的德國人部隊（神聖羅馬帝國也由於薩克森遇襲而向普魯士宣戰），從圖林根攻打過來；[9]奧軍奪回了防守薄弱的西里西亞；俄軍則占領完全未設防的東普魯士。但普魯士人如今展現出自己的能耐。他們來來回回、往往復復以同一支規模不大卻技巧精湛的部隊，逐一迎擊在數量上占優勢的敵軍，並且贏得三場輝煌的勝利：一七五七年深秋在薩克森的「羅斯巴赫」擊敗法軍、在西里西亞的「洛伊騰」擊敗奧軍，以及一七五八年夏天在紐馬克的「措恩多夫」擊敗俄軍（當時俄軍已經推挺得那麼遠）。[10]這三場戰役直到今天仍然是普魯士的最大驕傲，當時則使得腓特烈在世界各地——尤其是在德國（例如歌德表示過：「我們皆曾一心向著腓特烈，普魯士則與我們何干！」）——聲名遠播和廣受歡迎：一個「大衛」力敵三個「歌利亞」！

然而腓特烈還是未能打倒他們，以致曠日持久之後，敵方本身的優勢終究發揮了作用。更何況奧地利人、法國人和俄國人也有自己的軍人榮譽，不甘心當永遠的戰敗者。腓特烈旗下的傑出小型陸軍則已逐漸傷亡殆盡，而他不屈不撓徵集和招募過來的補充人員，在軍事素養上已經無法跟「羅斯巴赫」和「措恩多夫」的胸甲騎兵，以及「洛伊騰」的擲彈兵相提並論。一七五九年在奧德河畔的「庫納斯多夫」，普魯士人再度冒險以數量居於絕對劣勢的兵力進行決戰——這一回是對抗奧地利與俄羅斯的聯軍——結果遭到了毀滅性的打擊，成效斐然的全方位防禦隨之成為過去。從此以後，普魯士只能靠著打消耗戰來拖延時間。

普魯士竟然如此撐過了三個絕望的年頭，那看起來簡直像是個奇蹟。但我們如果回顧一下十八世紀戰爭的性質，事情就不會顯得這麼突兀了。當時的戰爭不是全民戰爭。我們還記得腓特烈所講過的那句話：「和平的公民應該完全感覺不到國家在打仗。」現在他們卻可以感覺得到了：更高的稅率、貶值的錢幣、更高的徵兵額。不過國家並沒有遭到蹂躪，農田繼續被耕作、農作物繼續被收割、交易繼續進行下去，而且學者們繼續不受干擾地致力於自己的論戰。當時一些著名人物的信函被保存至今，例如萊辛與尼可萊之間的郵件往來：裡面幾乎看不見戰爭的影子。此外令人感覺奇怪的是，被征服的國家和省分竟如此理所當然地各自適應了新政局：薩克森人乖乖繳納了他們的普魯士稅金（惟獨薩克森士兵們由於自身的職業榮譽感從中作梗，以致無法為普魯

9 圖林根（Thüringen）位置相當於前東德的西南部，東鄰薩克森、南鄰弗蘭肯，布蘭登堡則在其東北方。
10 紐馬克（Neumark）在德文意為「新邊區」，亦稱「東布蘭登堡」，位於奧德河東岸。俄軍越過奧德河之後，與柏林市最近的直線距離只有八十公里。

士人賣力）；西里西亞人在奧地利的占領下，立刻重新擁戴他們昔日的皇后，而等到普魯士人回來以後，又同樣心甘情願地歸順自己的國王；東普魯士人則向女沙皇宣誓效忠。戰爭可謂就在平民百姓的頭頂拖泥帶水地進行著，而人們卑躬屈膝地閃躲，讓那場風暴從自己的上方掠過。只有對士兵們而言，那場沒完沒了的戰爭才格外艱苦，而且艱苦得可怕；不過他們受到鐵的紀律約束，兵變是連想都不必去想的事情。這場不知將伊于胡底、已經看不見希望的戰爭，也讓那位陷入困境的普魯士國王心力交瘁。他必須每天不斷想出新的法子，才得以苟延殘喘下去；可是現在他也實地展現出自己的真功夫。

時至一七六二年初，俄國女沙皇的駕崩帶來了解救。她的繼承人，一位頭腦有些混亂，而且私底下是腓特烈狂熱崇拜者的先生，非但立刻簽訂和約，甚至還跟自己的偶像結盟，於是俄軍換邊再戰。這種令人匪夷所思的事情，同樣也屬於十八世紀戰爭中的場景。那位沙皇——彼得三世——在同一年之內就遭到謀害，其一點也不哀傷的遺孀與接任者凱薩琳（後來被尊稱為大帝）[11]，又取消了她那異想天開的夫婿跟普魯士簽訂的盟約。不過和約繼續生效，剩下來的各個同盟國也越來越傾向於和談。他們已經國庫空虛、他們的軍隊早就精疲力竭、法國與英國之間的戰爭已分出高下，而且堅韌不拔的普魯士顯然無法被擊垮。七個年頭是一段非常漫長的時間，更何況一場舊的戰爭感覺起來跟新的戰爭大不相同。憤怒與野心會隨著漫無止境的苦難、焦慮和失望而消散。至於對腓特烈來說，他的作戰目標早就只不過是求生存罷了。結果雙方簽訂《胡貝圖斯堡和約》，而這個「妥協的和約」讓一切都回復到開戰前的舊情況。薩克森得以復國、西里西亞留在普魯士手中，東普魯士當然也一樣。表面上看起來沒有人透過這場戰爭得到任何收穫，而且大家都白打一仗。但這種「不分勝負」事實上是普魯士的一大勝利：它跟三大強權打成了平手。

那麼普魯士本身是否因而也成為強權了呢？它的強權地位其實在很長時間內仍然頗成疑問。反正腓特烈自己心裡始終明白，無論他再怎麼戰功彪炳，最後還是靠著令人難以置信的好運氣才勉強逃過一劫。他早在「第二次西里西亞戰爭」結束之後就曾經表示過，他在有生之年將會連一隻貓也不去攻擊。「七年戰爭」結束後，他認真地履行了諾言。他重新返回自己父親的大方針，亦即持續不斷地從內部來強化普魯士，同時不採取好大喜功的行動，藉以避免過度消耗國力。我們不妨宣稱：腓特烈於其漫長執政時期的後半段，成為普魯士在內政上第二偉大的國王。他一七六三年之後的外交

11 凱薩琳大帝（Katharina die Große, 1729-1796）是出身自阿斯卡尼亞家族的「德國人」；其夫彼得三世（Peter III, 1728-1762）亦為「德國人」（但外祖父是彼得大帝），即位才五個半月便遭到凱薩琳配合禁衛軍加以罷黜和殺害。她的中譯名亦可直接按照俄文翻譯成葉卡捷琳娜大帝（Yekaterina Velikaya）。

政策則類似其父那般，重新變得謹慎、謙遜和具有防禦性。他所特別著重的事情，只在於阻止奧地利——例如藉由取得巴伐利亞——重新在帝國內部占有壓倒性的優勢；此外並極力爭取奧援，而且如今主要是求助於俄國。腓特烈曾經以最典型的梅菲斯托風格表示：「值得深耕與這些野蠻人的友誼」，藉此定下了一句國家格言。他直到去世為止都加以遵守，而且普魯士在隨後長達將近一百年的時間內也繼續奉行不渝，為自己帶來了益處。普魯士在俄國的牽引下，行進得還相當不壞。但那並非真正的強權政治。比較不為人知的事實是，要等到腓特烈大帝的繼任者才開始推動強權政治。

一位受到低估的普魯士國王

腓特烈遺留下來的普魯士成為歐洲的一個異數。它是一個小型的強權或者半個強權，在地圖上看起來宛如一把土耳其彎刀或者澳洲原住民的回力鏢：像一條蠕蟲那般狹長而彎曲，除了邊境之外幾乎一無所有；此外它另有土地零星散布於德境西部，一旦發生戰爭的話根本無法防守。腓特烈時代晚期的普魯士是一個不穩固的強國，我們只需要仔細計算一下，即可發現它依舊缺乏堅實的權力基礎，甚至不具備賴以生存的根本。它只不過是有著刺茸茸的駭人模樣、堅韌不拔的自保意志，以及可怕的軍隊——

四分之一個世紀之前在「洛伊騰戰役」和「托爾高戰役」中，讓整個歐洲都奈何不了的擲彈兵。只要那個偉大的老頭子仍然健在，而且只要他在變得小心謹慎以後不去招惹別人，那麼別人看在上帝的份上最好也不要去招惹普魯士。

儘管如此，這只是表面上的平靜。歐洲東北部新出現的這個半強權置身於一個不安全的中間階段，而且那裡絕非久留之地——普魯士必須繼續前進，否則就只能後退。它是一個擁有強權兵力的小國家，全國只有邊境、全國只有衛戍區，更何況有感於自己隨時可能遭到消滅，必須「永遠保持警戒」：這不是長久之計。它的出路只有退讓與萎縮，或者向前逃跑。腓特烈的繼任者選擇努力向前逃。

這位繼任者，腓特烈・威廉二世（「胖威廉」），受到了普魯士歷史作者的虐待。人們無法原諒其情婦與妻妾成群的做法。但他事實上並沒有那麼糟糕；有一派論點甚至認為，他是霍恩佐倫家族最成功的國王之一。其性格正好與那位偉大的前任完全相反：他不是自由思想者和禁欲者，反而既好色又虔誠（這倒是一種相當常見的組合）。除此之外他喜愛藝術、心地善良、情緒衝動、積極進取、雄心勃勃，而且一點也不笨。他所遺留下來的普魯士，非但比他所接收的普魯士大上許多，那個普魯士還比較輕鬆自如、比較充滿自信，甚至比較平易近人。這個之前非常理性、窮酸和粗線條的國家在腓特烈・威廉二世統治下，開始變得文化興盛與人才輩出。此現象持續了長達五十年之久，同時我們無法全盤否認這位國王為此做出的貢獻：朗漢斯曾受其委託建造了「布蘭登堡城門」，沙多則在它的頂端安放了「四馬雙輪戰車」；基利父子二人——以及其接任者辛克爾——給予柏林前所未有的最美麗城市建築風貌；伊夫蘭與策爾特則分別帶領王室劇院和「柏林歌唱學院」登峰造極。假若國王如願以償的話，就連莫札特或許也都移居到柏林去了，說不定因而能夠延長他的壽命。在腓特烈．威廉二世統治時期，柏林市內的文藝沙龍和政治沙龍開始欣欣向榮，成為德意志浪漫主義運動的大本營。我們簡直可以表示：時隔將近一個世紀之後，腓特烈．威廉二世又重新拾起了第一任普魯士國王的文化傳統。只不過他和那位國王沒有兩樣，也是一個鋪張浪費者。贊助文藝的君主們泰半如此。

其外交政策則承襲了腓特烈大帝早年的路線——我們還沒有忘記，那些年頭的作風十分恣意傲慢，幾乎到了輕佻放肆的地步。正如同年輕時代的腓特烈一般，腓特烈．威廉二世的行事準則為（一名法國外交官，奧特里夫伯爵，指出這是普魯士在那種處境下必須採取的做法）：「無論歐陸發生了什麼事情，都不會與普魯士無關；任何具有一定意義的政治發展，都不可以沒有普魯士的參與。」腓特烈．威廉二世起初把它執行得太過火，以致對荷蘭進行干預，用武力協助奧倫治家族復位（一七八七年），此外並以戰爭為要脅，動員軍隊阻止奧地利與俄國向土耳其開戰（一七九〇年簽訂了日後遭到俾斯麥嚴詞批判的《賴興巴赫協定》）。那些行動都只是面子上好看而已，並非能夠帶來實質利益的政策。但《賴興巴赫協定》還是導引出與奧地利的和解，促成各君主國基於意識形態而在一七九二年締結同盟來對抗法國大革命。接著爆發了戰爭（但宣戰的一方是法國，並非同盟國），而眾所周知的是，那場戰爭短暫中斷過幾次以後，一直持續了二十多年。對普魯士而言卻並非如此。

普魯士突然在一七九五年祭出一個奇招。它以非常優厚的條件與法國單獨媾和：萊茵河以東與美因河以北的整個北德地區，在普魯士擔保下維持中立（套用今日的講法就是成為普魯士的勢力範圍）。與此同時，普魯士可以趁著奧地利對法國作戰而被套牢的機會，在東方放手行事——那裡自從一七九二年以來就持續進行著波蘭與俄國之間的戰爭，以致徹底瓜分波蘭一事成為檯面上的話題，因為那場戰爭的勝負早已無庸置疑。結果普魯士這回得到了最好的一份。「布格河」以西和「皮利察河」以北的波蘭劃歸普魯士，[12] 普魯士因而贏得兩個非常巨大、居民純粹是波蘭人的新省分——首府為波森的「南普魯士」，以及首府為華沙的「新東普魯士」。幾乎整個的波蘭核心地帶從此

12 布格河（Bug）是魏克塞爾河的支流，位於波蘭東部，今日構成波蘭與白俄羅斯和烏克蘭的界河。皮利察河（Pilica）也是魏克塞爾河的支流，位於波蘭中南部。

都歸普魯士所有。普魯士這時實際上已經成為由兩個民族所組成的國家。

普魯士成為雙民族國家

講到這裡，不禁讓人深深倒抽一口冷氣。普魯士成為雙民族國家——一個半波蘭的普魯士！從該國日後的歷史發展觀之，那宛如海市蜃樓一般地既不真實又不自然，是偏離路線的詭異步數。即便那種情況最後僅僅維持了十二年的光陰，但它實際上並沒有那麼不自然。最初始的普魯士，東普魯士與西普魯士，長久下來已經與波蘭形成了密切關係——東普魯士在將近兩百年的時間內成為波蘭屬地，是波蘭國王分封出去的采邑；西普魯士甚至在三百年多年的時間內變成了波蘭領土的一部分。那麼何不在權力關係主客易位的情況下，將這種波蘭與普魯士耦合起來的模式延續下去，類似之前由波蘭掌控那般地改為由普魯士繼續出面主導？截然不同於日後德意志民族主義史學論述所呈現出來的情況，這種普魯士向東方而非向西方的發展，絕非不可能的事情。可是若從民族主義時期的眼光來看（那個時期開始於十九世紀，甚至直到我們這個年代仍未成為過去），半波蘭的普魯士只會顯得荒誕不經。可是在十八世紀的時候，雙民族或多民族的國家完全不至於讓人起反感。相形之下，假如是普魯士與巴伐利亞合在一起的話（普魯士與巴伐利亞向來風馬牛不相及），反而會比普魯士與波蘭的結合顯得更加不可思議。

但不管怎麼樣都可以確定兩件事情。首先，腓特烈・威廉二世認真看待了其前任已經展開的「將普魯士提升為大國」方案，並採取行動使之得以實現；同時他離開了自從「七年戰爭」結束以來，腓特烈大帝曾經駐足四分之一世紀之久的「普魯士中間階段」。其次，他做出了成績——固然進行的方式有些粗魯，而且多次出現即興之作、快速轉換與來回擺盪，到了最後無疑還是一個成功的突破。若有誰稱許腓特烈大帝執政最初八年的成就（十九與二十世紀的普魯士歷史撰述便曾異口同聲地對此大表讚揚），就不應該像那個歷史學派所做出的另外一個動作那般，幾乎口徑一致地把腓特烈・威廉二世的政策貶低為「誤入歧途」和「衰落的開端」。那其實是同樣的政策、同樣既莽撞又隨性的大戲、同樣輝煌的外交與軍事成就、同樣快速的立場轉換與同盟改變、同樣出人意料的突襲，以及同樣的功業。普魯士在一七九五年已經不復為半個強權；如今就領土大小和人口數目而言，它都真正具備了大國地位的基礎。普魯士不再是地圖上面狹長的一條新月形，而成為一個厚實的區塊（扣除若干土地之後，它大致等於把今日的東德與波蘭結合在一起）。此區塊的西側是一直延伸至萊茵河與美因河的北德平原，那裡在一七九五年以後非但一如既往散佈著普魯士的飛地，整體而言更透過與法國簽訂的條約，在普魯士的擔保之下維持中立，亦即被納入普魯士的勢力範圍。我們不妨稍嫌誇張地表示：普魯士如今主宰了從華沙到科隆之間的整個地帶——波蘭的部分是在俄國默許下直接加以掌控，德意志的部分則是在得到法國默認之後間接加以掌控。但即便是採取這種合作方式，與俄法兩國建立起來的同盟關係也不容小覷：它為普魯士的權力地位提供了堅固後盾。如今已非普魯士，而是奧地利在歐洲陷入孤立。它早就不再認為自己還有辦法奪回西里西亞了。

那麼普魯士在一七八六至一七九五年之間所做出的這種巨大成就，為何不像它此前在一七四〇至一七四八年，以及後來在一八六四至一八七一年之間完全類似的巨大成就那般，從未得到德意志和普魯士史學撰述的認同呢？莫非是因為那種成就所維持的時間來得更短？然而普魯士從來都沒有過任何成就能夠長期延續下去。主要的理由顯然是來自其他方面。昔日特賴奇克（Treitschke）學派的普魯士—德意志歷史撰述譴責了那些成就，因為它們在其眼中是誤入歧途：那個普魯士—波蘭雙民族國家背離了普魯士的「德國使命」。時至今日，人們則是為了波蘭的緣故而以瓜分波蘭的行動為恥，感覺那不合乎正義，甚至是對波蘭民族的犯罪行為——因為沒有人曾經詢問過他們的意見。

然而當時根本沒有人會去詢問各個民族，他們究竟希望生活在誰的統治下。從來都沒有人那麼做過，而且各民族也不曾期待會有任何人那麼做。在十八世紀的時候既沒有德意志民族主義，也沒有波蘭民族主義。政治是皇帝與國王們的事情，百姓則按照政局的發展來改變自己的國家和統治者，他們已經司空見慣，早就習以為常。當時沒有任何人曉得什麼「普魯士的德國使命」，德國人根本不做此想，普魯士人當然也不會有那種念頭。就波蘭人而言，當初他們也曾在該國的全盛時期，毫不遲疑地併吞了立陶宛、白俄羅斯、烏克蘭的土地，以及德國人所定居的地區（西普魯士）；如今他們雖然自己也受到了屈辱，但他們幾乎不會在主客關係易位之後，為了自己從俄羅斯、普魯士和奧地利那邊領教到同樣的事情而感覺奇怪。其實他們比較高興自己是落入普魯士或奧地利，而非落入俄國手中；情況大致類似德國人在一九四五年以後高興自己是被西方，而非被東方占領。

不過即便如此，到了十八世紀將盡之際，對群眾產生主導作用的民族主義可謂已經「站在門外」。法國大革命除了傳播民主與民治的理念之外，也傳播了同樣新穎的民族主義。在隨後的時間內，許多德國人因為拿破崙的異族統治，許多波蘭人因為各個瓜分國的管轄，於是變成了民族主義者。但「許多人」還遠遠不等於「所有的人」。新形成的民族主義與舊國家秩序之間的鬥爭，在整個十九世紀都不斷地進行下去，甚至例如在奧地利那般，還一直延續到二十世紀，然後民族主義（至少是那種概念）才在今天普遍贏得勝利。可是這一切在腓特烈．威廉二世的時代都還是未來式，即便具有非凡遠見的人也未必能夠預料到這種局面。我們因而不能責怪一七八〇和一七九〇年代的普魯士，為何一定要遵循當時的想法，而非按照十九和二十世紀的理念來行事。

畢竟普魯士與那個時代——其成形時代——的理念結合得更加密切，不像其他歷史較悠久的國家那般，仍然置身在中世紀和宗教戰爭時期的餘波之中。普魯士反而十分現代，是啟蒙運動時期最現代化的國家，而且我們大可用腓特烈那種玩世不恭的講法來宣稱：普魯士是十八世紀的流行款式，但流行款式很快就會隨著時尚的改變而過時。我們將在下一章看見，普魯士如何於腓特烈．威廉二世的繼任者統治下，左支右絀地設法繼續與時俱進（停留在「時代的高處」），同時我們也會看見，普魯士為達此目的而進行的偉大改革工作，如何在做出各種努力之後歸於失敗。但是一七九〇和一七九五年的時候，一切都還在未定之天。當時除了法國之外，整個歐洲仍舊處於洛可可時代，正值啟蒙運動、國家利益至上原則和君主專制政體全盛期的尾聲，而普魯士完全是那個時代的產物以及那個時代最純正的具體化身：它並非「民族國家」（Nationalstaat），而是一個「理性國家」（Rationalstaat）。普魯士的弱點或許就在於此，但整整一百年來那也是其優勢之所在。

大家或許還記得，我們曾經在本章的開頭部分，簡短提及普魯士所具備的一種特殊彈性，而且這種宛如橡膠般的延展能力曾在整整一個世紀之內，讓普魯士獲益匪淺。此外我們還承諾將留待本章的結尾部分，於探討瓜分波蘭所產生的問題時重新回到這一點。現在到了該這麼做的時候。

十八世紀普魯士成功的故事——而且無可否認是一個相當聳人聽聞的成功故事——不只是建立在腓特烈大帝的「天才」之上，不只是因為極為有利的外在環境和技巧十足地利用了那種環境，甚至也不只是起源於軍事上的幸運和過人的作戰能力。主要的原因反而是：普魯士與那整個世紀的時代精神完全協調一致。這個理性國家彷彿是特地為理性主義時代量身打造的一般。它除了國家之外別無所有，而且完全只是一個國家，沒有民族、沒有種族、十分抽象。它被按照啟蒙運動的精神建構出來，只是一個純粹的行政、司法與軍事體系，「普魯士」一詞因而幾乎可以被無限制地擴大和移植，任意覆蓋到任何一個民族、部落和地區之上。有一段流行於當時的韻文表示：

> 除非逼不得已，否則沒有人會想當普魯士人。
> 但如果他變成了普魯士人，他感謝神。

這個普魯士理性國家不只是一架硬邦邦、宛如用金屬製成的機械裝置（後來黑格爾或許有些誇張，但並非毫無道理地稱之為「國家理念的最完美體現」，以及「歷史上所曾有過最純淨的國家理念」）。普魯士固然擁有機械化的性質，可是它更具備一種冷冰冰的自由、正義與寬容作風，而且那些做法並不會讓其臣民感覺不舒服——因為如同我們已經在前一章看見過的，它們是建立在一種「無所謂」的態度上面。當其他地區還普遍流行把巫婆燒死的時候，普魯士早就不那麼做了。普魯士沒有強迫受洗和宗教迫害的現象，每個人都可以按照自己的意願來思想和寫作，人人在法律面前平等。國家沒有偏見，並且講求理性、實際和公正。人們只需要把國家所該有的東西交給國家，國家就讓他們「各得其所」。

以普魯士在一七七二年與一七九五年兼併過來的數百萬波蘭人為例，他們日子過得不會比從前差，反而更好。當時並沒有「日耳曼化」的念頭，不像過了許久之後，德意志國於「俾斯麥時代」——以及更積極地在「後俾斯麥時代」——所採取的可悲做法。假如有誰在十八世紀向普魯士人做出建議，要求他們以希特勒在二十世紀所使用的那種方式來對待波蘭人（或者如同波蘭在戰後以牙還牙對付被劃歸其境內的德國人一般），十八世紀的普魯士人一定會目瞪口呆地把那種人看成是瘋子。變成普魯士人的波蘭人既沒有被看待成次等人，也沒有被視為異類而遭到排斥，其語言、習俗和宗教更完全不受干擾或侵犯；比方說，他們反而獲得了比從前更多的學校，而且老師們當然必須說波蘭話。波蘭的農奴制度已被普魯士較為溫和的世襲佃農制度所取代，而且所有的波蘭人都受到一七九四年生效的《普魯士國家通用法典》保護——他們珍視這種司法保障的程度，就如同十年以後萊茵蘭人看待《拿破崙法典》一般。順便值得一提的是，普魯士在編纂民法典的工作上（亦即將法治國家理念付諸實現的第一大步），畢竟比法國早了十年。波蘭上層社會人士則都可以在普魯士從政和擔任軍職，而且許多波蘭貴族家庭，諸如拉齊維烏、拉多林、胡騰－恰普斯基、波德別爾斯基等家族的成員，幾個世代以來都是既忠誠又顯赫的普魯士人。其中一人將在一八七一年以後難掩哀傷地表示，波蘭人無論什麼時候都能夠當普魯士人，可是卻永遠也無法變成德國人。

這種抽象的國家概念不根植於任何民族或部族，可謂能夠隨心所欲地運用下去，而普魯士的強處就在於此。但如同現在所將顯示出來的，它也可以成為弱點。它固然使得國家具有幾乎無限的擴張能力——不僅有能力進行征服，而且也有辦法真正併入被征服的土地，從中汲取新的力量。可是萬一國家出了毛病的話，它也以一種特殊的方式讓百姓覺得國家可有可無。普魯士國民的身分不僅可被接受，而且就許多方面而言甚至是令人愉快的事情。畢竟不是在每一個國家都能夠找到那麼多的生活秩序、法律保障和良心自由，那甚至可以帶來一定的自豪感。然而普魯士人的身分並非不可避免，並非不可或缺；沒有人是自然生成的普魯士人，其情況有異於法國人、英國人、德國人，甚或巴伐利亞人和薩克森人。普魯士國籍比其他任何國家的國籍更容易遭到替換：如果普魯士這個國家能夠像一頂帳篷那般地罩到別的民族頭上，而不至於對他們造成特別的干擾，那麼這頂帳篷同樣也可以重新拆除，不會讓百姓感覺那是一場災難。普魯士並非一個具有自我修復能力的有機體，反而是一架結構精美的國家機器；但正由於它是一部機器，如果飛輪故障的話，整架機器就會停擺。到了腓特烈·威廉二世的繼任者，腓特烈·威廉三世任內，飛輪終於故障，於是機器動彈不得。在接下來許多年的時間內，那架機器看似再也無法重新啟動。

結果普魯士撐過了斷裂測試。它最後能夠證明自己不只是一架機器嗎？或者它至少會有辦法變成不一樣的東西呢？

第4章

嚴峻的斷裂測試

Die Zerreißprobe

一八〇六年十月十四日，兵分二路出擊的普魯士部隊相繼在耶拿與奧爾施泰特慘遭敗績。此次戰敗帶來了災難性的後果：全國軍隊已經潰散、各地的要塞和首都柏林相繼投降。整個普魯士已淪為法國占領區，變成拿破崙在歐洲的出氣筒。

在一八一四／一五年為重建歐洲秩序而召開的「維也納會議」上，普魯士很明顯地扮演了第二流的角色：它雖然看似與俄、奧、英、法四大強權平起平坐，得到同樣尊重，但其實只不過是遭受列強處置的對象。結果普魯士失去了波蘭的土地之後，在自己從未期待過的地區獲得補償。

英國歷史學家泰勒認為，用萊茵蘭來補償損失的做法是一場惡作劇，被列強使用於耍弄倒楣的普魯士。至於德國最大的煤礦區就在該地，而且那裡有朝一日將成為德國最大的工業區，當時是沒有任何人能夠料想得到的事情。

普魯士之前在「七年戰爭」時期，即已接受過一次嚴峻的斷裂測試。假如它打輸了那場仗的話，就會宛如日後的波蘭一般，被敵對聯盟按照預定計劃加以瓜分。這麼一來，普魯士的歷史勢將隨之告終。

「七年戰爭」結束半個世紀後，普魯士的命運再度面臨同樣威脅，而且這一回是接受雙重考驗。一八〇六年的戰敗，使得普魯士到了生死存亡的最後關頭；結果它好不容易才保住一命，一八一三年卻又重新冒著全盤皆輸的危險。一八一三年的時候，普魯士的存續成敗也在幾個月之內懸於一髮（此事後來卻遭到愛國主義史學論述刻意低調處理）。這一回到最後總算進行得非常順利，可是通過了雙重斷裂測試的普魯士早已面目全非，變得幾乎難以辨認。

從另外一種意義來說，那也是一個雙重斷裂測試：因為普魯士不僅在一八〇六年和一八一三年兩度孤注一擲，它更有異於整整半個世紀以前，[1]除了外部斷裂測試之外，還必須接受內部斷裂測試。歐洲對抗拿破崙和法國大革命的巨大衝突，非但使得普魯士在外交方面陷入雙方的戰線之間，就連在內政方面，那條戰線也直直從普魯士的中央切過。結果當普魯士為求生存而奮鬥的時候，國家內部正處於撕裂狀態，在改革與反動之間遭到來回拉扯。於此內部相爭的過程當中，一八〇六和一八〇七年危及國家生存的敗仗，促成改革派暫時獲勝；一八一三至一八一五年帶來拯救的「解放戰爭」，同時卻意味著反動派的勝利。

普魯士的歷史傳說向來都不願意承認此事。按照其至今仍深植於許多人腦海中的迷思，一七九五至一八一五年之間二十年的普魯士歷史，斷裂成兩個截然不同的階段，而且它就跟普魯士的國旗一樣黑白分明。依據其論點，與法國革命政府簽訂《巴塞爾和約》後的那些年頭，從一七九五年到一八〇六年，是一個停滯與頹廢的階段，結果導致一八〇六年的崩潰。一八〇七至一八一二年之間的年代，則是一個勇於進行改革、再生，以及為起義做好準備的階段，最後在一八一三年「按預定計劃」展開了行動，而所獲得的報酬就是解放戰爭的勝利。

我們必須擺脫那種傳說。因為它不僅過度簡化事實，它更篡改了真正的歷史。那整段時期實際上屬於同一個單元，所涉及的始終是同一批人物與機構。兩位最著名的改革派內閣成員，斯坦因與哈登貝格，早在一八〇六年之前就已經是普魯士的部長了；最重要的軍事改革家——沙恩霍斯特——當時則已擔任副參謀總長。人們不斷積極致力於普魯士國家體制的現代化，一八〇六年之前和之後都沒有兩樣。簽訂《巴塞爾和約》以後的十年期間，普魯士即已孜孜矻矻地——我們亦可稱之為：令人動容地——設

1 一八〇六年和一八一三年整整半個世紀以前，剛好分別是「七年戰爭」（1756-1763）開始和結束的時間。

法在進步和現代化的程度上與革命後的法國並駕齊驅，並且透過由上而下的改革來仿效法國大革命所獲致的成果。一八〇六年的災難之所以能夠協助改革者取得突破，正是因為它以極度戲劇化的方式，顯露出法國新理念所享有的優勢。此際還想像不到一八一三年時所將出現的情況，然而等到拿破崙的光環在一八一五年熄滅後，普魯士的改革也隨之成為過去。

一位愛好和平的國王

一七九九年的時候，普魯士財政部長斯特魯恩西（他的弟弟就是那位著名的斯特魯恩西，三十年前曾以改革者之姿在丹麥現身，並為此失去自己年輕的生命）[2]已經在柏林告訴法國大使：「貴國由下而上所進行的那場有益的革命，在普魯士將由上而下逐步加以完成。國王陛下是自成一格的民主派人士。他堅持不懈地致力於限縮貴族特權……再過幾年以後，普魯士境內將不復存在任何特權階級。」這種講法或許多少有一點是為了迎合說話對象的口味，但它絕非謊言。如果我們想明白其背後的含義是什麼，就必須先把下列事項弄清楚：

普魯士在十八世紀不僅是歐洲最新穎的國家，同時亦為最符合時代精神的國度，其強處不在於它的傳統，而是來自它的現代性。不過自從法國大革命爆發之後，突然冒出了一個更加現代化的國家，以及一些更加先進、更具吸引力的政治理念。法國的「自由、平等、博愛」，聽起來可要比普魯士的「各得其所」響亮多了。

採用新理念的那個國家，也讓自己在一個方面得到強化，而那正是普魯士所特別在意的領域：軍事領域。法國大革命不只是一場政治革命和社會革命，它同時也是一場軍事革命。如今法國擁有了某種嶄新的東西：普遍徵兵制。普魯士人早在一七九二和一七九五年參戰的時候，就已經有過令人震撼的經驗，發現法國的革命軍隊賦予戰爭一種全新的面貌——那不僅僅在於其數量，而且也在於其戰鬥精神。法國大革命已將法國農民同時變成了士兵和自由的自耕農，如今他們真正是為了「自己的」土地而戰。如果普魯士不想在它迄今最強固的方面——軍隊那方面——落後的話，就必須讓類似的措施也在普魯士成為可能，但當然不可透過革命來進行。普魯士最進步的人物早在一七九五年以前即已得出這項結論。哈登貝格曾於一八〇六年的軍事災難發生之後，簡明扼要地總結了他們當初的動機，表示一七八九年的理念令人無法抗拒：「那些

2 那位「著名的」斯特魯恩西（Johann Friedrich Struensee, 1737-1772）是丹麥國王克里斯提安七世的御醫，一七七一年於國王精神錯亂後成為實際上的攝政（英國籍的王后並與他有染而產下一女）。斯特魯恩西意圖遵照啟蒙運動的精神全面推行自由化改革，結果激起貴族的仇恨而在睡夢中被逮捕，最後慘遭砍右手、斬首和分屍。

原則所產生的力道是如此強大，以致不接受它們的國家要不只能面對毀滅，否則將被迫必須採取同樣的原則。」此外：「君主政體中的民主原則，這在我看來就是最契合當前時代精神的形式。」

此話講得固然很好，只可惜當然是說起來容易做起來很難。普魯士改革者們所追尋的目標——解放農民、普遍徵兵制、取消貴族與資產階層之間的界限——已經不再侷限於單純的改革，而將成為一場由上而下的革命。新上任的國王腓特烈·威廉三世雖然起初還相當能夠接受新理念，本身卻完全不具革命色彩。他是一位非常平民化、頭腦非常冷靜的國王，以及一位模範丈夫，而其妻就是那位美麗聰慧、廣受愛戴的露易絲王后。他講道德、適應力強，並以一種羞澀而略帶陰鬱的方式維持進步作風，可是卻又焦慮固執。有一名他的內閣成員偷偷在他背後指出，他最喜歡的時刻，就是拿不定主意的時候。

改革派此外還必須克服阻力！迄今保持不敗的普魯士軍隊，戴著來自腓特烈戰爭時代、已有些枯萎的勝利桂冠抗拒一切改革，幾乎只能算是最微不足道的問題。軍隊的立場反正向來保守，那在政治上簡直是天經地義的法則。更嚴重的問題來自其他方面。普魯士沒有辦法變成第二個法國，這是愛莫能助的事情，而其原因正在於普魯士的社會結構大不相同。

法國大革命是一場中產階級革命，而法國農民之所以獲得解放，必須歸功於他們和實力強大、支持革命的城市資產階級之間緊密的階級聯盟。當時普魯士卻還沒有既強大又自覺的城市資產階級，它根本就不存在。一八〇〇年前後，百分之八十七的普魯士百姓生活在農村和鄉間的莊園社區。剩餘百分之十三的人口當中，只有百分之六住在居民超過二萬人的城鎮裡面。而這百分之六——即便把小廝和僕役全部都包含進來，總共仍不超過五十萬人——再扣除一小批財力有限、相當寒酸的商人之後，純粹是知識中產階級、牧師、教授、老師、藝術家，以及占了絕大多數的官員。跟那些人是無法搞革命的，就連由上而下的革命也不例外。

普魯士知識中產階級在簽訂《巴塞爾和約》後的十年內欣欣向榮，達到前所未見的地步。柏林市經歷了一場近乎狂熱的文化興盛期，而且說來奇怪的是，這種情形往往出現於政治大災難前夕。在一八七〇年以前的巴黎、一九一四年以前的維也納，以及一九三三年以前再度於柏林，我們都可以觀察到類似的現象。當時有一大群文學奇葩聚居在普魯士的首都。其中的貴族成員諸如克萊斯特、哈登貝格（諾瓦利斯）、阿爾尼姆、德·拉·莫特—富凱；[3]平民成員則包括了提克、布倫塔諾、弗里德里希·施萊格

3 克萊斯特（Heinrich von Kleist, 1777-1811）是普魯士劇作家和詩人。哈登貝格（Friedrich von Hardenberg, 1772-

爾、霍夫曼。[4]浪漫主義時代的柏林開始取代古典主義時期的威瑪，成為知識界的中心。文學界和政治界的精英，出入於拉爾・萊文以及朵蘿蒂雅・施萊格爾所主持的沙龍。甚至有一位王室成員——才華洋溢、特立獨行的路易・費迪南親王——也在那裡走動。就國王周圍的人士而言，出身中產階級的內閣會議成員蔚為主流，他們被稱作「普魯士雅各賓黨人」，那裡面包括了拜默、隆巴爾，以及曼肯，而最後一人就是俾斯麥的外祖父。貴族出身的大臣和外交官當中則有類似哈登貝格和洪堡那般的人物，感覺自己比較親近新崛起的中產階級政治與文學菁英，而非跟他們來自同一階級的鄉間容克貴族。那絕對稱不上是僵化和停滯，反而是一個多彩多姿的世界，充滿了現代、進步、人道與改革的理念。一位軍官，日後參與軍事改革的博因，已經公開倡議廢除軍中的體罰和笞刑；除此之外，解放農民、就業自由、解放猶太人、城市自治等事項亦已廣受討論。

不僅沙龍裡面如此。斯坦因和哈登貝格於一八〇六至一八一三年推動的大多數改革措施，其實早在一八〇六年之前，即已由各個部會加以規劃籌備。然而它們不曾被付諸實施，畢竟改革的意願基本上還只是出現在首都的知識分子與高級官員之間。在鄉間地區——亦即百分之八十七的普魯士臣民所居住，並且由容克貴族進行統治的地方——封建制度依舊大致完好無缺，其巨大的阻力使得改革派暫時一籌莫展。我們可以宣稱：普魯士無法模仿法國大革命，即便其最優秀的人才早已認清改革的必要性也無濟於事，因為它太健康了。一八〇〇年時的普魯士不同於十年以前的法國，並沒有出現「革命形勢」。法國的封建體系已經在十八世紀逐漸腐朽。普魯士的封建體系卻依舊厚實健全和充滿活力，不必多費工夫就可以把首都的改革計劃貶低為庸人自擾。

一八〇六年之前僅僅完成了唯一的一項主要改革工作：解放國有領地上的農民。它跟後來斯坦因嘗試針對私有莊園進行的農民解放相較之下，可要成功多了。在國家直接經營管理的地點，除了計劃與討論之外，還能夠採取實際行動。一八〇六年以前共有五萬多名國有地的農民成為自由自耕農；其人數超過了後來一八〇七至一八四八年之間的總合。別的一切則都僅僅停留在計劃和草案的階段而已；當時固然存在著改革的氛圍，卻還沒有改革的政策。《巴塞爾和約》生效期間的普魯士既不缺乏開明的想法，也不缺乏追求進步的意願，可是由於受到了舊體制的束縛而不具有行動能力。那

1801）是來自薩克森的浪漫主義作家，筆名為「諾瓦利斯」(Novalis)。阿爾尼姆（Achim von Arnim, 1781-1831）是普魯士詩人和小說家。德・拉・莫特—富凱（Friedrich de la Motte-Fouqué, 1777-1843）是法國裔普魯士浪漫主義作家。

4 提克（Ludwig Tieck, 1773-1853）是普魯士早期浪漫派作家。布倫塔諾（Clemens Brentano, 1778-1842）是義大利裔的德國浪漫主義詩人。弗里德里希・施萊格爾（Friedrich Schlegel, 1772-1829）是來自漢諾威的文化哲學家和作家。霍夫曼（E.T.A. Hoffmann, 1776-1822）則為普魯士奇幻文學作家。

些束縛一直要等到對外作戰失敗以後才遭到破除，可是整個國家也幾乎因為戰敗而遭到毀滅。

導致一八〇六年開戰與戰敗的經過，是一段稀奇古怪、發人深省的歷史。腓特烈·威廉三世國王與他的兩位前任大相逕庭，是一個名副其實的和平主義者。他登基即位之前不久，曾經寫出《治國藝術沉思錄》作為自己的指導方針。文中有云：「國家最大的幸福在於長期不斷地享有和平；當鄰國不打算招惹我們的時候，最佳的政策莫過於一直正視這個原則。我們絕不插手干預與己身無關的他人事務……。為了預防被迫捲入他人的事務，就應該避免遲早會讓我們涉及此類紛爭的盟約。」這也就是說，要藉由保持中立來維護和平。腓特烈·威廉三世謹守這個原則，在九年的時間內看似獲得了成功。

那九年來歐洲幾乎不斷處於戰爭時期。偏偏只有這個國家堅持自我孤立，繼續成為一座和平的島嶼——大家應該還記得，腓特烈·威廉之前任兩位國王的行動準則卻是，「無論歐陸發生了什麼事情，都不會跟普魯士無關；任何具有一定意義的政治發展，都不可以沒有普魯士的參與」。它甚至還在此時大發利市：德境西部於法國操盤下大肆進行土地重劃的時候，一八〇三年所謂的「帝國代表重要決議」促成普魯士的疆域再度巨幅增加，幾乎獲得了整個西發利亞。那完全不必打仗，難道還會有更好的事情嗎？過了一年以後，當拿破崙自立為「法蘭西人的皇帝」，而神聖羅馬帝國皇帝法朗茲眼看苗頭不對於是改稱「奧地利皇帝」之際，拿破崙要求普魯士國王也跟著一起稱帝：「普魯士皇帝」。腓特烈．威廉三世堅決敬謝不敏。他在前述《治國藝術沉思錄》裡面已經表示過：「人們不應該為了虛幻的榮景而使得自己陷入盲目。」他不打算讓普魯士跟四大帝國平起平坐，避免因此被捲入他們之間的勾心鬥角。他單單只想當普魯士國王，而且他一心希望不受干擾。假如必須打仗的話，他「不願意自己是犯錯的一方。」

德境中部的邦國當時在普魯士保護下保持中立，其中一個小邦的部長——歌德——曾以老於世故的懷疑論點，近乎搖頭嘆息地針對那一切發表了意見：「世界的每一個角落都在燃燒，歐洲卻演變出另外一種態勢；城市與艦隊已在陸地和海上成為一片廢墟，可是在歐洲的中央，德國北部卻依然享受著某種狂熱的和平，而我們便在其中沉溺於問題百出的安全感。西方的大帝國已然建立，其根莖與枝葉正向四面八方蔓延開來。與此同時，普魯士卻表面上獲得特權，可以在北方自我鞏固。」我們從中聽見了懷疑。歌德不信任普魯士的和平。他是一個比腓特烈．威廉三世更加接近現實的政治人物。

腓特烈．威廉三世萬萬沒有想到，「中立」的性質會隨著外在權力關係的改變而出現差異。當普魯士在一七九五年單獨與法國簽訂《巴塞爾和約》的時候，法蘭西共和國還是一個捉襟見肘的國家，巴不得普魯士能夠保持中立，並且不惜為此付出昂貴的代價。十年後的法蘭西帝國卻已躍居歐洲第一強權，正準備成為宰制整個歐洲大陸的霸主。普魯士的中立態度已在無意之間淪為被動地偏袒法國。

一場莫名其妙的戰爭

奧地利和俄國在一八〇五年與英國結盟，意圖藉此打破拿破崙的霸主地位。現在到了該攤牌的時刻。俄奧兩國一再敦促普魯士加入反法同盟，可是腓特烈．威廉三世繼續牢牢緊抱著自己的中立政策不放。一八〇五年他雖然與沙皇在波茨坦的腓特烈大帝靈柩旁邊，共同演出了一場既莊嚴隆重又有些裝腔作勢的結盟秀，他受到沙皇說服而做出的最激烈動作，卻也只不過是進行武裝調停。然而拿破崙動作太快，還來不及接見普魯士的特使，就已經在奧斯特里茨擊潰奧俄聯軍，並逼迫奧地利單獨議和。俄國怒不可遏地退回自己的國界。此際再也沒有事情需要普魯士調停了。

拿破崙現在反而提議與普魯士結盟。尤有甚者，他是以專橫的態度提出要求，催促普魯士那麼做。接著在一八〇六年二月（這是後來經常被避而不談的事實），雙方果真締結盟約。但這個同盟相當違背了國王的初衷，而且僅僅只是針對英國而已，俄國不包括在內。當一八〇五年的戰爭仍在進行時，普魯士的中立態度已經偏袒了強勢的一方，亦即法國那方面。等到法國戰勝後，普魯士想必只會樂得讓拿破崙提議結盟來表達感謝之意，進而以領土擴張做為酬庸——普魯士獲准吞併英國的漢諾威，隨即在六月那麼做了。英國做出的回應則是沒收所有的普魯士商船。結果普魯士幾乎不明所以地發現，自己赫然站在法國旁邊加入對英國的戰爭。接著僅僅時隔三個月之後，對英之戰又突然變成了對法國的戰爭。

怎麼會變得如此？這種轉變看起來令人費解。沒有任何人想要那場戰爭或者計劃過那場戰爭，拿破崙也一樣。他對普魯士的軍隊仍然心懷敬意（拿破崙獲勝以後，曾經站在腓特烈大帝的墓旁說道：「假如他還活著的話，我們就不可能在這裡」），而且他在一八〇六年仍然寧願讓普魯士成為次要夥伴，而非必須加以擊敗和征服。就腓特烈．威廉三世而言，他本人便是「對和平之熱愛」的具體化身。我們甚至可以宣稱：他是因為自己「對和平之熱愛」受到了傷害，才踉踉蹌蹌一頭栽進戰爭。他無法原諒拿破崙強迫他結盟。之前法國部隊未曾徵詢同意，逕自在安斯巴赫行軍穿越普魯士領土，這種輕蔑的舉動更讓他深受侮辱。既然要打仗的話，那麼與其向對他秋毫無犯的英國開戰，倒不如跟那個無意讓他「不受干擾」的侮辱者作戰！同時這位國王也看了出來，跟拿破崙結盟之後，他遲早難免會與自己的朋友——沙皇——兵戎相見。於是普魯士在七月瞞著它的法國新盟友，和俄國沙皇簽訂了某種形式的「再保條約」。拿破崙得知此事以後所做出的反制，就是來勢洶洶地朝向圖林根進軍。普魯士隨即動員軍隊，並且提出最後通牒要求停止這種行動。拿破崙的答覆卻是展開入侵。法國那方面表現出不信任的態度，普魯士方面則積憤難消，雙方的虛榮心都受到傷害，以致兩個盟友之間出現了摩擦，從而造成短路。雙方在這場戰爭中都缺乏明確的方案，普魯士事先更完全不曾評估過勝算。結果就在沒有盟友和缺乏政治目標的情況下，進行了一場紳士受侮辱後的面子戰爭。我們簡直可以表示：一八〇六年的時候，普魯士依然在捍衛其早已失去的中立性。這與十八世紀時普魯士的戰爭形成了多麼強烈的對比！

在一天之內即已分出軍事上的勝負。一八〇六年十月十四日，分頭挺進的兩支普魯士部隊，各自在「耶拿」與「奧爾施泰特」遭到擊敗（那是兩場不同的戰役，並非習稱的「雙重會戰」）。此事發生得並不讓人意外：拿破崙直到那時為止，不管對手是誰，從來沒打過敗仗。令人驚訝的是隨後的事件：普魯士完全不加抗拒地——甚至熱心地——接受耶拿與奧爾施泰特的結果。遭到擊敗但並未被殲滅的軍隊很快就投降了、各地的要塞不戰而降、國王出奔東普魯士、戰勝者在柏林幾乎受到歡呼迎接、整個國家機器樂意與戰勝者「勾結」、普魯士官員甚至以某種方式向拿破崙宣誓效忠。昔日「七年戰爭」期間，普魯士在「庫納斯多夫」吃了同樣慘重的敗仗之後，卻呈現出堅忍不拔的精神。相形之下這又是多麼強烈的對比！

如同之前戰爭爆發的經過一般，這種對比也有待解釋。或許二者的解釋如出一轍。一八〇六年的戰爭是一個「短路」事件。沒有人真正明白那到底是怎麼回事，因為一切都被弄得七顛八倒。無人有暇去理解，為何普魯士與法國當了十年的朋友，而且不久前才剛剛成為盟邦，現在卻突然反目成仇。一切都像是一個讓人搞不懂的誤會——拿破崙的快速勝利和普魯士的快速崩潰皆然。說不定雙方還會重歸於好，而且一切都將恢復原狀。

事實上沒有任何東西變得跟從前一樣，普魯士的國家生存危機才正要開始。其命運此時完全掌握在勝利者的手中，而拿破崙就兩方面而言都對普魯士失望透頂：當初他希望普魯士能夠成為盟友，而且他想像中的普魯士遠較強大。憎恨與輕視如今決定了拿破崙的政策；普魯士必須受到懲罰，同時它在政治上可被利用為供操作的素材。除此之外，拿破崙針對普魯士並沒有既定的計劃。他只不過是即興發揮罷了。拿破崙最初的構想是把普魯士的面積減半，做為與俄國之間的緩衝國：普魯士在德境西部的領土被併入他的「萊茵邦聯」；普魯士此後可以暫時在易北河與布格河之間繼續存在下去，成為一個純粹位於東方的半波蘭國家。以此做為基礎，十月三十日就已經在「夏洛特堡宮」簽署了和平草約。然而拿破崙接著又追加新的要求：普魯士必須與俄國決裂，並且給予法國軍隊無限制的通行權。因為在奧斯特里茨戰役之後休眠的對俄戰爭，當時並沒有打完！[5]這一回腓特烈．威廉三世奮身抗拒，他在避難的地點——東普魯士的「奧斯特羅德」——與大臣們進行了令人精神崩潰的激辯之後，決定要那麼做。現在拿破崙怒不可遏，於是草擬了一項完全解散普魯士的方案：西里西亞歸還給奧地利、波蘭復國、廢黜霍恩佐倫王朝。奇特的是，他竟然認真至極地規劃出那種方案：他跟奧地利作戰的次數雖然較多，交手的時間也比較長，卻從未打算如此處理奧地利。但普魯士正好是可以或缺的對象。

接下來拿破崙又暫時放棄了那種想法。現在對他來說，普魯士的最後命運也完全要看對俄戰爭的結局如何。於是他命令自己的部隊繼續向東普魯士推進。

此際俄軍亦已抵達當地，而普魯士人也就地拼湊出一個軍的部隊。一八〇七年二月十八日隨即在埃勞進行了一場血腥得可怕的冬季戰役，而且那是拿破崙第一次沒有打贏的仗。雙方不分勝負，於是盟國又重新振作起勇氣來。俄國與普魯士隨即在四月正式簽訂盟約，其內容已經預示了後來在一八一三年締結的同盟：一直作戰到完全擊垮拿破崙為止、不單獨議和、普魯士恢復一八〇五年時的疆界。但那暫時還只是白日夢而已。拿破崙於六月再度大敗俄軍，導致沙皇的將領們建議馬上停戰，而拿破崙在一八〇七年尚未做好入侵俄國的準備，於是拿破崙和沙皇做出一個戲劇化的舉動，在停泊於尼門河[6]中央的木筏上會面修好，最後簽訂了《提爾西特和約》。普魯士的命運亦隨之底定，但是它自己已經失去發言權。

有了與俄國的盟約之後，兼之以——頂多只能算是象徵性地——在東普魯士進行的抵抗活動，普魯士最起碼得以實現一件事情。那就是它的未來不再僅僅被拿破崙隻手掌握，而是落入拿破崙與亞歷山大沙皇兩個人手中。然而普魯士能夠藉此獲得的東西並不多。沙皇堂而皇之地拋棄了四月簽訂的盟約，以及有關恢復一八〇五年普魯士疆界的承諾。那個反正已經死了一半的普魯士與他何干！不過為了顧及自身的榮譽，他還是極力避免讓他的普魯士小盟友完全崩解，而拿破崙現在也無意大做文章加以反對。

一筆交易於焉完成：締結和約的雙雄可謂各自在對方的棋盤擺上一個卒子。法國的卒子是普魯士所屬的波蘭；普魯士於最後兩次瓜分波蘭行動中所獲得的土地變成了「華沙公國」，被撥交給薩克森王國管轄——也就是劃歸到「萊茵邦聯」。俄國的卒子則是被縮減至一七七二年版圖的普魯士，以之做為安全的前沿地帶。歸功於沙皇的緣故，普魯士沒有被併入「萊茵邦聯」，維持了名義上的獨立。但普魯士仍為法國占領

5 普魯士夾在「萊茵邦聯」與俄國的中間，法軍必須穿越普魯士以後才打得到俄國。

6 尼門河（Niemen）位於東普魯士東北端，也稱作默美爾河（Memel），河的北岸就是第一次世界大戰結束後受到爭議的「默美爾地區」(Memelland)。

區，就此而言沙皇是吃虧的一方，畢竟那吻合實際的權力態勢。普魯士則無論喜歡與否，都必須遷就兩大強權的要求。其國家命脈再度於千鈞一髮之際獲得拯救，不過它已經處於斷手斷腳的狀態。

改革與反改革

這個斷手斷腳並且蒙受羞辱的普魯士，如今接二連三地推出在大災難之前只能停留於計劃階段的各大改革方案：解放農民、城市自治、向中產階級開放軍官團、貴族和資產階級享有同等的土地產權、猶太人獲得完整公民權利、就業自由、法國式的新型軍隊體制、廢除軍中體罰——簡言之，就是把法國大革命的社會方案照單全收。但只是在社會方面罷了，政治方面則否，既沒有主權在民原則，也沒有議會，當然更沒有共和國。普魯士國王無意退位。他的國家僅僅應該得到強化，被安置在更寬闊的基礎上，而為了達到這個目的，戰敗者套用了戰勝者藉以獲勝的體制。哈登貝格稱之為：「君主政體中的民主原則」。

「由上而下的革命」從前還只是說說而已，現在它終於付諸實現。普魯士好不容易才保住一命，並且被削減了一半以上的面積，卻有辦法找到力量來推動內部革新。那是一項巨大的成就，並且證明這個國家仍舊生機盎然。普魯士以一種截然不同於「七年戰爭」時期，但或許更加令人信服的方式，證明出自己在逆境中的堅強。上一次它曾經咬緊牙根撐過難關；這一回我們則幾乎可以表示：它從死亡中站了起來。

但只是幾乎而已。儘管一八〇七年至一八一二年之間，透過改革所呈現出來的求生意志和維新力量十分令人肅然起敬，我們還是不得不客觀地確定，許多相關改革措施仍然繼續停留在紙上。

除此之外不可忽略的是：這些改革——特別是其中的解放農民——非但沒有把國家團結起來，反倒造成了分裂。普魯士不僅是一個王國，並且一如既往還是個容克貴族的國家，而斯坦因的解放農民法令不啻向容克貴族宣戰；斯坦因的做法則無異於腓特烈·威廉一世昔日所言：「我摧毀容克的權威」。容克貴族可不會如此輕易地讓自己的權威遭到摧毀，從前不會，現在也不會。

對改革的不滿導致貴族形成強大的反對勢力。其代言人弗里德里希·路德維希·馮·德爾·馬爾維茨，一位非常卓越的人物，曾經寫著：「斯坦因在祖國展開革命，發動了一場無恆產者對抗有恆產者、工業對抗農業、變動對抗穩定的戰爭。」等到斯坦因那個「來自拿騷的外地人」在一八〇八年遭到解職之後，另外一位老普魯士人約克將軍（亦即五年之後為「解放戰爭」發出信號的同一人），也這麼寫道：「一個莫名其妙的腦袋已經被踩爛；另外一個毒蛇般的害人精將會在自己的毒液裡面融解。」當時普魯士改革派與反改革派彼此之間的恨意就是如此巨大。過了兩年，哈登貝格將馬爾維茨打成叛逆犯並且把他囚禁於要塞內。可是在一八一三年的時候，就連馬爾維茨也率領著由「他的」農民所組成的民防軍騎兵部隊趕赴沙場，而且那些人員是由他本人出資購買裝備，以及親自訓練和調教出來的。普魯士那些與改革為敵的人們照樣也是愛國者。

更何況改革者的內部也四分五裂——他們分裂得相當微妙，起初顯得只像是一種難以捉摸的差異，一條宛如髮絲般細小的裂縫，後來卻逐步擴大成為鴻溝。其中一些人純粹只是普魯士愛國者；另外一些人則從此時開始（起先往往是在不知不覺中），變成了民族主義者，而且是德意志民族主義者：因為其實根本就沒有什麼「普魯士民族」。理解這種差異的最佳方式，莫過於針對兩大改革派的部長——斯坦因和哈登貝格——進行更仔細的觀察。

二者都自願選擇成為普魯士人，都出身自德境的西部：斯坦因是黑森人，哈登貝格則是漢諾威人。不過哈登貝格終其一生都在普魯士擔任公職，斯坦因卻始終只扮演著過客的角色。「我只有一個祖國，它叫做德國」，斯坦因遭到免職之後如此寫道，而且他在同一封信函中更加激烈地表示：「如果奧地利能夠出面領導一個統一的德國，那麼我會很樂意把普魯士拱手讓人。」哈登貝格絕不至於寫出那樣的字句；對他來說，普魯士無論在任何時刻都不可以被拱手讓人。這也導致二人的外交政策出現不同：斯坦因隨時都準備為了他自己對法國人的仇恨，於是置普魯士的安危於不顧。假使按照他的意思來做的話，那麼普魯士早在一八〇八和一八〇九年的時候，就已經從完全絕望的境地中再度展開反擊行動，並試圖如同西班牙和提洛爾[7]所做的那般，在整個德意志地區燃起一場全民參與的戰爭。哈登貝格堅決反對出此下策，因為此舉勢將危及普魯士的命脈！即便他自己在一八一三年也表現了相當大膽的作風，但他先是靜觀其變，直到成功的機會不再渺茫為止。在此之前，他寧可採取息事寧人的政策。

哈登貝格毫無疑問是二人當中比較優秀的政治人物。斯坦因則性格介於馬丁·路德和米夏埃爾·科爾哈斯[8]之間，總是恨不得一頭把牆撞穿，其整個政治生涯最後是以失敗收場。他在一八〇八年第二度遭到解職後（之前他曾經在一八〇六年憤而離職），便再也沒有擔任過普魯士的部長。（後來他為了對抗拿破崙而替俄國服務，但也未有太

7　提洛爾（Tirol）位於奧地利西部，其中的「南提洛爾」（Südtirol）在一戰以後被割讓給義大利。

8　米夏埃爾·科爾哈斯（Michael Kohlhaas）是海因利希·馮·克萊斯特一八一〇年一部同名小說的主角。科爾哈斯乃十六世紀布蘭登堡的馬匹商人，曾在薩克森蒙受不白之冤，於是糾眾向薩克森宣戰，透過燒殺來實現正義，最後在柏林被捕並遭到處決。其故事主軸是：「為了實現正義，不惜毀滅世界」（Fiat iustitia, et pereat mundus）。

多表現，結果一八一五年以後定居在位於拿騷的祖產，以一介憤世嫉俗的平民身分度過餘生。）哈登貝格就比較聰明和圓滑多了，此外他私底下也不具備斯坦因那種清教徒式的作風，而是像梅特涅和塔里蘭那般的見多識廣者、翩翩君子和生活藝術家。一八一〇年哈登貝格出任「國務總理」之後，獲得了前無古人，後來惟獨俾斯麥享有過的那種地位，直到他一八二二年去世為止。在一八一三年那個關鍵性的危機時刻，真正推動普魯士政策的人其實是哈登貝格而非國王。

現在重新回到由斯坦因和哈登貝格所具體展示出來的改革派內部罅隙。當時在普魯士現身的早期德意志民族主義者，有許多是德國文化史上的知名人物：海因利希·馮·克萊斯特以及恩斯特·莫里茲·阿恩特之類的詩人、哲學家費希特（《告德意志國民書》）、神學家施萊爾馬赫、軍事家格奈森瑙將軍；就連其中一個作風相當詭譎的人物，「體操之父」雅恩，也稱得上是留名後世。他們所代表的事物，將在十九世紀後期演變成一股巨大的政治力量；他們自己身為德意志民族運動的先驅，則將成為日後德意志民族主義歷史撰述中的英雄。但我們不可因此而忽略了一個事實：他們在自己的那個時代只是獨來獨往而已，頂多只能在學術青年那邊找到簇擁者，而且他們對普魯士的實際政策並無任何真正的影響力。後人往往喜歡把一八一三年開戰的決定歸功於他們本人和他們的理念，但此種做法實為歪曲歷史。那場戰爭最初的真正推動力，來自一位立場跟他們完全南轅北轍的人物——老普魯士強硬派和敵視改革的約克將軍。戰爭本身的性質則絕非一場國民革命戰爭，反而完全是一場由國家主導的正規戰，我們甚至仍可理直氣壯地稱之為：一場內閣戰爭。[9]提奧多・克爾納[10]從相反角度所寫下的詩篇——「那一場戰爭，王室並無所悉」；「百姓奮身，風起雲湧」——或許「具有良好的詩歌效果」（這是國王有一次對格奈森瑙的「人民戰爭」構想所下的評語），卻不符合歷史事實。

同樣不合乎歷史真相的講法還有，普魯士在一八〇七至一八一三年之間不斷地「熱切期盼解放戰爭」，而改革之目的——或者至少其效果——就是要為一場「解放戰爭」爭取民心。其實改革的初衷主要是為了在戰敗之後，透過調整適應來亡羊補牢。至於導致全民逐漸重新願意打仗的原因，則完全是另外一回事：那來自法國的占領以及拿

9 「三十年戰爭」結束後的軍事革命，使得歐洲各國之間的戰爭改為以迂迴戰及運動戰為主（類似棋局），變成了「國王的遊戲」。各國皆軍民分治，軍隊純由職業軍人組成，百姓則不受戰爭干擾。戰敗一方的主帥就「光榮投降」，然後某些省分在國與國之間來回轉手。這種形式的戰爭被稱作「內閣戰爭」（Kabinettskrieg），一直延續至法國大革命爆發之際。此後的戰爭形式被克勞塞維茨稱作「人民戰爭」（Volkskrieg），即全民戰爭。

10 提奧多・克爾納（Theodor Körner, 1791-1813）是劇作家、詩人，以及十九世紀德意志民族運動的標竿人物。他在一八一三年反抗拿破崙的「解放戰爭」爆發後自願參軍，並寫出許多首戰歌來鼓舞士氣，同年八月底不幸陣亡。

破崙向這個戰敗國索取的巨額戰爭賠償，所造成日益惡化的物質困境。普魯士對拿破崙來說仍舊是一個被打敗的敵國，之前曾經以不可饒恕的方式毀棄成為盟友的機會；它因而遭到蓄意虐待，稱得上是拿破崙在歐洲的出氣筒。決定了法國占領時期普魯士日常生活的因素，主要並非改革本身和改革所引起的爭執，而是赤裸裸的經濟危機。

為了籌措拿破崙無情需索的一億二千萬法郎戰爭賠款（那在當時是一個天文數字），必須出售國有領地、借高利貸、提高稅收；普魯士百姓在一段期間內，甚至還必須繳納當時聞所未聞的累進所得稅（百分之十至百分之三十）。與此同時，拿破崙的「大陸封鎖令」癱瘓了經濟與海運（他企圖藉由禁止所有海外貿易來打擊英國），帶來大規模的破產和失業。這自然造成憤恨不平，而且比改革工作做出了更多的貢獻，導致在一八一三年的時候，即使是普魯士的尋常百姓也願意一戰，而且比一八〇六年時更加民心激昂。一八一三年的戰爭受到了歡迎，一八〇六年的戰爭則否；但即便如此，它仍遠遠稱不上是一場全民戰爭。更何況直到最後一刻為止，那場戰爭都還是難以逆料的事情——一八一二年的時候有誰能夠曉得，當初在提爾西特瓜分了歐洲的兩巨頭竟然會再度兵戎相見。而直到一八一二／一三年之交的冬天為止，又有誰能夠想像得到，那場戰爭將為拿破崙帶來一場軍事上的災難？直到此刻之前，普魯士都必須想方設法來遷就拿破崙的歐洲。它咬緊牙關那麼做了，不自怨自艾、相當意志堅定地忍氣吞聲，而且如同在改革工作當中所顯示出來的，甚至樂意在某種程度內做出順應。

很難用一個簡單的字眼來形容，改革時期的普魯士在法國占領下究竟處於何種氛圍。那一方面是苦惱、鬱悶、陷入悲慘的境地、愛國的憤怒之情；另一方面卻是「我們又逃過一劫」的如釋重負感覺、革新所帶來的喜悅，甚至帶來的希望——不過未必只是希望出現一場解放戰爭。「普魯士必須藉由精神力量，來彌補自己在物質上的損失」，這是教育部長威廉·馮·洪堡一八一〇年創辦柏林大學時所做出的宣示。那聽起來一點也沒有戰爭味。就許多方面而言，一八〇六年以後的柏林仍舊是《巴塞爾和約》生效期間的同一個柏林。同樣的文藝與政治沙龍一如往常那般地繼續蓬勃發展，同樣的浪漫派詩人繼續賦詩寫作。就連對法國人的觀感也有異於日後愛國主義傳說中的渲染，並未全面出現同仇敵愾的態度。提奧多·馮塔納[11]出生的年代雖然較晚，可是當他漫步穿越布蘭登堡邊區的時候，仍舊有許多機會就近對健在的時代見證者進行訪談，於是得以在《風暴之前》那本小說裡面，細緻入微地呈現出一八一二／一三年之交的時代景象。

11 提奧多·馮塔納（Theodor Fontane, 1819-1898）是法國裔普魯士人，以及十九世紀最重要的德國作家之一。他成長於布蘭登堡邊區，有一本名著叫做《布蘭登堡邊區漫步紀行》（*Wanderungen durch die Mark Brandenburg*）。

例如書中有一段描述是，即便遲至一八一三年一月的時候，一名作戰負傷、剛出征俄國回來的「萊茵邦聯」軍官，仍可在一場柏林市文學發表會上，朗讀自己針對「博羅季諾戰役」的報導而博得滿堂彩，而法國的軍隊指揮官們在報導中扮演了英雄的角色。書中繼續寫道（那已是一八一三年初）：「當時在普魯士，尤其在該國首都的情況是那麼稀奇古怪，以致可以毫無顧忌地表達出此種偏愛，而絲毫不必擔心會招致反感。沒有人知道自己在政治上，更幾乎不曉得在自己的心中，究竟應該採取何種立場。因為正當三百名我方最優秀的軍官拒絕為『世仇夙敵』打仗，於是在戰爭爆發前夕投效俄國之際，他們的兄弟和親友卻以同等或者加倍的人數，在我方必須向『世仇夙敵』提供的輔助部隊裡面與他們對陣。我們主要是把自己看待成旁觀者，已經認清了俄國戰勝之後必定可為我們帶來的一切益處，因此希望俄軍獲勝。不過我們對庫圖索夫和沃龍佐夫的認同感還沒有強烈到那種地步，以至於會對法國的戰爭優勢做出負面描述——更何況我們無論心甘情願與否，自己也是法國戰爭優勢當中的一個突出部分。」

拿破崙確實曾於對俄戰爭爆發之前，在一八一二年初第二度逼迫普魯士締結盟約——從普魯士的角度來看是「逼迫」，因為它寧可作壁上觀；在拿破崙的眼中，則毋寧是賞給普魯士一次機會來彌補一八〇六年毀棄盟約的前愆，可謂在普魯士「服刑完畢」之後，特別恩准它成為次要夥伴。一八一二年法俄戰爭期間一個純粹幸運的巧合，使得約克將軍所率領一個軍的部隊僅僅由於被指派在波羅的海地區掩護側翼，於是躲過了拿破崙「大軍」從莫斯科撤退後所遭逢的大災難。這場大災難發生以後，約克將軍未經國王和政府批准，便於一八一二年十二月三十日在「陶羅根」與俄國的迪比奇將軍達成協議，脫離了法國人的戰爭。但他還沒有因此而加入俄軍的行列。過了不久，如今已在俄國擔任專員的斯坦因前來拜會約克，要求他公然更換結盟的對象。結果那兩個鐵頭宛如兩隻聳起背毛的公貓一般，相互厲聲斥責。約克斷然拒絕讓麾下一個軍的部隊——連同當時受其保護的東普魯士——放棄軍事中立，因為只有國王能夠決定戰爭與和平。斯坦因表示：自己將不惜動用俄國的武力。約克回答：那麼他不惜讓全軍披掛上陣，然後斯坦因將會曉得他跟他的俄國人應該何以自處！這個場景後來從未出現在普魯士的學校歷史教科書裡面。

有關戰爭與和平的最後決定，果真不是在東普魯士做出來的。國王親自做出了決定，但是決定得十分猶豫和勉強。腓特烈·威廉三世原本就不具備冒險性格，現在更早已是驚弓之鳥。一八〇七年的經驗始終令他耿耿於懷。當時他也跟沙皇結盟過，可是才一簽訂盟約，沙皇就覺得沒必要了，於是在提爾西特把它棄如敝屣。這種事情絕對不可以第二次發生在腓特烈·威廉的身上！更何況他對俄國的軍事優勢不完全有把握。彷彿當初保持中立時的想法一般，現在他又緊緊抓住同一個原則：在跟俄國和奧地利建立起牢固的同盟以前，絕不採取任何對抗拿破崙的行動。畢竟奧地利就像普魯士那樣，在名義上仍舊與拿破崙維持結盟關係。因此在一八一三年二月底，當克內瑟貝克將軍奉派前往俄軍位於「卡利什」的總部進行談判時，他最初接獲的指令僅僅是斡旋停火。

最後卻簽訂了同盟條約。或許克內瑟貝克將軍另有替代指令，可在俄方拒絕接受斡旋的緊急情況下，逕行簽訂盟約——但無法完全斷定的是，國王是否曾經明確地批准了該項替代指令。反正那原本並非國王的主意，實乃出自哈登貝格的策劃。哈登貝格此時做出的估算是，既然普魯士無論如何都會成為交戰地區，與俄國結盟的勝算較大，而且風險小於繼續跟法國維持同盟關係。自從拿破崙的「大軍」遭到毀滅以來，俄國在他眼中顯然變成了較強的一方。

國王對此表示懷疑。他堅持認為拿破崙的實力仍然比俄國和普魯士來得強大，至少要俄羅斯、普魯士、奧地利三國聯手才有辦法跟拿破崙一較高下。結果國王判斷正確。一八一三年上半年的戰事進展得很不順利，普魯士與俄羅斯的聯軍打輸了兩場戰役，等到在六月簽訂停戰協定的時候，兩國的同盟再度瀕臨土崩瓦解。沙皇的顧問們歷經了「呂岑」和「包岑」兩次會戰的敗績之後，認為應當以之前成功進行過的自我保衛戰為滿足，不妨讓《提爾西特和約》重新生效，然後撤軍回到俄國境內。假若此議成真的話，那麼普魯士必將陷入萬劫不復的境地。拿破崙對它第二次的變節行為肯定不會善罷干休。普魯士在一八一三年夏季已徘徊於生死之間。可是驀然又出現了一道希望的曙光。

那道希望的曙光，來自於奧地利藉著停戰機會所進行的武裝調停。然而法國與奧地利相繼在德勒斯登舉行的談判，以及在布拉格召開的和平會議，一度讓普魯士重新處於危急存亡之秋。因為拿破崙曾在會議中向奧地利的談判代表梅特涅提議，以普魯士為代價來換取全面和平：西里西亞交還給奧地利、西普魯士交給重建後的波蘭、東普魯士交給俄國，布蘭登堡則連同首都柏林市一起交給薩克森。大家都可以帶著自己的戰利品走出戰爭，只有普魯士將會一點也不留。拿破崙這麼做的用意不難理解：現在他打算抹除已經變節了兩次的普魯士，而重新獲得西里西亞一事，對奧地利來說想必誘惑力十足。但值得讚揚的是，梅特涅沒有咬下誘餌。梅特涅不光是從奧地利的角度來進行思考；他所想的事情，更是要重建歐洲的權力均勢。按照他的看法，普魯士乃其中的要素之一，而且法國必須退回到萊茵河後側。但由於拿破崙不願意那麼做，導致談判破裂。奧地利隨即加入戰局與俄國和普魯士一致行動，於是決定了戰爭的結果。在為期四天，從十月十六日持續至十九日的萊比錫「民族大會戰」中，拿破崙的軍事指揮藝術輸給了聯軍所享有的優勢。普魯士國王的觀點正確無誤：俄國與普魯士力有未逮之處，可以由奧地利過來加以補足。拿破崙的勢力從此遭到打破。萊比錫會戰結束後，大局已經底定。一八一四年的法國戰役，尤其是一八一五年拿破崙百日復辟期間短暫的比利時戰役，都只不過是蕩漾的餘波而已。

普魯士的西移

在此僅僅十分簡短地敘述了「解放戰爭」(Befreiungskriege)；即便那個題材本身就很適合寫成一本書，而且相關撰述早已汗牛充棟，我們這麼做的理由卻非常充分。我們所談論的對象是普魯士，而「解放戰爭」的性質有異於腓特烈大帝及其繼任者的戰爭，已經不是普魯士的戰爭。它是一場戰爭的最後一幕，而那場為時長達二十多年的戰爭是歐洲對抗法國大革命，以及拿破崙對抗歐洲之戰——普魯士在其中只不過扮演了次要的角色。對抗法國的真正急先鋒是奧地利、俄國，尤其是英國。他們都遠比普魯士作戰得更加長久、更加頻繁、更加果斷。普魯士在大多數的時候都保持中立，甚至還兩度與法國短暫結盟；它在一八〇六／〇七年那段奇特的插曲演變成一場災難，而它要等到最後一幕才登台扮演了有用的角色——但仍非主要的角色。它固然曾經冒著亡國的危險，並且戰鬥得非常英勇，多少挽回了在一八〇六年受到重創的軍事聲譽；可是對那些主要的戰勝國而言，它只不過是新來後到者和搭便車獲勝者，一直要拖到最後一刻才為共同的事業貢獻棉薄之力。在一八一四／一五年為重建歐洲秩序而召開的「維也納會議」上（會議中劃定的新國界將維持半個多世紀），普魯士很明顯地扮演了第二流的角色：它雖然看似與俄、奧、英、法等四大強權平起平坐，得到同樣尊重，但其實只是遭受強權政策處置的對象，而非共同處置者。它被允許跟著一起發言，而且各方都同意它重新享有一八〇六年蒙難之前的那種地位。可是它應該如何表現，以及在何處做出表現，那必須由其他的國家來決定。

普魯士與俄國在一八〇七年簽訂的短命盟約至少還明白規定出來，要恢復普魯士「一八〇五年時的領土範圍」；一八一三年的盟約則僅僅強調「與一八〇六年時類似的範圍和同樣強大的國力」。俄國從此不再願意把波蘭的核心地帶讓給普魯士；它自己想要擁有波蘭。只有西普魯士和波森獲准繼續留在普魯士，以便普魯士擁有連成一氣的國土，以及勉強還過得去的東部邊界。普魯士要求獲得薩克森王國來補償在波蘭的領土損失——薩克森是腓特烈大帝一向夢寐以求的目標，而俄國對此並無異議。可是奧地利還沒有忘記「七年戰爭」，因為那場戰爭開始於腓特烈圖謀併吞薩克森。奧地利堅決反對把薩克森交給普魯士，而這個問題一度使得同盟關係瀕臨破裂，「維也納會議」

已有失敗之虞。然後普魯士做出了讓步。[12]它感覺自己尚未強大到足以貫徹針對薩克森的要求，更何況它還缺乏堅持到底的意志。為了鞏固自己的生存，就必須與俄國和奧地利緊密組成三國同盟的定見，早已在一八一三年成為普魯士的國家座右銘，並且於隨後一個世代的時間內繼續如此。其他一切的利益關注都必須位居其下。

結果普魯士失去了波蘭的土地之後，在自己從未期待過的地區獲得補償，而且那個地區其實並不怎麼合乎它的心意：萊茵蘭。當地有待防禦的邊界始終被看成是安全堪慮；「萊茵河畔的守衛者」並不是一個值得羨慕的任務。如今融入普魯士的那些百姓，不普魯士化的程度已經到了無以復加的地步——中產階級、城市居民、天主教徒、長期以來習慣於接受教會治理，新近又適應了法國的統治。英國歷史學家泰勒認為，用萊茵蘭來補償損失的做法是一場惡作劇，被列強使用於耍弄倒楣的普魯士。至於德國最大的煤礦區就在該地，而且那裡有朝一日將成為德國最大的工業區，當時是沒有任何人能夠料想得到的事情。

等到普魯士離開「維也納會議」的時候，其領土的外觀已經改變得奇形怪狀，由分別位於東方和西方的兩大片土地共組而成：它們在地圖上的模樣，就彷彿米開朗基羅於梵蒂岡「西斯廷小堂」那幅著名的天花板壁畫當中繪出的天父和亞當那般，相互伸出了食指卻不接觸在一起。這種遭到撕裂的奇特國土形狀，非常貼切地象徵出普魯士不完全成功的重建工作、仍然黏附在它身上的半場敗仗，以及它走出拿破崙大劫難之際——儘管曾經有過一八一三和一八一五年時的表現——所獲得猶如兩面刃般的結果。如今它在上帝幫助下，再度成為一個地位還算重要、安全多少得到保障的國家。但它已不再是老普魯士，不再是昔日那個大膽自主、樂於冒險、特立獨行的小強權。它變得具有依賴性、被納入一個歐洲均勢體系，並且仰仗於其他更強大的國家——普魯士不但不敢脫離他們，反而還任由他們規定出它自己的疆域，而劃界出來的結果是普魯士所不曾爭取過的。那匹野馬受到了馴服，現在已被羈絆。

12 薩克森原本是神聖羅馬帝國的選侯國，一八〇六年底投靠拿破崙而被提升為王國（Königreich Sachsen, 1806-1918）。一八一三年萊比錫會戰後，薩克森國王遭到普魯士拘禁，薩克森被普魯士和俄國占領，薩克森王國則成為維也納會議中受處置的對象。俄國同意普魯士吞併薩克森來補償在波蘭的損失；奧、英、法三國則堅決反對。最後採取的妥協做法是：薩克森將百分之五十七的領土割讓給普魯士，並且重新成為王國。

第5章

三隻黑色的老鷹

Die drei schwarzen Adler

維也納會議結束後，戰勝國展開了復辟與反動時期。俄國沙皇、奧地利皇帝和普魯士國王締結了「神聖同盟」，藉此來反對侵略和革命，構成歐洲和平體系的權力基礎。

一八四八革命摧毀了維也納會議所建立的體系，並且終結了歐洲的復辟時期。普魯士在革命末期成為德意志各邦國諸侯的避難所，於是普魯士國王在一八四九年夏季創立「德意志聯盟」，一個由二十八位統治諸侯組成的邦聯。

奧地利終結國內的革命後，決定不顧一切地清理門戶和恢復「德意志邦聯」，並與俄國聯手逼迫普魯士解散「德意志聯盟」，意圖使得一切返回一八四八年之前的態勢。

但革命後的歐洲已不再是一個充滿和平色彩的國家共同體，各國都重新各自為政。克里米亞戰爭更使得奧地利與俄國反目成仇，「三隻黑鷹」的同盟隨之成為過去。普奧兩國從此都必須設法在德國進行「道德上的征服」。

一八一五年以後的數十年間，呈現在世人面前的是個不一樣的普魯士。十八世紀的普魯士既進步又好戰，而且思想自由，是一個「啟蒙運動時期的國度」。拿破崙時代至俾斯麥時代之間的普魯士則反動、和平、強調基督教義，是一個「浪漫主義時代的國度」。

不過話要說回來，此刻剛展開的整個年代正好洋溢著浪漫和反動的風格。就此意義而言，普魯士再度忠於自我，一如既往地與時代精神齊頭並進。它同時也延續了老普魯士的作風，不光是與時代精神齊頭並進而已，簡直還像是列隊行軍——宛如一個連的部隊那般地在操練場上齊步行進，但剛起步的動作是整齊劃一的「向後轉走」。

世紀更迭之際的普魯士已經準備由上而下仿效法國大革命，等到普魯士戰敗之後，更於一八〇六至一八一三年之間在許多方面認真地推行了相關措施。但正如我們已經看見的，改革工作即使在當時也遭遇到激烈的內部反抗。擊敗拿破崙之後所獲得的勝利，同時也意味著那股反對勢力的勝利。

我們必須曉得，在歐洲出現重大危機的年代，國內政策與外交政策很難切割清楚。直到一八一三年為止，普魯士都設法在這場危機中保持中立，而且無論到底是否心甘情願，它甚至曾經兩度與法國短暫結盟。此外它更順應形勢，以自己的方法來吸收汲取現代化的法國理念，並將之轉換為改革政策。如今它在關鍵性的最後一刻，卻還是加入舊勢力的反法同盟，並且跟著一起獲勝。這個勝利使得改革派頓失所依。只要法國還繼續打勝仗，其理念就會顯得銳不可當；可是等到舊勢力獲勝之後（而普魯士如今亦為其中的一員），舊觀念又重新大行其道。看來還是舊的想法比較牢靠。甚至連法國也忙不迭地把波旁王朝迎接回來。普魯士本身固然無需讓霍恩佐倫家族復位，可是它已經不想跟改革有任何瓜葛了。

但相當令人吃驚的是，大多數的改革措施並未立刻遭到廢除。只有一開始就進展得不怎麼順利的農民解放，在一八一六年大部分被取消。關於城市自治和就業自由的規定照樣生效；而且——至少是在紙面上——資產階級與貴族的法律地位依舊平等，猶太人可以繼續享有同等的公民權利。普遍徵兵制這種新推出的軍事措施，則甚至遲至一八一四年才正式開始施行，畢竟在被占領的年代只能偷偷摸摸地那麼做。隨後幾年內並且對國家疆域和政府機關進行大規模的重組、成立國家教會以及國務委員會。從一八一五年開始，國王的腦筋更不斷繞著一個「民意代表機構」打轉，熱熱鬧鬧喧騰好幾年以後，才終於在一八一九年打消這個念頭。自一八一八年起並且停止徵收國內關稅，還先後設置了「省三級會議」和省議會。

不一樣的普魯士

漢斯—約阿希姆・舍普斯這位歷史學家，是復辟時代「另一個普魯士」的辯護者，曾立論強調普魯士在當時創造出來的「前立憲」狀態。我們大可接受他的這個稱呼：與十八世紀的君主專制相形之下，一八一五年之後分層負責、嚴格按照職權範圍來設置機構的普魯士官僚國家，顯得幾乎像是一個憲政國家。然而正如同一位萊茵地區的自由主義者在一八一八年所言，那許許多多替君權效勞的國家機構，「無法讓統治者看見國民的影子。沒有任何東西大得足以和統治者分庭抗禮。」

但不管怎麼樣，普魯士的國家組織自從在一八一四至一八一九年之間——亦即在鞏固整頓和「逆向改革」的那些年頭——定形下來以後，繼續維持了一百年的時間，而且其條理分明、井然有序和一目了然的風格令人印象深刻。做出最後決定的核心人物固然還是國王，但他的旁邊如今多出一個責任內閣，以及一個性質類似「上議院」的國務委員會，由王室成員、各部部長、各省省長、各軍區指揮官，以及國王委任的三十四名成員共同在其中參與立法。除此之外，十個（稍後合併為八個）省分[1]在省長的領導下，劃分為一些行政專區，而每個行政專區又劃分為若干縣級單位；每個省分並成立由三個「等級」——貴族、市民、農民——所組成的省議會。與之平行設置，但獨立運作的司法機構，同樣劃分為三級：地方法院、區域法院、省高級法院。獨立運作的軍方單位也被平行設置：每個省分由一位軍區司令指揮「軍管區」、在每個行政專區設有「師管區」，而每個縣分則有一個「團管區」。除此之外，地方教會亦依此原則平行設置，於是有地位類似省長的「省級主教」，以及相當於行政專區主席的「教區牧師」。

對此必須做出較詳細的說明，因為它是普魯士歷史上全新出現的事物。十八世紀的古典普魯士是個非常世俗化的國家，一個在啟蒙運動時代以「無所謂」態度來寬容所有宗教信仰的國家。復辟時代的普魯士卻打算成為基督徒的國家，應「官方」要求而變得虔誠，甚至還設置了一個形同國家教會的機構——「普魯士聯盟」——國王則以最高主教的身分，迫使喀爾文教派和路德教派加入一個共同的教會組織。由於二者的信條差異頗大，必須組成「教儀聯盟」，結果那個共同的教會組織裡面包含了共同的教會當局、共同的神職人員、共同的宗教監督機構，以及共同的宗教儀式程序。關於最後一點，所謂的「禮拜儀式」，曾經出現過沒完沒了的糾紛，以致國王必須多次親自出面調停。在新近加入普魯士的萊茵蘭，也首度出現了與天主教會的嚴重衝突，而那特

1　普魯士王國在十九世紀的八個省分為：布蘭登堡、波美拉尼亞、西里西亞、波森、普魯士、薩克森、西發利亞，以及萊茵省（一八六六年以後又增加了：什列斯威—霍爾斯坦、漢諾威、黑森—拿騷）。

別是因為當地抗拒異教通婚的緣故。國王本身支持異教通婚。他巴不得能夠組成一個「普世合一教會」，一個全體基督徒的教會——不同的教派在其中可謂僅僅是「信仰上的省分」。他也想要寬容，但已不再像腓特烈那般地出自對宗教的無所謂，而是基於兄弟之間源自泛基督教信仰熱忱的相互容忍。

這種由國家新規定出來的宗教虔誠當中固然隱藏了許多政治因素（基督教義成為國家的意識形態），但也蘊涵著濃厚的浪漫主義色彩。德意志浪漫主義不僅是一個文學流派，同時亦為一種政治意識形態，而柏林早在世紀之交即已成為其大本營一事，並非出自偶然：它是反啟蒙運動的意識形態，回頭訴諸心靈的力量來抗拒理性的要求。法國大革命曾經把古羅馬拿來做為自己的榜樣——起先是羅馬共和國，然後是羅馬帝國。復辟的勢力意圖消除法國大革命，於是設法透過浪漫主義來喚回中世紀，重建基督徒的國王、騎士制度，以及諸如效忠和扈從之類的封建社會「情感價值」。那三個盟邦當中又以普魯士進行得最為起勁，它自己沒有過中世紀的傳統，如今可謂是設法迎頭趕上。海涅在其中卻只看見了令人起反感的虛偽：

> 我不相信這個普魯士，這個高傲自大、故作虔誠的丘八英雄——胖肚子、大嘴巴、手中拿著士官的體罰棍，在用它打人之前還先蘸一下聖水。我不喜歡這種帶

有哲學意味和基督教義的軍人作風，這個由白啤酒、謊言和沙土[2]所組成的光怪陸離混合物。這個普魯士令我作嘔，令我深深作嘔；這個硬邦邦、假惺惺，而且又道貌岸然的普魯士；這個列國當中的偽君子。

我們必須承認，這個很晚才變得虔誠的國家，在新皈依者的熱情當中呈現出既脆弱又緊繃的一面。它是一架結構完美的國家機器，經過某種程度的「人工呼吸」之後，心裡洋溢著對中世紀基督徒天地的浪漫主義憧憬——於是每當軍方舉行校閱大典時，都先由軍樂隊演奏出《我祈求愛的力量》那一首聖歌讚美詩來展開序幕。[3]這固然有些奇特，可是「虛假」和「偽善」之類的指責未免失之偏頗。普魯士新出現的虔誠作風固然是一種「刻意的虔誠」，卻虔誠得非常認真。普魯士不只是擁有稍嫌人工化、略帶強迫性的「普魯士聯盟」這種新的國家教會而已。那裡更出現了完全非官方、自動自發、訴諸內心的「虔信派」覺醒運動，使得許多波美拉尼亞的莊園在一八三〇和四〇年代成為供私人懺悔與祈禱的場所。我們不會把展露出這種浪漫主義虔誠情懷的作品稱做

2 「白啤酒」（Weißbier）乃柏林市特產的一種小麥啤酒（攙入濃縮果汁後飲用，所以實際上可以是任何顏色）；「沙土」則來自「德意志民族的神聖羅馬帝國之吸墨沙盒」。

3 德國軍樂隊於檢閱儀式上演奏《我祈求愛的力量》（*Ich bete an die Macht der Liebe*）之傳統一直延續至今。

「虛偽」——諸如波美拉尼亞畫家卡斯帕·大衛·弗里德里希的圖畫，以及西里西亞詩人約瑟夫·馮·艾興多夫的詩篇（他本人是普魯士政府高級官員）。令人作嘔嗎？這種遲來的願望反而以奇特的方式引人入勝，因為那個人工化的國家基於國家至上原則，希望給予自己一個靈魂。

復辟與反動

普魯士的做法並非獨樹一幟。一八一五年九月，俄國沙皇、奧地利皇帝和普魯士國王締結了「神聖同盟」。那是一個內政與外交上的同盟，著眼於反對侵略和革命，並使得他們的三個國家成為「同一基督徒國度的成員」。基督教義也在這裡成為政治上的黏著劑，儘管事實上俄國沙皇信奉東正教、奧地利皇帝信奉天主教，而普魯士國王信奉新教。一種未加闡明、普世合一的泛基督教義，於是成為「神聖同盟」的共通意識形態，其情況正如同普魯士於腓特烈·威廉三世時代的國家意識形態。這「三隻黑鷹」的同盟在宗教上的矯揉造作，早已飽受冷嘲熱諷——不僅反對者這麼做，甚至當事人也一樣，像梅特涅便稱之為「響亮的空話」。不過就連梅特涅也十分認真地看待同盟本身，結果它構成了歐洲和平體系的權力基礎，而那個體系是由梅特涅自己在「維也納會議」中創建出來的。普魯士國王對此更是認真看待。他在一八三五年的政治遺囑中告誡自己的繼任者：「不要疏於運用你最大的力量，來促進歐洲列強的和諧相處。尤其重要的是，普魯士、俄羅斯與奧地利永遠都不應該相互分離；其協同一致可被看成是歐洲大同盟的基石。」

做一對比，腓特烈大帝一七七六年政治遺囑的結尾部分是這樣的：「只要我國尚未在更大範圍內成為一個整體，以及獲得更好的疆界，統治者就必須永遠保持警戒、提防他們的鄰居，並且隨時做好準備以便抵擋敵人的惡意打擊。」

我們不可能再想像出更加鮮明的對比。一八一五年時的普魯士依舊沒有連成一氣的國家疆域，同樣還是缺乏利於防守的邊界。腓特烈．威廉三世從中得出的結論，卻與其偉大的前輩恰恰相反。腓特烈大帝的結論是，普魯士必須進行擴張，他並要求自己的國家「一切都必須充滿著力量、韌性，以及生命的朝氣」。腓特烈．威廉三世的結論則為：普魯士必須謙卑自持，而且其安全有賴於跟一個「歐洲大同盟」——特別是跟俄國和奧地利——的團結一致與攜手合作。

腓特烈大帝非常膽大妄為的政策最後幸運收場，而腓特烈．威廉三世即位的最後二十五年也同樣福星高照。在復辟與「神聖同盟」的那些年頭，其鄰國當中既沒有敵人，也沒有誰在籌劃「惡意的打擊」。普魯士已經得到接受——亦可稱之為：已經抵達目的地。普魯士也接受了自己在「維也納會議」中被指派的角色，雖然那並非什麼特別了不起的角色。但普魯士如今——首度在其歷史上——被普遍公認為歐洲最具影響力的五強之一，即便不難看出它名列第五。在「三隻黑鷹」那個範圍較狹窄的保守同盟裡面，亦即在歐洲新秩序的支撐者和擔保者當中，普魯士雖然享有同等權力和受到同樣尊重，可是它在俄國和奧地利兩大巨無霸旁邊擺明只能排行第三。至於在「維也納會議」創造出來取代已覆亡帝國的「德意志邦聯」，奧地利彷彿理所當然地固定擔任主席國，普魯士則非常謙卑明理地樂意扮演「永遠的老二」這種角色。在一代人的時間內（從一八一五年到一八四八年），普魯士置身一個和平體系之內，成為一個愛好和平的國家。它在這個和平體系裡面所扮演的角色，相當類似於德意志聯邦共和國今日在「歐洲共同體」和「北大西洋公約組織」的地位。

如同今日的歐洲共同體和北約組織，「維也納會議」所創造出來的歐洲體系是一個國際共同組織。戰爭應該被排除在那個共同組織之外，而且果真在很長的時間內遭到了排除。它成為一種和平規範。歷經二十多年戰爭時期所帶來的可怕動亂與苦難以後，和平曾於整整一個世代之內，名副其實地變成所有歐洲國家的最高福祉，以致他們樂意讓自己的個別利益退居幕後。奧地利不再要求西里西亞的所有權、法國願意放棄萊茵河邊界，而普魯士也不再因為自己東邊的舊領土與西邊的新領土遭到撕裂，於是覺得有推動「土地調整政策」的必要。除此之外，「維也納會議」的和平體系有別於今日的歐洲共同體和北約，所涵蓋範圍是整個歐洲。一八一三和一八一五年的戰勝國十分通情達理，讓戰敗的法國加入由他們所創建的歐洲體系，被安排成為地位平等、受到同樣尊重的夥伴。他們在和平時期延續自己於戰時的齊心協力，甚至還透過意識形態來加以鞏固，於是那個和平體系不像今日和平體系這般地製造出歐洲分裂，反而帶來了團結。這一切加總起來，便形成一個意義重大，此後再也難以企及的政治成就。我們因而不妨也正視其優點並且設法領略其難能可貴之處，而非只是著眼於最後導致其瓦解的那些弱點——更何況它是過了一個世代之後才告瓦解。

它的弱點源自於某種理念上的盲目性。一八一五年的和約，是許多個國家之間的和平規範。「維也納會議」所極力爭取並且加以實現的目標，就是要儘可能建立一種完美的權力均勢，而它應該——如同威廉・馮・洪堡使用於稱讚「德意志邦聯」的講法——「透過內在固有的重力」自動保持平衡。當初劃定各國邊界以及平衡強權勢力範圍的那種方式，使得任何企圖透過戰爭來改變現狀的做法都會得不償失和難獲成功。結果一八一五年的和平規範確也從未受到國際衝突威脅，最後導致它在一八四八年傾覆的原因並非戰爭，而是一場革命。

不過那場革命打從一開始就構成了威脅，而當腓特烈・威廉三世國王談論起一個

「**歐洲大同盟**」的時候（其「基石」就是俄國、奧地利和普魯士這「三隻黑鷹」的盟約），便以這個起初會令人納悶的用語直搗問題核心。一八一五年建立起來的歐洲國際體系果真是一個同盟——但它有異於傳統的方式，並非由一個國家集團對抗另外一個國家集團，而是由一切自認為受到革命威脅的國家，為了對抗革命才共同組成的同盟：所抗拒的對象是起先遭到法國大革命喚醒，之後又隨著反抗拿破崙的戰爭而被釋放出來的各種民族主義、民主主義和自由主義勢力。各民族開始意識到自己的國家認同，並且要求建立民主的民族國家；新興的中產階級則希望獲得自由的憲法。「維也納會議」對這些勢力和願望不予理會，而且必須不予理會，否則便無法建立完美的權力均勢，以及促進各國之間的團結來鞏固國際和平。換取這種國際和平的方式，講得誇張一點就是：在各國與各民族之間持續進行一場靜悄悄的戰爭。

但那並非對抗所有的民族，也不是對抗全體的百姓。百姓們同樣對戰爭深感厭煩，並且起初也曉得珍惜重新建立起來的和平。無怪乎一八一五至一八四八之間的年頭被稱作「畢德邁爾時代」。[4]可是雲淡風清之間已隱然隆隆作響，而且悶雷在那整個時期響起得日益頻繁。剛開始還僅僅是一場學生暴亂，後來則成為傳遍各地的資產階級反抗運動，接著在一八四八年突然演變成一場全歐洲的革命。民族主義運動固然最後摧毀了「維也納會議」所建立的歐洲體系，但那個運動並非一蹴而就的事情。最先只有義大利人和波蘭人受到鼓舞，隨即又加上比利時人、匈牙利人和德國人，接下來更別說是奧地利皇室統治下的各種斯拉夫民族了。無論如何，復辟時期雖然表面上看似乏善可陳，它的歷史卻同時也是一個緩慢醞釀過程的歷史，一場民族主義和自由主義的革命就在其間不聲不響變得日益強大，最後終結了歐洲的復辟時期。

我們必須從這種雙重背景來看待那個時期的普魯士歷史。其間引人注目的事情是：雖然普魯士處心積慮，甚至熱情萬分地投入「歐洲大同盟」來對抗革命，它卻完全身不由己，甚至違背自身意願地始終一腳踏在對方的陣營。無法完全忘記和難以磨滅的事實是，普魯士在拿破崙時代至少曾經對法國大革命的理念擠眉弄眼，更何況斯坦因與哈登貝格的許多改革措施，即便到了此刻也還沒有遭到撤銷。

尤有甚者：普魯士現在依然——剛好是現在又一次地——擁有奇形怪狀、遭到撕裂的疆域。而同樣還沒有全然遭到遺忘的是，普魯士由於領土形狀非常不理想，於是在它迄今的整部歷史上，都一直留意於土地調整政策和擴張政策。不管它如今再怎麼真心誠意地改弦更張，還是沒有人會完全信以為真。

4 畢德邁爾時代（Biedermeierzeitalter）泛指德境各邦在那些年頭的恬靜生活方式，以及中產階級遁入田園風情的文藝形式。「畢德」（bieder）大致意為「無趣」或「天真老實」；「邁爾」（Meier）則有「張三李四」之意。

此外還有如今正在緩慢成形的德意志民族運動，而它對普魯士來說不僅是一種危險，同時也是一個大好機會。對奧地利那個多民族國家而言，這種民族主義運動則純粹是炸藥。德意志民族運動卻可以對普魯士產生誘惑：儘管普魯士仍然擁有波蘭少數民族，但已經不再是雙民族國家，而是一個主要由德國人組成的國度——唯一幾乎純粹德意志的強權。復辟時代的不少德意志民族主義者，像是施瓦本人菲澤爾以及黑森人加格恩，[5]早在一八四八革命之前就已經鼓吹由普魯士出面領導德國了。但普魯士官方當時對此仍然不理不睬，公開表達這種意見者如果是普魯士國民的話（例如阿恩特、雅恩，或者施萊爾馬赫），甚至還會受到騷擾和迫害。

畢竟在一八二〇和三〇年代「追捕煽動者」的行動中，[6]普魯士曾經是很不光彩的急先鋒。許多受迫害的「煽動者」是自由主義派的德意志民族主義者，對未來的德意志中產階級民族國家滿懷憧憬——他們雖然把希望寄託於普魯士，卻無法因此在普魯士的官府和法庭為自己帶來任何好處。普魯士意識到其中所暗藏的誘惑，於是以雙重的頑強決心，既對所謂的「德國使命」，又對本身的自由主義過去做出抗拒。結果普魯士於腓特烈．威廉三世在位的最後二十年，為自己贏得了「進行新聞檢查的警察國家」這種惡名。但說來奇怪的是，普魯士也在同一期間內經歷了頗為可觀的文化蓬勃發展。當海涅和格勒斯由於普魯士的新聞檢查——甚至普魯士的逮捕令——而必須逃亡之際，辛克爾與勞赫正在美化柏林，[7]孟德爾頌則發現了巴赫的《馬太受難曲》。「畢德邁爾時代」的普魯士學術生活也呈現出雙重面貌。柏林大學從未有過較此時更加名聲響亮的師資陣容：黑格爾和謝林、薩維尼和蘭克，但與此同時，卻有數百名大逆不道的學生消失在要塞監獄的圍牆後面。柏林市的各個沙龍自從在拿破崙時代首度經歷了全盛期以來，如今依舊人文鼎盛。那是普魯士歷史上的一個怪異階段，可稱之為「白銀時代」：優雅之中的停滯不前、霉味四溢的恬靜風情——一派太平盛世的景象，就連它那著名的軍隊也躺在勝利桂冠上面呼呼大睡。等到一八六四年攻占「迪伯爾塹壕」

5 菲澤爾（Paul von Pfizer, 1801-1867）是符騰堡王國的政治人物，以及一八四八革命期間「法蘭克福國民議會」成員。加格恩（Heinrich von Gagern, 1799-1880）則為法蘭克福國民議會第一任主席（任期：五月至十二月），一八四九年四月曾隨國民議會三十二人代表團前往柏林，懇求普魯士國王腓特烈・威廉四世接受德意志皇冠，但遭到拒絕。

6 德意志邦聯在一八一九年九月通過《卡爾斯巴德決議》（Karlsbader Beschlüsse），從此監視大學教育、限制言論與出版自由，並且禁止自由主義者和民族主義者就業……——史稱「追捕煽動者」（Demagogenverfolgungen）。

7 詩人海涅（Heinrich Heine, 1797-1856）流亡法國，最後卒於巴黎。格勒斯（Joseph Görres, 1776-1848）是萊茵蘭的教師和出版家，其《萊茵信使報》（*Rheinischer Merkur*）因鼓吹德國統一而遭查禁，他本人於被逮捕前夕逃往境外，最後卒於慕尼黑。辛克爾（Karl Friedrich Schinkel, 1781-1841）是多才多藝的普魯士建築大師。勞赫（Christian Daniel Rauch, 1777-1857）則是十九世紀德國最著名的雕塑大師。

以後，[8]在柏林市「菩提樹下大街」發射勝利禮砲慶祝之際，已經沒有人曉得究竟應該發射多少響禮砲了。

在這些「平靜的年頭」發生的事件雖然很少，卻出現許多改變。一八一五年時的普魯士幾乎還純粹是一個農業國。接下來的三十年內，製造業與工業已獲得長遠發展，城市裡面出現的不只是依靠宮廷和政府過活的中產階級，同時也形成了無產階級。一八三〇年代的時候，第一批火車開始在普魯士行駛。關稅壁壘也在那些年頭遭到撤除，德境大部分地區已加入由普魯士主導的「德意志關稅同盟」，開啟了貨物自由流通的先河。隨著貨物的流通，各種理念也相繼傳播開來——諸如有關公民自由和國家統一等等喧騰一時的新理念。說來矛盾的是：一八一三年以前，普魯士官方的改革意願面對依舊完好無缺的農業封建社會結構，幾乎陷入癱瘓。一八一五年之後已經發展出一個喊著要改革的新社會，現在卻換成政府再也不想跟改革有所瓜葛，甚至執拗地反對任何創新。「執拗」一詞特別適用於日趨老邁的腓特烈．威廉三世國王。他在人生的最後幾十年內已成驚弓之鳥，由於各種令人震撼的經歷而日益僵化。他一如既往地熱愛和平；但隨著年事漸高，其「不受打擾的需求」已增添了既嚴峻又拒人於千里之外、墨守成規和死氣沉沉的作風。人們對一八四〇年時的王位更迭引頸期盼已久；新君的即位確也帶來了改變——但出現改變的地方其實不在於政治本身，而是政治的氛圍。時序已從陰鬱的冬日進入了「三月前」時期。9

普魯士與「德意志聯盟」

詩人海涅曾經針對這位新國王，腓特烈．威廉四世，寫出了一首友好的諷刺打油詩（如同我們已經看見的，海涅絕非普魯士之友）：

我有些鍾情於這位國王；
我認為我們倆有一點相像。
具備高尚的心靈、多才又多藝。
啊我，我會是一個糟糕的君長。

8 迪伯爾（Düppel/Dybbøl）位於北什列斯威，乃一八六四年德意志邦聯對丹麥作戰時的主戰場所在地。普魯士軍隊在四月十八日攻下迪伯爾塹壕（Düppeler Schanzen），決定了德丹戰爭（「普丹戰爭」）的結局。

9 「三月前」（Vormärz）即德境在一八四八年三月革命之前所處的時期。關於其開端有兩種講法，廣義的開始時間是一八一五年「維也納會議」，狹義的開始時間則為一八三〇年「法國七月革命」。

這種性格描述並不離譜。腓特烈・威廉四世果真具備高尚的心靈、多才又多藝——尤其是過人的口才，而且他曾多方面加以運用。他的父親從未公開發表過演說，即便在進行私人談話的時候，通常也只是喜歡說出不定式的動詞和不完整的句子而已（例如「一切都明白。真煩。」）。做兒子的人卻在登基大典上，立刻用宛如佈道般的長篇演說讓臣民們大吃一驚，緊接著在加冕典禮時又來了一次，而且隨後還在任何可資利用的場合繼續如此表現。他希望成為一位「親民」的君主，同時更甚於他那位理智清醒的父親，在心中充滿了既神祕又浪漫的「君權神授」概念，以及對當代立憲政治的深惡痛絕。他曾經不時表示，歐洲各地的憲政土壤都「澆灌了泉湧的鮮血」，「德國完全有賴於奧地利和普魯士的同盟，才得以將那一隻齜牙咧嘴的野獸關在籠子裡」。

但如果有人根據這種強硬的言論，於是把他判定成一個冷酷無情的暴君，那可就大錯特錯。腓特烈・威廉四世生而性格溫柔、和藹可親，而他最喜歡的戰鬥方式就是擁抱。他總是希望透過人情味和善意來解除敵手的武裝，在那麼做的時候甚至往往違反了自己的真實信念——接著又因為不被領情而大失所望和深感憤怒。他一即位就全面大赦遭到定罪的「煽動者」，並且平反受迫害的教授和新聞工作者。這位普魯士國王甚至還接見過一位激進派的革命詩人，格奧爾格・赫爾韋格，並且當面告訴他：「我喜歡充滿個性的反對派。」格奧爾格・赫爾韋格卻沒有因此而被爭取過來。

結果正是這種性格損上了一八四八革命，而此衝撞就在一八四八至一八五〇年之間，決定了普魯士於此三年騷亂時期的奇特歷史發展。

至少之前整整兩年內已可察覺革命正在迎面襲來，而腓特烈·威廉四世很早便嘗試按照他自己的方式，透過半讓步的措施加以釜底抽薪。一八四七年初，國王主動召集了一個性質類似國會、由全國各地「省三級會議」所組成的「聯合省議會」。可是他在致開幕詞的時候，馬上就對那個善意姿態大打折扣，因為他表示：世上沒有任何力量能夠強迫他把議會改造成一個符合憲法規範的常設機構。他的妹夫，沙皇尼古拉一世，對此評論道：「奇怪的新政體，國王批准了一部憲法，卻否認那是憲法。」聯合省議會表現得不聽使喚，於是在同年秋天又被無情地解散。要求「定期性」召開議會的呼聲，從此變成革命口號。國王的友好姿態已經撲了個空。然而當時最具影響力的國王顧問拉多維茨，卻又有了一個新的想法：「國王必須在德國和通過德國來贏得普魯士。」

其實國王一直準備這麼做。他早在登基之初就已經向梅特涅提議過，希望「與奧地利的皇權齊心協力來提升和榮耀我們尊貴的德意志祖國，藉此在歐洲心臟地帶組成一個活力充沛的團結整體。」梅特涅始終以推拖和排斥的態度來對待類似問題，而這回也還是採取同樣的處理方式。腓特烈·威廉四世在百般無奈之下，只得聽從拉多維茨的建議，不理會奧地利而逕自行事：他打算在波茨坦召開一個德意志諸侯會議，以便將「德意志邦聯」改造成一個聯邦國家，擁有自己的陸軍、海軍、關稅同盟、聯邦法院和新聞自由——但不可忘記的是，一切都必須來自上面的恩賜。最後等到法國和義大利已經爆發了革命，維也納和柏林的局勢變得日益緊迫之際，國王甚至承諾了他自己最難接受的東西：一個由各成員國的「三個等級」所組成的聯邦議會，亦即在普魯士也以上帝之名成立一個常設的「聯合省議會」。一八四八年三月十八日舉行的一場集會上，公開宣讀了國王關於那整套方案的文告。但柏林市就在這個節骨眼爆發街頭戰鬥。[10]

我們必須曉得先前的這段歷史，才會有辦法理解國王在革命那些日子當中的舉措：下令軍隊撤出革命爆發後的柏林、親自掛著黑紅金三色的臂章騎馬穿越柏林市區、發表《致我親愛的柏林人》那篇文告，以及「普魯士從此將融解於德國之中」那句名言。這不光是因為他嚇破了膽，而且不想看見血的緣故。他的軍隊向他「親愛的柏林人」開火一事，固然會令他聽得大為震驚，但最重要的還是，那一切對他而言顯然出自可怕的誤會：他早已主動完全恩賜了——或者幾乎完全恩賜了——他的子民們現在打算藉由叛亂和暴力強迫他交出的東西！

他現在已經變得不知所措，原本透過國王的慷慨姿態即可完成的事情，如今卻已非他所能控制。柏林市在整個夏天都落入「民防隊」手中、一個激進的普魯士議會正在制定一部激進的普魯士憲法、一個未經各邦君主召集的德意志國民議會已在法蘭克福開議，而國王必須吞下屈辱。但與此同時，到了一八四八年夏天，革命的氣數已盡。大體而言，革命總是在若隱若現之際，比真正發生以後來得更加強有力。而一切革命行動的運勢，在最後關頭都取決於是否擁有武裝力量。普魯士軍隊雖然在三月的那些日子裡面，奉國王之命撤出了柏林，但它仍舊緊緊掌握在國王手中；時序入秋以後，他們又奉國王之命重新開回柏林。軍隊不再遭遇任何抵抗。議會則被迫閉幕並被移置到哈弗爾河畔的布蘭登堡市，然後遭到解散。普魯士的革命已告結束。國王再度全面掌握大局。

但引人注目的是，接著並沒有立刻進入反動與鎮壓的階段。腓特烈・威廉繼續忠於自己既溫柔又頑固的奇特個性；他非但不採取任何報復行動，反而想成為一個寬宏大量的勝利者。現在既然再度有辦法放手行事，於是他認為時機已經到來，可以大張

10 當天在王宮廣場向百姓數千人宣讀方案的時候，軍隊突然逼近並響起槍聲，不久便爆發了街頭戰鬥（共一八七人死亡）。腓特烈・威廉四世國王隨即在三月十九日發表《致我親愛的柏林人》文告，呼籲柏林市民恢復秩序，並下令軍隊撤出柏林。接著他在三月二十一日掛著代表革命的黑紅金三色臂章騎馬穿越柏林，並宣示：「普魯士從此將融解於德國之中」。

旗鼓將自己的三月方案付諸行動：在普魯士運用國王的全權，主動頒布百姓本來企圖強迫他推出的憲法；接著於普魯士領導下統一德國——那絕非透過人民的力量，而理所當然應該是由各個邦國的君主加以完成。

對腓特烈·威廉和他的謀臣們來說（後者現在完全來自親政府的保守派貴族與官員階層），在一八四八年秋季所面臨的問題是：普魯士必須讓自己被德意志資產階級革命利用呢，還是能夠反過來利用革命？它必須成為一個資產階級議會制的國家呢，還是能夠在憲法方面做出一些讓步之後，既維護自己的本質同時又馴服國內的資產階級？它果真必須「融解於德國之中」嗎，或者它能夠主宰德國呢？

普魯士在一八四九年的時候，起初都能夠針對上述問題採取有利於自己的做法。到了一八五〇年，它曾在幾個月的時間內，幾乎像二十年後那般地稱霸德國。可是二十年後成為常態的事情，卻在做出這第一次嘗試的時候失敗了。一八四九／五〇年時的普魯士德國政策，已經成功攔阻德意志的革命風潮、加以主導，並且將之轉換成普魯士的優勢。它所未能成功實現的事情，則是設法藉此完全脫離「三隻黑鷹」的同盟。一八五〇年的時候，普魯士並沒有敗在德國手中，而是輸給了自己的老夥伴、對手與敵人：奧地利和俄國。

國王先是在一八四八年十二月五日發布王室公告，授予普魯士一部憲法。這一部

「強加的」憲法略經修改之後，直到一九一八年都還繼續有效，而且其內容相當符合當代自由主義者的要求。它保障各種基本人權、司法獨立、出版與集會的自由，以及透過自由選舉產生的下議院——選舉的方式起初甚至是全民普選。深受惡評的普魯士三級選舉制，則是下議院過了幾年以後自行通過憲法修正案所引進的，而且從時人的觀點來看並無不尋常之處。即使在英國、法國和其他議會立憲制國家，當時也還理所當然地認為，選舉權必須與特定的財產和收入條件——亦即與「人口普查」——結合在一起。至於經由三級選舉制產生的普魯士下議院，那也並非一個聽命行事的應聲蟲國會：在一八六〇年代的時候，自由主義者固定在其中構成多數，並曾於著名的「憲政衝突」中（那將是下一章所談論的對象），導致一位普魯士國王處於退位邊緣。

但那仍然是未來的事情。反正此時普魯士的革命已經結束，那部「強加的」憲法也重建了國內的和平。普魯士得以轉而面對德國，以及國王在三月十八日革命爆發之前幾個小時所公布的德意志統一方案。此方案著眼於一個德意志聯邦國家，由各邦國的統治諸侯共同協議組成——它絕非一個人民的國家，這對腓特烈．威廉四世而言是個關鍵性的差異。

如果我們設身處地想像一下他的觀點，便可體會他為何必須在一八四九年四月，拒絕法蘭克福國民議會向他奉上的德意志皇冠。假若收下那頂皇冠的話，將意味著他自己站上了德意志革命的頂端——而且是在他剛剛才平息普魯士的革命之後。那是腓特烈·威廉四世最不可能接受的事情。但是他也想要德國的統一，而且是在普魯士領導下的統一；只不過那應該是一種反革命的，而非革命的統一。在一八四八年初的時候，他意圖藉由一個諸侯同盟來防堵德意志革命；一年以後則是計劃藉此終結德意志革命，就如同那一部強加的憲法結束了普魯士的革命一般。

一八四九年五月法蘭克福國民議會遭到解散後，在薩克森、巴登和普法爾茨出現的最後一波革命浪潮，為此提供了大好機會：應那些陷入絕境的統治諸侯之請，普魯士軍隊掃平了當地的動亂——在某些地區，尤其是在巴登，進行得非常粗暴，以致巴登的「拉施塔特」直到今天都還沒有忘記普魯士的臨時軍事法庭。[11] 但不管怎麼樣，普魯士的部隊如今駐紮在薩克森、黑森和巴登；普魯士看似有辦法以勝利者之姿決定德國的統一方式，而這種機會是革命本身所無法給予的。一八四九年夏季，普魯士國王創立了「德意志聯盟」，一個由二十八位德意志統治諸侯組成的邦聯——他們無論自己喜歡與否都不得不加入。對革命的恐懼依然深植於他們每一個人心中，而已經平定本國革命的普魯士顯然是唯一的避難所（至少是最安全的避難所），於是得以開出自己的條件：一個聯盟國家、一支聯盟軍隊，以及一部聯盟憲法。只有巴伐利亞和符騰堡不曾加入聯盟；這兩個南德王國覺得本身力量已夠強大，而且強烈反對跟風馬牛不相及的普魯士產生緊密的連結關係。但除此之外，一八五〇年的「德意志聯盟」已全面展現出後來在一八七一年成立的德意志帝國。透過自己的老手段——出人不意的突襲、快速的行動切換，閃電般的立場轉變，以及必要時總是拔得出來的利劍——普魯士暫時再度獲得了成功。它在德國的領導地位看似已經鞏固下來。

甚至連資產階級自由派人士也共襄盛舉。法蘭克福國民議會被解散之後，其殘餘成員前往哥塔繼續集會，並給予普魯士「德意志聯盟」民主的祝願：「應以原欲藉由（法蘭克福）帝國憲法加以實現的目標為重，[12]而非斤斤計較於所追求目標在表面上的形式。」等到法蘭克福「保羅教堂」內舉行的國民議會結束一年後，人們又在埃爾福特第二度研擬德國憲法——這一回改由普魯士出面主導。[13]

接著所有的東西都驀然土崩瓦解，彷彿什麼事情也沒有發生過一般：它崩潰得就

11 拉施塔特（Rastatt）是巴登大公國北部萊茵河畔的城鎮。一八四九年五月中旬，巴登幾乎全國軍隊一起叛變（叛軍人數曾多達四萬五千人），最後普魯士部隊在七月二十三日攻占「拉施塔特要塞」，結束了最後一波德意志革命——叛軍領導者有二十七人被軍事法庭槍斃處決。

12 作者曾在《從俾斯麥到希特勒》書中指出，其主要目標是「統一德國，必要時不惜採取小德意志統一方案」。

13 埃爾福特（Erfurt）乃今日德國圖林根邦（Thüringen）的首府，當時是「德意志聯盟」議會——「埃爾福特聯盟議會」（Erfurter Unionsparlament）——召開的地點。「埃爾福特聯盟議會」曾於其短暫的存在時間內（一八五〇年三月二十日至四月二十九日），設法延續法蘭克福國民議會失敗的工作，並通過一部「小德意志國憲法」。

跟一八〇六年同樣徹底。一八五〇年時的「耶拿」，叫做奧爾米茨，[14]而普魯士便在類似昔日的情況下，由於外力所占的優勢而失敗。但這回完全不曾進行一場毫無指望的戰爭，反倒是未戰先降。

在奧爾米茨的投降

普魯士之所以能夠在一八四九年隨心所欲地君臨德國，那不僅僅是因為其德意志競爭對手與合作夥伴軟弱無能的緣故：資產階級怯於接管權力、無產階級設置路障進行的抗爭為時短暫，以及各地諸侯膽小怕事。主要的理由更在於，奧地利那個傳統上的德意志強權仍然受困於本國的革命——但並非因為維也納中產階級和無產階級的革命，畢竟它跟普魯士在柏林的革命一樣，已於一八四八年十一月遭到敉平。問題出自奧地利境內其他族裔那邊爆發的民族革命。一八四九年整整一年內，奧地利還必須在義大利和匈牙利作戰，而且匈牙利的戰事必須依賴俄國的協助才得以獲勝。當時它對德國完全無能為力；但是在一八五〇年的時候終於又有辦法了。奧地利就像憤怒的奧德修斯那般驀然重返，赫然發現自己的德意志家園已遭普魯士霸占，於是決定不顧一切地清理門戶。

奧地利的相關政策頗不尋常地呈現出一種激烈、傲慢甚至侮辱的姿態，顯露了該國新「強人」施瓦岑貝格的作風——假若此人沒有在一八五二年猝逝的話，可能會把德國史的整體發展帶上一個截然不同的方向。施瓦岑貝格自成一家的德國方案延伸甚廣：他不但想重建「德意志邦聯」，而且還打算把哈布斯堡王朝所有的轄區都納入其中，[15]包括它在匈牙利、義大利，以及南斯拉夫民族那邊的領地。實際上這意味著把德國併入奧地利——併入既古老又龐大的奧地利帝國。施瓦岑貝格所想要的並非一個德意志民族國家，而是一個超越民族界限的中歐國度，一個以維也納為中心的真正「帝國」：這正好符合了卡爾五世[16]和華倫斯坦的願景。對上一個世紀才逐漸發展成形的普魯士而言，它在那個方案裡面幾乎找不到自己的位置：這個雄心勃勃的半強權只可能在其中成為搗亂者。當被問及他將如何於其「大德意志國」處置普魯士的時候，據悉施瓦岑貝格是以法文回答：「削弱，然後摧毀。」（Avilir, puis démolir.）他起先的做法，是對普魯士一八四八至一八五〇年之間在德境的作為一概視而不見。他若無其事地重

14 奧爾米茨（Olmütz）位於摩拉維亞中部昔日的德語地區，其捷克文名稱是奧洛穆茨（Olomouc）。

15 奧地利帝國只有大致相當於今日奧地利共和國、捷克共和國，以及斯洛維尼亞共和國的地區劃入德意志邦聯。相形之下，普魯士王國則除了東普魯士、西普魯士和波森之外，國土都位於德意志邦聯境內。

16 神聖羅馬帝國皇帝卡爾五世（Karl V., 1500-1558）或被按照英文音譯成「查理五世」（Charles V）。

新在法蘭克福召開往常的邦聯會議，並且說動薩克森王國和漢諾威王國退出「德意志聯盟」，接著還向普魯士提出最後通牒，要求它把軍隊撤出黑森選侯國。到了秋天的時候，普奧雙方都動員軍隊，戰爭看來已經無法避免。

沙皇於是進場干預，並且替奧地利撐腰。他當然不贊同施瓦岑貝格的遠程目標，而且只要想到俄國面前將出現一個巨大的德意志—奧地利帝國，那種念頭甚至會讓他感覺很不舒服，更何況他並不樂見普魯士受到削弱，甚至遭到摧毀。他僅僅打算維持現狀——既不要施瓦岑貝格的中歐大帝國，也不要普魯士的「德意志聯盟」，而是恢復一八四八年之前的態勢，重建「三隻黑鷹」的舊同盟來對抗民族主義和革命。這使得他起先成為奧地利的盟友，畢竟施瓦岑貝格的中歐大帝國還只是空中樓閣而已，普魯士的「德意志聯盟」卻幾乎已經成為事實。這種事實必須馬上加以排除。普魯士投機取巧與革命勾搭的行為絕不可帶來任何成果，一切都必須返回一八四八年之前的原狀。這就是當時的要求，而且普魯士受到了奧地利和俄國聯手施壓。普魯士眼見自己昔日的保護者與盟友突然擺出那麼凶巴巴的面孔，只得於一八五〇年十一月二十九日在奧爾米茨無條件地完全投降。[17]結果「德意志聯盟」遭到解散，一八一五年成立的舊「德意志邦聯」恢復原樣，普魯士在德境所曾經做過的事情全部化為烏有。羞辱的動作來得未加遮掩、毫不通融。普魯士離開奧爾米茨的時候，宛如一個剛剛受到處罰的學童，在調皮搗蛋的惡作劇被揭穿之後，滿臉通紅地表示自己下次再也不敢那麼做了。這場敗仗的慘痛程度與一八〇六年無分軒輊，只不過這一次沒有流血而已。

但此際發生了稀奇古怪的事情：現在就和從前一樣，普魯士起初逆來順受地承認自己的失敗，並設法以積極配合的態度做出最佳表現；這時甚至比上一次更加心甘情願。上一次的配合意謂進行改革——名副其實對國家進行自由化改造，結果遭到身為普魯士社會核心和國家中堅的軍事貴族激烈抗拒。這一回的適應卻意味著進行保守的復辟與反動，完全合乎那個社會階層的心意。腓特烈・威廉好大喜功的德意志試驗，從一開始即已讓許多普魯士保守派人士心生不滿；那些人針對奧爾米茨的羞辱所出現的悲憤反應，則已經被「早知如此何必當初」的幸災樂禍心理所覆蓋。他們從來都不像那位感情豐富的國王一般，會「被『德國』這個字眼感動得熱血沸騰，不能自已」。例如一位名叫俾斯麥的議員便在「埃爾福特聯盟議會」冷冰冰地表示：「我們想要那個聯邦國家，但是由於這部憲法的緣故，我們寧可不要它也罷。」過了半年以後，俾斯麥在柏林市的普魯士下議院為奧爾米茨做出辯護：「普魯士的任務並非在德國各地扮演唐

17　一八五〇年十一月下旬，普奧俄三國在奧爾米茨舉行會議，調解普魯士與奧地利之間的衝突，普魯士被迫簽訂《奧爾米茨草約》（Olmützer Punktation）——德意志民族主義者則稱之為「奧爾米茨之恥」（Schmach von Olmütz）。

吉訶德的角色。」他自己——以及大多數的普魯士保守派成員——打從心底厭惡那種與「德意志民族主義騙局」的同盟。久經考驗的「三隻黑鷹」同盟更加穩固，而普魯士保守派很高興看見它重新被建立起來，或者至少表面上如此。在奧爾米茨之後的那幾個年頭，普魯士起初便致力於重建那個同盟，其態度充滿了感性的熱情——孩子迷途知返後的那種熱情。

可是這一切對它毫無助益。那個同盟無法長時間繼續維持下去，它的大限已到，它支離破碎了。此事並非出自普魯士的過錯，就彷彿四十年前拿破崙和亞歷山大沙皇聯盟的破裂，並非出自普魯士的過錯一般。一八五四至一八五六年之間的克里米亞戰爭，使得奧地利與俄國反目成仇，而且如同事實所證明的，永遠變成了敵人。西方列強與俄國進行的這場戰爭，首度涉及爭奪土耳其在巴爾幹半島的繼承權。那裡從此成為歐洲的火藥庫，讓歐洲政治情勢在接下來半個多世紀的時間內不得安寧，最後成為引爆第一次世界大戰的地點。

普魯士和奧地利都在克里米亞戰爭期間保持中立，但兩國中立的性質截然不同：普魯士可謂是站在俄國那邊保持中立，奧地利則站在西方列強旁邊。奧地利企圖利用克里米亞戰爭的機會，取得那些「多瑙河公國」（今日羅馬尼亞的南部和東部）[18]，並且將俄國排擠出巴爾幹半島——儘管俄國才剛剛在五年以前拯救了奧地利，使之免於在匈牙利革命戰爭中落敗。「奧地利將以自己的忘恩負義令全世界吃驚」，這是施瓦岑貝格之前曾經講過的話，可謂特色十足。奧地利與俄國如今變成了巴爾幹半島上的死對頭，普魯士再也無法於他們的同盟當中擔任第三者，因為那個同盟已經不復存在了。從此以後無論普魯士喜不喜歡，都必須在二者之間做一選擇。

不但「三隻黑鷹」的同盟已告終結，就連梅特涅在一八一五年以高超技巧所建立，而且普魯士欣然融入其中的歐洲體系，也隨著革命及其後續發展而分崩離析。法國不再跟著玩下去了。如今那裡又有一個拿破崙在進行統治，雖然這位拿破崙「三世」已無拿破崙一世的帝國野心，卻仍雄心勃勃地想把歐洲的政治中心再度從維也納轉移到巴黎。他所運用的手段就是與民族主義結盟：首先是義大利民族主義，他成功了；接著是波蘭民族主義，他徒勞無功；最後甚至是德意志民族主義，結果他跌斷了脖子。反正他總是喜歡在歐洲製造騷亂、製造戰爭、製造戰爭的吶喊。革命後的歐洲迥異於一八一五至一八四八年之間的情況，已不再是一個充滿和平色彩的國家共同體。現在每個國家都重新各自為政，普魯士也不例外。

儘管德意志邦聯若無其事地繼續在法蘭克福召開會議，德國仍然和歐洲一樣，再

18 多瑙河公國（Donaufürstentümer）指的是「瓦拉幾亞」和「摩達維亞」兩地。

也無法回復到革命前的狀態。無論是民族主義運動還是資產階級自由主義運動，都不曾因為一八四八／四九年的失敗而失去動能。德國資產階級民族主義運動持續成為一個不安定的因素，令人不得不正眼看待並且設法加以因應。隨著工業化的快速進展，資產階級甚至在一八五〇和六〇年代日益變得更加強大。此外在一八六〇年代初期，工業化也開始帶來了有組織的工人運動——其核心就在普魯士。一八六〇年前後，人們透過不一樣的方式，已經重新取得大致類似十年前的發展：革命本身雖已被束之高閣，德意志中產階級卻經由「國民協會」和「進步黨」之類的組織，再度聲勢浩大地向前邁進，不可避免地促成普魯士與奧地利競相爭取其好感。兩國內部自由化和議會化的進程看起來都難以阻擋，兩國都致力於在德國進行「道德上的征服」，都設法將民族主義運動的川流導引到自己的磨坊，都搶著推出改革德意志邦聯的方案。其間普魯士的優勢為，它不曾陷入奧地利那種棘手的民族問題；奧地利的優勢則在於它比較強大，也比較受歡迎，尤其它傳統上一直是德國的霸主和帝國的掌控者。

在一八六〇年代初期仍然無法確定，那一切將如何繼續發展下去。各種解決方案被喊得震天價響：一個更加緊密和範圍更大的邦聯；德意志雙雄並立，由普魯士主導北德、奧地利主導南德；秉持議會立憲制的精神來改造既有的德意志邦聯。每個人都篤篤定定地期待一種狀況出現：資產階級的議會機構將在德國全境握有更大權力。同時幾乎沒有任何人期待將會發生這等情事：一場介於各個德意志國家之間的戰爭。

最後兩種期待皆告落空，結果普魯士成為主導德國的力量，奧地利卻變成了外國。那是一個單獨個人的工作成果，而一八六〇年代初期他在自己的國家仍然是政壇局外人：他叫做俾斯麥。

第6章

普魯士建立帝國

Preußens Reichsgründung

一八六六年克尼格雷茨戰役結束後，俾斯麥主張寬待被擊敗的奧地利，既不要求割地賠款，也不把軍隊開入維也納。唯一條件是：解散德意志邦聯，併吞漢諾威、什列斯威－霍爾斯坦、黑森選侯國，以及法蘭克福。新成立的北德意志邦聯則是一個稀奇古怪的架構——普魯士全國百姓多達二千四百萬人，其餘二十二個邦聯成員國的人口總數卻只有六百萬。有一位普魯士自由派人士稱之為：「一隻狗兒跟它身上跳蚤的共同生活」。

一八七〇年擊敗法國之後，在凡爾賽宮擁立德意志皇帝的前一天，威廉一世國王流著眼淚說道：「明天是我一生當中最不快樂的一天。我們會把普魯士的王位抬進墳墓。」那位老國王的目光比大多數人更加深遠——普魯士同時置身於統一的德國旁邊和裡面，不可避免地逐漸喪失了自己的獨立性、自己的身分，最後還失去了自己的存在。它變得多餘，成為帝國架構當中的異物，最後淪為德意志「世界政策」失敗下的犧牲品。

俾斯麥以帝國創建者的身分，繼續活在德國人的心目當中。人們曾經反覆爭論——並且至今依然對此爭論不休——俾斯麥的建國行動對德國來說到底是福還是禍。相形之下卻很奇怪地難得有人思索，建立德意志帝國一事究竟給普魯士帶來了好處還是災難。更奇怪的卻是此事本身，因為俾斯麥當初毫無疑問主要是從普魯士的觀點來看待建國行動，進而把它當作普魯士的政治措施來加以完成。

俾斯麥並非德意志民族主義者，而是一位普魯士政治人物。不僅在從政之初，就連當他擔任普魯士首相的那些年頭，也都時常不經意地把「德意志民族主義騙局」這個用語掛在嘴上。一八六六年的時候，他毫無民族顧忌地跟大多數反普魯士的德意志邦國打仗，就如同對奧地利作戰一般。他在開戰之前曾與威廉一世國王持續進行過令人神經耗弱的辯論，結果國王有一次禁不住絕望地喊了出來：「那麼，您難道不也是德國人嗎？」然而每當俾斯麥談論起普魯士的時候，總是可以聽見他的肺腑之言。他曾在一封私函中寫道：「只有上帝曉得普魯士該存在多久。可是萬一普魯士不復存在的話，我將會非常難過，這是上帝所知道的！」

俾斯麥自己卻更甚於其他任何單獨的個人，促成了普魯士的「終結」。其中弔詭的是，那並非出自政治上的失敗或失誤，而是由於成功過度。他引領普魯士登上巔峰，可是普魯士在那裡久留之後將無法呼吸。隨著德意志帝國的建立，普魯士在德國而德國在歐洲變成了霸主，或許俾斯麥於此過程中讓德國變得不堪負荷。儘管此事可以讓人吵個不停，但無庸置疑的是，俾斯麥已經給普魯士注入了致死的因子：普魯士同時置身於統一的德國旁邊和裡面，不可避免地逐漸喪失了自己的獨立性、自己的身分，最後還失去了自己的存在。它變得多餘，成為帝國架構當中的異物，最後淪為德意志「世界政策」失敗下的犧牲品——那種政策是普魯士純粹以普魯士的身分所無力進行，甚至根本不會打算進行的。

歷史學家瓦爾特．布斯曼評論道：「當俾斯麥與民族主義理念——那個世紀的主要驅動力之一——結盟的時候，他想為普魯士國家帶來益處；但從客觀的角度來看，他同時也替一個民族國家的事務效勞，而民族國家正是其政治對手念茲在茲的問題。」我們還可以把它表達得更加尖銳一些：普魯士國家理念與德意志民族理念的聯盟，是火與水之間的聯盟；即便乍看之下烈火能夠把水化為蒸汽，到了最後烈火仍然會被水所熄滅。俾斯麥建立帝國一事，在當時人們眼中是普魯士最偉大的勝利；到頭來卻證明它是普魯士結束的開端。但「結束」並不曾讓「勝利」化為烏有。畢竟難得有幾個國家能夠以更甚於俾斯麥的普魯士那般，光輝燦爛地走上毀滅。

俾斯麥一世國王

「俾斯麥的普魯士」——這種講法寫起來和讀起來是如此稀鬆平常，就彷彿理所當然一般。不過當我們這麼表示的時候，最好還是先停頓片刻並且納悶一下。正確無誤的是：俾斯麥果真自從出任普魯士首相的那一刻開始，就宛如帝王般地形塑了普魯士的政策，而且是那樣的政策！但這種事情怎麼會成為可能呢？畢竟俾斯麥不是普魯士的君主。之前的普魯士政治決策者始終都是國王：腓特烈．威廉一世和腓特烈大帝總是獨自做出決策；其歷代繼任者固然會諮詢部長和顧問們的意見，可是單獨一位部長在連續數年和數十年內決定普魯士的政策，彷彿他本人就是國王一般（早在一八六五年的時候，英國外交大臣克拉倫登已譏之為「俾斯麥一世國王」），這在普魯士是前所未見的現象。就連在哈登貝格的極盛時期——一八一〇至一八一五年——情況也不例外，即便那位深受打擊、橫遭羞辱，此外生而優柔寡斷的國王，曾經給予其「國務總理」多得非比尋常的揮灑空間。

然而威廉一世，俾斯麥終身的國王，卻是一位遠較腓特烈．威廉三世強勢的統治者。他的孫子曾於其身後設法將他追贈為「威廉大帝」，但即便「大帝」這個尊稱從未與他的名字連結在一起，他在歷代普魯士國王當中無疑仍屬於第一流的角色。我們不妨稱之為普魯士的第二位「士兵國王」：他從裡到外都是一個真正的軍人，一位經驗老到的職業軍官；普魯士的軍事改革必須歸功於他，而假若沒有這項改革的話，俾斯麥的幾場戰爭或許在軍事層面無法進展得如此順利。那位貌不驚人但才幹出眾的毛奇之所以被任命掌管參謀本部，同樣也源自國王個人的貢獻。將部隊指揮權劃歸參謀本部之下的做法——普魯士的獨家成功祕方——亦為威廉一世任內的創舉，並且還長時間地傳承下去。更何況威廉一世除了超乎平均水準的軍事專業知識之外，還具備堅實健全的理智、豐富的政治人生經驗（他以六十四歲之年登上王位），以及強烈的君主自我意識。他絕對稱不上是一個傀儡國王，至於他在漫長得出人意外的即位時期（他以九十歲高齡去世於一八八八年），不斷置身於那位天才首相及日後帝國總理的陰影下，則完全是始料未及的事情。威廉一世與俾斯麥二人，其實並非天生就肝膽相照和相互吸引。國王任命俾斯麥擔任首相之前不久，仍在自己最窘迫的時刻表示：那個人讓他覺得很不舒服，並且會打從心底起反感；俾斯麥則從未停止抱怨，他自己在持續不斷與國王進行爭論和爭取國王同意的時候，曾經承受過怎麼樣的精神折磨。

當我們觀察俾斯麥的事蹟時，絕不可忽視這種從未停歇的爭鬥。因為它比其他的一切，更能夠解釋俾斯麥政治風格當中的一項重要特徵——尤其是在他上台後事件層出不窮、戲劇性十足的最初八年，亦即建立德意志帝國之前的那幾個年頭。

人們經常談論起俾斯麥的「波拿巴特主義」，並且在他一八六二至一八七一年之間的政策裡面找到拿破崙式的作風。但那種做法沒有道理可言：俾斯麥終究並非篡權者，而且他連做夢也沒有想過，要由自己來取代那位正統的國王；「在普魯士只有國王才會搞革命」，這是他偶爾喜歡說出的話語。不過俾斯麥在一個方面果真與「波拿巴特們」[1]具有共通之處：他就跟他們一樣，迫於壓力而必須不斷做出成功的表現——然而與他們不同的地方在於，那種做法並不是為了保住非正統的皇位，而是要保住自己的職務。國王隨時都可以將他免職（如同德皇威廉二世後來果真做出的事情那般），同時既有許多敵手處心積慮地想把他拉下台來（在國王最親近的小圈子裡面也不乏其人），又有不少競爭者相信自己有辦法把事情處理得更好，巴不得能夠坐上俾斯麥的位子。他必須不斷地讓自己變得不可或缺；為了做到這一點，他需要不斷出現的危機（因為在河中央不會更換坐騎），同時也需要不斷的成就（因為一位成功的閣揆沒那麼容易遭到撤換）。這一方面解釋了俾斯麥為何好鬥成性（他在執政最初幾年內，更簡直是刻意挑起危機並加以激化），另一方面也襯托出他在化解危機時「如鐘錶師傅般的小心翼翼作風」（這是俾斯麥傳記作者路德維希・萊納斯的貼切用語）。但它同時還闡明了一個更加重要的事項：俾斯麥出於「對成功的執迷」（Erfolgsfixiertheit），非但必須漠視原則、對自己所選擇的手段不多加講究，甚至更可改變自己的目標——視情況轉而採用收效最快和最有成功把握的目標。

俾斯麥於人生晚年自創神話之際，往往把自己講得彷彿打從一開始就著眼於建立帝國，簡直是無論當他走直路或者繞彎路的時候，心中都一直把站在凡爾賽宮內擁立德皇的勝利場景，列為不可動搖的終極目標。沒有任何事情能夠比這種論點更加大錯特錯。

「一成不變可不是我的作風」，這是他自己說過的話。無論俾斯麥每一次為普魯士的政策設定何種目標，所取決的因素都是成功可能性。以一八六四年對丹麥的戰爭為例，他曾經在一次演講中詳細地脫口說出：「我一直堅持下列層進式排比：共主邦聯（丹麥與什列斯威—霍爾斯坦的君合國關係）優於之前的狀態，獨立的諸侯國優於共主邦聯，而與普魯士國家的聯合又優於獨立的諸侯國。但究竟何者可以實現，只有事件本身的發展才能夠加以表明。」其情況正如同一八六六年對抗奧地利和德意志邦國的戰爭，以及一八七〇年對抗法國的戰爭：每一次設定目標的時候都是把可實現性做為優先考量，而非反過來做。我們大可稱之為俾斯麥的成功祕訣：誰要是每一次都把可實現的事物列

1 拿破崙一世和三世的姓氏為「波拿巴特」（Buonaparte/Bonaparte）。

為目標，那麼就能夠相當確定他總是會有辦法實現自己的目標。然而其中的危險是，最後不無可能證明出來，所實現的目標其實並不值得爭取。就建立德意志國一事而言，已有足夠跡象顯示，俾斯麥自己曾經長時間懷疑它到底值不值得普魯士爭取。此外比那段歷史本身更加有趣的事情，則是俾斯麥所做出的各種預防措施，藉以防堵建國行動所可能為普魯士帶來的危險，而且他相當正確地看出了那些危險。現在到了該做出說明的時候，來簡短回顧普魯士於俾斯麥主導下建立德意志國的歷史，亦即普魯士在一八六二至一八七一那幾個高度戲劇化年頭的歷史。

政治權謀與成功壓力

俾斯麥之所以在一八六二年九月被任命為普魯士首相，歸因於國王與議會之間一場嚴重的憲政衝突，而此次衝突的原因，就是前面提到的由國王親自推動的軍事改革。當時的情況類似兩個世紀以前促成英國爆發大規模內戰的導火線（那場內戰最後導致英王查理一世遭到斬首）：國王與議會針對軍隊的最高指揮權起了爭執，雙方都拒絕讓步。威廉一世既遭到他的部長們離棄，又被其家人以查理一世在英國被砍頭時的恐怖情景講得心神不寧，原本已經打算退位。此時俾斯麥卻以最後救星的姿態出面護駕，而他昔日早已透過各種言論，為自己博得了「肆無忌憚的君主主義反動派」之名聲。

眼前的誘惑實在難以抗拒，令人不得不思索片刻：假如威廉一世果真在一八六二年按原定計劃退位的話，普魯士的歷史將如何繼續發展下去？其子腓特烈三世實際統治的時間，將不會像後來那般只有三個月，而是二十六年。腓特烈三世是個自由派，或許會受到他那位在政治上非常活躍的英國妻子影響，藉由退讓來結束憲政衝突，並且以英國為榜樣，將普魯士的王權改造成議會君主制。那麼普魯士將變成一個「歐陸的小英國」。在腓特烈國王與維多利亞王后伉儷當政的時代，人們想必從來都不曾聽到過俾斯麥這個名字。非常不可能出現的情況則是，那個受到議會統治的普魯士，會有辦法力抗法國、俄國、奧地利和德意志中小邦國的反對，單單憑靠德意志自由主義者的協助和英國的同情來統一德國。不過完全可以想像的是，普魯士縱使在今天都還將繼續存在下去。

以上只是題外話而已，現在回到現實。俾斯麥自薦為國王忠誠的盾牌手，願意直到上了斷頭台為止，都屹立不搖地捍衛王權來對抗議會統治。如此一來，除非國王另請高明，否則就只能仰仗於他。但俾斯麥並沒有搞出政變來。他反而在漫長的五年期間內，很聰明地讓憲政衝突懸而未決，直到他最後在局勢完全改觀之際，利用議會讓步的機會，按照國王要求的形式解決了問題。[2]俾斯麥利用這五年的機會，做出一系列既大膽放肆又極不受歡迎，甚至連國王都覺得嚇人的外交行動，可是那些結合了兩場短暫戰爭的行動都經過仔細算計，並且成功得光彩奪目，而其最終結果就是產生出一個全新的普魯士和一個全新的德國。

俾斯麥出身自極端的保守派，他是梅特涅體系的擁護者，以及自由主義、民族主義和一八四八革命的激烈反對者。他曾在一八五〇年——如同我們已經看見的——為「奧爾米茨的投降」發聲辯護，而正因為這層緣故，他不久以後就被送去法蘭克福擔任普魯士派駐德意志邦聯的代表，為時長達八年之久。可是他在那八年期間已經完全改頭換面了。

俾斯麥畢竟不只是一個保守派人士而已，他也是鐵桿普魯士人，更何況他還是現實主義者。身為普魯士人，施瓦岑貝格時代狂妄自大的奧地利外交政策，讓他在法蘭克福大受其辱。身為現實主義者，他看出奧地利與俄國自從克里米亞戰爭以來的決裂已經無法挽回，同時老舊的歐洲體系已由於拿破崙三世的修正主義政策而日益動搖。他早在一八五六年即已得出結論，「我們將在不很長的時間內，必須為了自己的生存對奧地利作戰」，而且務必要爭取法國和俄國於戰時保持友好中立。他進而認為，普魯士與奧地利不可避免地將在德國以及為了德國而交戰——「維也納的政策已讓德國對我們雙方而言過於狹窄；……我們兩國就是在耕種同一塊受到爭執的田地」——而且普魯士即便在德國境內也需要盟友。現實主義者俾斯麥早已看出，德意志的諸侯們永遠不可能成為盟友。他曾在一八五九年告訴一位目瞪口呆的採訪者，普魯士在德國只有一個真正的盟友：德意志民族。俾斯麥的現實主義者成分，畢竟還是壓過了保守主義者的一面。身為現實主義者，他不惜也跟民族主義，甚至跟民主主義結盟。

那些就是一八六二年俾斯麥在普魯士走馬上任時的外交構想和計劃，並且在五年以後全部得到實現。但是它們很奇特地繞了一條彎路。

俾斯麥的第一個外交大動作，是一項破壞行動。一八六三年的時候，奧地利意圖透過改革讓「德意志邦聯」獲得重生（但它早已在俾斯麥的腦海中被宣判死刑），結果俾斯麥的抵制行動使得那個嘗試歸於失敗。當時奧地利為求實現自己的目標，以盛大排場在法蘭克福召開德意志諸侯大會，然而普魯士沒有出席。俾斯麥事先進行過激烈

2 威廉一世於一八六一年展開軍事改革，而自由主義者（「進步黨」）在一八六二年成為普魯士下議院多數派，意圖透過預算審查取得對軍隊的主導權，一再拒絕通過政府總預算案。此時已無人願意出面組閣，國王只得任命俾斯麥為首相。俾斯麥上台後祭出「漏洞理論」（Lückentheorie），表示憲法未明文規定，國王、上議院和下議院無法就預算達成共識時應該如何處置，因此下議院否決預算之舉導致憲法出現漏洞。但國家機器不可停擺，於是俾斯麥連續四年不再向國會提出預算案，把軍事改革進行到底。一八六六年普魯士擊敗奧地利後舉國歡騰，下議院隨即追認了之前的各種違法支出！

的爭辯，才終於說服他的國王不去參加；而諸侯大會在普魯士缺席的情況下難有任何作為，於是一事無成地閉幕了。奧地利與普魯士在「德國問題」上的敵對關係，隨之首度公諸於世。在此問題上，兩大強權如今已然成為公開的對手。

儘管如此——或許正因為如此——兩國在一八六四年成為盟友，對丹麥進行了一場由於什列斯威—霍爾斯坦而起的戰爭。讓當時受到丹麥管轄的什列斯威—霍爾斯坦加入德國，原本已是德意志民族主義者的主要訴求之一。等到相關紛爭突然再度變得火熱起來，奧地利和普魯士為了在德國進行角逐，都不得不認真看待此事。之前早在一八四八年的時候，就已經因為什列斯威—霍爾斯坦的緣故而出現過武裝衝突。列強曾經為此舉行倫敦會議，會中決定什列斯威—霍爾斯坦應該繼續與丹麥合在一起，但只不過是「共主邦聯」而已。如今丹麥國王已經駕崩並且沒有子嗣，於是丹麥和什列斯威—霍爾斯坦分別有了不同的統治者繼承人，這使得共主邦聯難以為繼，結果丹麥罔顧《倫敦協議》的約定，併吞了什列斯威。奧地利和普魯士身為《倫敦協議》的共同簽署國，於是向丹麥提出最後通牒，要求停止併吞的行動。一八六四年二月一日戰爭隨之爆發。

在攻占「迪伯爾塹壕」的時候，那場戰爭給予普魯士陸軍第一次機會，來實地驗收自己因為威廉國王的軍事改革而新獲得的品質。但那只不過是最微不足道的事情罷了。從軍事觀點來看，一場由兩大強國對抗小小丹麥的戰爭，無法贏得太多光彩。真正的高招就是阻止了其餘也共同簽署《倫敦協議》的大國介入干涉，而他們當中又以英國特別站在丹麥那邊。之所以能夠避免外力干預的原因，一方面要歸功於俾斯麥技巧十足的自制——他以令德意志輿論界大失所望的方式，並不要求將什列斯威—霍爾斯坦更緊密地與德國連結在一起，卻只是主張完全恢復原狀而已。另一方面則歸咎於丹麥冥頑不靈地堅持採取違反《倫敦協議》的措施，執意要兼併什列斯威。反正其結果是，在全體強國的一致默許下，丹麥必須將什列斯威—霍爾斯坦交給奧地利和普魯士兩國共同管轄。可是奧地利無法從中得到任何好處——它到底該拿遠在天涯海角的什列斯威—霍爾斯坦怎麼辦呢？對普魯士而言，那卻不僅意味著贏取土地的機會，而且正中俾斯麥的下懷，讓他有了一個爭端點，隨時可藉此引發普魯士與奧地利之間的戰爭。

但這並不表示俾斯麥不惜一切代價，非要那場戰爭不可。後來他曾經表示：「有許多不同的道路通往我的目標，我必須按照順序一步接一步走下去，最後才走上最危險的一條路。」他所想要的事情，就是解散德意志邦聯（因為俾斯麥覺得它對普魯士的外交政策產生掣肘作用），以及普魯士不受限制地主宰北德地區。就德國南部而言，他願意讓奧地利享有同樣的主導地位。如果他能夠透過與奧地利的和平協議來達成這個目標的話，那就再理想也不過了。

但即便只是想達成這種和平協議，然後沿著美因河一線來劃分德國，照樣也必須透過施壓才能夠完成。因此在「德丹戰爭」和「德意志戰爭」[3]之間的兩年內，俾斯麥持續不斷設法在國際間孤立奧地利。就俄國而言，由於該國早已持續在巴爾幹半島與奧地利爭霸，俾斯麥下功夫的時候可以不費吹灰之力。在法國那方面可就比較困難，因為拿破崙三世的法國另有自己的打算。它希望在一場介於奧地利和普魯士之間的戰爭中，成為漁翁得利的第三者，並且在出面為戰敗一方擔任和事佬的時候，於萊茵河左岸取得「補償」，甚至將萊茵河定為國界。俾斯麥既不可能也不願意做出這種承諾，免得毀壞了他跟另外一批盟友——德意志民族主義者——的關係；但他樂得讓拿破崙三世皇帝產生模糊不清和不切實際的希望。拿破崙三世所打的算盤則為：在奧地利—普魯士之戰當中失敗的一方，亦即支付高額調停費用來接受其保護的一方，將會是普魯士——鑒於角力雙方的強弱對比，那種期望並非不合理。俾斯麥也明白自己很容易就可能輸掉對奧地利的戰爭，而且若按照紙面上的數字，他甚至一定會打輸。奧地利的實力仍舊比較強大。這個因素導致俾斯麥遲疑不決的程度，不亞於他原則上對戰爭的厭惡，而他厭惡戰爭的理由主要在於，打仗的時候很容易基於軍事考量而對政治造成危害。俾斯麥固然從不害怕把戰爭使用為最後的手段，但總還是儘可能地加以避免。一八六六年的戰爭如此，而且如同我們所即將看見的，一八七〇年的戰爭更是這樣。

有別於一八七〇年的是，俾斯麥在一八六六年時的某些目標，如果少了戰爭風險和戰爭恫嚇便無法實現；那些目標背後所隱藏的戰爭恫嚇，則又使得他向奧地利提出的和平建議顯得誠意不足。普魯士與奧地利之間有過三次可稱做「戰前和平談判」的會議：一八六四年在「美泉宮」、一八六五年在「加斯坦」，第三次則於一八六六年開戰之前不久，透過「加布倫茨任務」[4]在維也納舉行。唯獨在「加斯坦」的談判至少取得部分成果，決定了什列斯威—霍爾斯坦的分割方式：什列斯威交由普魯士，而霍爾斯坦交由奧地利管轄。但雙方都心知肚明，這頂多只意味著停戰，並不表示已經簽訂和約。因為問題的關鍵不在於怎麼瓜分什列斯威—霍爾斯坦，而是該如何在奧地利和普魯士之間瓜分德國。尤其令奧地利難以苟同的是，俾斯麥進行德國之爭的時候，一直是跟民族主義和民主主義結盟——這種結盟方式是奧地利基於自身的特質所無法跟

3　德語地區將一八六四年的戰爭稱作「德丹戰爭」（德意志邦聯對丹麥作戰）；將一八六六年的戰爭稱作「德意志戰爭」（普魯士、奧地利、德境邦國之間的「兄弟戰爭」）；一八七〇／七一年的戰爭則是「德法戰爭」（北德志邦聯與南德各邦協力對法國作戰）。

4　加布倫茨（Ludwig von Gablenz, 1814-1874）是奧地利將領和一八六五年九月以後的霍爾斯坦總督。

進的。

俾斯麥與奧地利進行談判之際，已要求成立一個透過普選產生的德意志議會（但其權力當然應受限制）。外交和軍事政策方面的重大相關事宜，則應該由奧地利在南德而普魯士繼續在北德握有主導權。可是一個自由選舉出來、符合俾斯麥要求的全德意志議會，實際上意味著一場革命——即使奧地利的德裔百姓獲准參加選舉也不例外。奧地利感覺自己被要求配合完成一場革命，甚至是在戰爭的威脅下被迫如此，那根本就強人所難。最後是奧地利先失去耐心，並且動員了軍隊。一八六六年的「戰爭罪責」因而迄今仍無定論。能夠確定的只有兩件事情：在導致戰爭爆發的重大政治爭議方面，普魯士是現狀的攻擊者，奧地利則是現狀的守衛者。就戰爭本身而言，普魯士則為勝利者，而且是出乎意料之外的勝利者。

一八六六：普魯士成功達陣

教廷「國務卿樞機主教」閱讀到一則新聞報導之後，禁不住喊道：「世界天翻地覆！」——一八六六年七月三日，普魯士於該世紀最大的戰役中，在克尼格雷茨城外擊潰了奧地利與薩克森的聯軍。後果更嚴重的是，對拿破崙三世皇帝來說，世界也隨著克尼格雷茨而天翻地覆。其整體政策完全是建立在普魯士打敗仗的可能性之上：他可以把普魯士從戰敗後的毀滅當中拯救出來，並且為此收取自己的報酬。普魯士的勝利，使得他本人以及法國政治界感覺受到某種欺騙，這解釋了何以會出現「為薩多瓦復仇」那種怪異的講法（「薩多瓦戰役」是法文對克尼格雷茨戰役的稱呼），而且它在一八六六年以後的法國成為一句強大的政治口號。法國與普魯士至一八六六年為止的協約（反正那本來就是一個雙方各懷鬼胎的協約），如今便在轉瞬之間成為過去。拿破崙三世於是出面對打了勝仗的普魯士人進行阻撓。

他公開宣布自己將進行武裝調停，隨即派遣使者前往普魯士的指揮總部。克尼格雷茨獲勝者的處境一下子變得極其危險：如果他拒絕了法國的調停，恐怕會面臨一場後果難測的兩線戰爭；但若接受調停的話，則勢必將在萊茵河流域割地——並失去德意志民族主義者的向心。唯一的解決辦法，就是儘快與奧地利媾和。

俾斯麥選擇了這條出路，而其結果對奧地利來說，很可能是戰勝國與戰敗國之間所曾簽訂過最慷慨的和約：不割地、不賠款、立即遣返戰俘、馬上從所有的占領區撤軍。為了締結這項和約，俾斯麥跟自己的國王起過激烈爭執，被逼得已經考慮自殺。他雖無法讓國王看出簽訂這個「可恥到這種地步的和約」之必要性，但他最後仍然如願以償。於是在俾斯麥整個驚人的職業生涯當中，一八六六年七月底發生於摩拉維亞

「尼科爾斯堡」城堡內的此次危機，始終是他最驚心動魄的時刻。[5]

與南德各邦分別簽訂的和約幾乎同樣大方。他們雖然曾經與奧地利並肩對普魯士作戰、跟著一起落敗，但也都不必割地賠款（唯獨黑森—達姆施塔特稍有例外），都沒有遭到占領。他們僅僅被要求與普魯士締結軍事同盟——而且他們喜出望外地答應了。除此之外，他們有史以來第一次和僅此一次，在國際間成為完全獨立自主的國家。他們不再像一八〇六年以前那般有一個德意志國家，[6]以及在一八一五年之後那般，有「德意志邦聯」做為共同的屋頂。他們已被明白告知，不妨共同成立一個「南德意志邦聯」（假如他們有意如此的話），但他們從未行使那項權力。奧地利對南德的主導權既然再也不成為話題，這只會讓他們感覺更加稱心如意。

俾斯麥在北德的做法可就激烈多了。普魯士在德國北部的擴張，原本就是俾斯麥真正的作戰目標，現在他便透過激進的兼併手段來加以實現。什列斯威—霍爾斯坦、漢諾威、黑森—卡塞爾、黑森—拿騷等邦國，現在全都變成了普魯士的省分；法蘭克福那座昔日的帝國自由市也被併入普魯士，而且它是唯一曾於戰時遭受粗暴待遇的被占領地區（以縱兵劫掠為要脅來強徵巨額軍稅，市長被逼得自殺）。普魯士如今於其屢屢進行兼併征服和開疆闢土的歷史上，完成了最大與最後一次的擴張。其疆界幾乎涵蓋了整個德國北部地區，而且整體來說我們必須承認，普魯士把併吞過來的巨大土地消化得很好。它在領土方面固有的彈性，以及它的本事，有辦法藉由良好的行政管理、嚴格的法治精神和冷冰冰的寬容作風，讓普魯士的統治能夠被任何「必須成為普魯士國民者」接受，再再都重新通過了考驗——最後一次通過了考驗。唯獨漢諾威在隨後數十年內，繼續出現一股擁護韋爾夫王室家族的反對勢力。

若按照普魯士平常的作風，理應一以貫之，將北德殘留的大大小小諸侯國也都兼併過來。然而普魯士不方便併吞自己的盟友——梅克倫堡、奧爾登堡、各座漢薩城市，[7]以及圖林根地區大多數的小邦國。薩克森王國固然在俾斯麥的兼併清單上面名列前茅，可是奧地利已於簽訂和約時為其請命（薩克森人曾在克尼格雷茨戰役中加入奧地利一方英勇作戰，並且傷亡慘重）。那麼對普魯士而言或許比較明智的做法，應該是既放過薩克森也不去打擾北德的小邦國，頂多只像對待南德各邦那般，強迫他們簽訂盟約即可。他們根本不可能對一八六六年時的大普魯士造成任何危險，更何況其中許多邦國如今僅僅像是零星散布於普魯士境內的斑點。然而俾斯麥畢竟也跟德意志民

5 尼科爾斯堡（Nikolsburg）位於摩拉維亞南部昔日的德語地區，是普魯士與奧地利在一八六六年七月二十六日進行停戰談判的地點。尼科爾斯堡現在依捷克語稱作米庫洛夫（Mikulov）。

6 此「德意志國家」指的是一八〇六年被拿破崙解散的「德意志民族的神聖羅馬帝國」。

7 各座漢薩城市指的是一八六六年戰爭時支持普魯士的漢堡、不來梅、呂北克。

族主義締結了盟約。他必須向德意志民族主義者有所交代，至少要給他們一些東西，讓他們覺得那是德國統一大業的「頭期款」。此外他還曾經答應過，要給他們一個透過自由普選產生的德意志國會——一個德國的議會，而非普魯士的議會。畢竟普魯士的民主化，是他最後才打算同意的事情。結果他找到一條出路。他發明了「北德意志邦聯」。[8]

北德意志邦聯是一個稀奇古怪的架構。普魯士在一八六六年進行併吞之後，全國百姓已多達二千四百萬人，其餘二十二個北德意志邦聯成員國的人口總數卻只有六百萬。有一位普魯士自由派人士稱之為：「一隻狗兒跟它身上跳蚤的共同生活」。但不管怎麼樣，二十二個小邦國的地位表面上都和那一個大國相同——就此意義而言，北德同盟是一個邦聯。可是它又獲得了一個「國家議會」，一個在全體成員國境內透過全民自由普選而產生，並且基本上握有立法權和預算審查權的議會——就這方面來說，北德同盟則是一個聯邦國家。此外它更應該提供一個框架，以便有朝一日時機成熟之後，也有辦法將南德各邦一併納入。普魯士本身則無論如何都應該繼續維持原來的模樣。那是個「化圓為方」一般的難題。

俾斯麥本人似乎也相當明白，他做出了自相矛盾的事情。在制訂《北德意志邦聯憲法》的過程中，俾斯麥所發出的指令為：「其形式必須比較接近邦聯，不過在實務上應該透過具有彈性、不引人注目，但是涵義廣泛的表達方式，使之具備聯邦國家的性質。」然而實際進行的方式依舊不清不楚。我們可以感覺到，俾斯麥這一回也不完全曉得，他自己到底想要的是什麼東西。他以完全不符合自己慣常風格的方式，允許一八六六年選出的北德意志邦聯「國家議會」，對其憲法草案做出不下四十項修正。其中並包括了最重要的一點：若按照俾斯麥原先的憲法草案，「邦聯總理」只不過是普魯士派駐「邦聯參議院」的代表，由一位聽命行事的高階官員負責擔任。最終通過的憲法版本卻讓「邦聯總理」負責掌管邦聯的整體政策，迫使俾斯麥不得不親自出任此職。俾斯麥從此兼任兩個職務：他同時是**普魯士首相**和**北德意志邦聯總理**。過了四年以後，「北德意志邦聯總理」又脫胎變成「德意志國總理」——最晚從這個時候已經十分明顯，總理一職是那兩個兼任職務當中比較重要的一個；而且俾斯麥已在無意之中，以及在不完全清楚自己這一次究竟做出什麼的情況下，實際上導致普魯士「成為間接屬國」。[9]

8 北德意志邦聯（Norddeutscher Bund）或譯為「北德同盟」，成立於一八六六年八月，原本是一個以普魯士為首的軍事同盟，一八六七年七月成為君主立憲的邦聯，一八七一年一月納入南德四邦——巴伐利亞王國、符騰堡王國、巴登大公國、黑森大公國（黑森—達姆施塔特）——擴充為「德意志國」（在一九一九年以前等同於德意志帝國）。

9 「成為間接屬國」（Mediatisierung）之概念來自神聖羅馬帝國，翻譯成白話就是：喪失獨立邦國的地位。

北德意志邦聯還沒有自稱為「國」(即便它已經擁有一個北德意志「國家議會」),普魯士國王固然是北德意志邦聯的元首,但他尚未稱帝,而只是一個非人格化的中性名詞——「主席團」。[10]這些「雖不起眼但是意義深遠的稱呼」仍在相當程度內隱藏了一項事實,此即每一個普魯士人從今開始都可謂擁有雙重國籍:一個範圍較小的普魯士國籍,以及一個範圍較大的北德意志國籍(四年以後則為德國國籍)。他票選兩個議會:按照三級選舉制投票選出普魯士邦議會,以及透過全民普選投票選出北德意志(後來則是德意志)國家議會。當他服兵役的時候,是同時在兩支軍隊裡面服役:普魯士陸軍以及邦聯陸軍,而普魯士陸軍僅僅為後者的一個組成部分,即便它是遙遙領先的最大部分。同時饒有趣味的是,軍事預算的審查權已依據《北德意志邦聯憲法》,從普魯士邦議會落入了邦聯「國家議會」的手中——或許這是最顯著的跡象,表明普魯士果然正準備融入一個較大的政治整體。既然連本國軍隊的規模都再也無法自行決定了,那麼普魯士還能算是什麼呢?

但只要繼續停留在北德意志邦聯的階段,一切都還能夠藉由普魯士實際凌駕於那些小夥伴之上的巨大優勢來加以掩蓋。可是一旦南德各邦也都加入之後,那就很難繼續遮掩下去了,因為普魯士的優勢地位勢將顯著降低。普魯士在此情況下固然仍舊是遙遙領先的最大單一德意志邦國,但畢竟只不過是如今已擴大許多的整體裡面的一個單一邦國罷了。這個更大的整體，而不再是普魯士本身，將會制訂最重要的法律來規範個人的生活，以及針對外交政策做出攸關國家命運的決定——也包括普魯士那個成員國的命運。俾斯麥自從創建北德意志邦聯而開始走上這條路以來，走到最後只會意味著普魯士獨立性的結束，亦即普魯士融解於德國之中。

可以完全確定的是，那絕非俾斯麥所願——至少他一直都不想出此下策，直到他眼睜睜地發現，原來那已經在他自己的手中成為事實。俾斯麥流傳至今的言論當中，沒有直接證據顯示他曾經清楚地預見此事。不過他在一八六六至一八七〇年之間所做出的許多聲明，卻可讓人從中得出結論，認為他並不急於將德國的統一繼續擴大到北德意志邦聯之外。而且我們經常可以感覺出來，有關擴大德國統一的想法讓他心中有些忐忑，某種直覺使得他躊躇不決。一八六九年的時候，他向普魯士駐慕尼黑大使發送了一份著名的指示：

> 透過武力來促進德國統一的做法，我也認為並非不可行。然而另外一個完全不

10 北德意志邦聯的下議院叫做「國家議會」(Reichstag)；上議院則叫做「邦聯參議院」(Bundesrat)，由普魯士國王兼任「主席」(das Präsidium)。那個主席頭銜在今日看來相當奇特，一則「Präsidium」是中性名詞，再則它在現代德文意為「主席團」或「主席職務」。

同的問題卻是：應如何負起責任決定要用暴力導致一場災難，並且承擔後果來挑選行動的時間。若一意孤行、純粹遵循主觀因素來干預歷史發展的話，所造成的結果將永遠只是打落了尚未成熟的果實。德國的統一在此刻仍然是一個未成熟的果實，我相信這是有目共睹之事……我們固然可以把時針往前撥，時間卻不會因此移動得更快，而靜觀事態發展的能力，正是務實政策的先決條件之一。

這可不像是狂熱德意志民族主義者的言論。但它至少提供了一種說法，讓人得以一窺，是什麼原因促使俾斯麥傾向於以充滿哲學意味的冷靜態度，來拖延將「北德意志邦聯」擴充為「德意志國」的時間。王室事務部長施萊尼茨曾經向他表示：「我們絕對不可繼續前進，除非我們的普魯士軍官儲備量已經足夠。」而俾斯麥回答道：「我雖然不便把它公開表達出來，但那正是我整個政策的基本構想。」如果他果真有此想法的話，那麼就連北德意志邦聯都已經是偏離其政策的第一步了，所以不難理解為何俾斯麥怯於踏出更大的第二步。

但無論如何，俾斯麥自己於晚年也對此加油添醋的一種觀點——「俾斯麥曾在一八七〇年之前的那些年頭積極致力於策劃對法作戰，以便藉此完成德國的統一大業」——根本就是神話。一八六六年以後與一八六六年之前，俾斯麥在政策上的差異形成了躍然眼前的強烈對比：起先是近乎鬧哄哄的舉動，總是刻意製造、激化和解決紛爭，而且目標十分明確。接著卻是強調靜觀其變和息事寧人，一再設法閃避迫在眉睫的衝突，同時心中顯然拿捏不定，不曉得是否該把北德與南德更緊密地結合起來。俾斯麥曾在一八六七年做出一個極不受德意志民族主義者歡迎的妥協，化解與法國為了盧森堡而開戰的危機，其妥協措施當中並且包括普魯士的撤軍。[11]一八六九年他更否決了巴登大公國申請加入北德意志邦聯的提案，因為他覺得那是對法國的不必要挑釁。[12]甚至連俾斯麥在一八七〇年初說服國王，同意讓霍恩佐倫家族的旁支推出西班牙王位繼承人一事，也沒有被俾斯麥使用於挑起戰爭（經過一百多年來翻箱倒櫃式的詳細研究，現在我們已可確定此事），它反而被使用於嚇阻法國的軍事冒險行動。俾斯麥稱之為一座「西班牙和平的湧泉」，並希望讓它一直源源不絕。按照俾斯麥的估算，西班牙固然絕不可能對法國構成威脅，可是法國背後既然出現了一個不安全的西班牙，或許能夠讓

11 維也納會議結束後，由尼德蘭國王兼任盧森堡大公，但盧森堡仍然是德意志邦聯的成員國，盧森堡市並且為德意志邦聯的要塞，由普魯士派兵駐守。一八六七年三月二十三日，荷蘭國王威廉三世準備把盧森堡賣給法皇拿破崙三世（開價五百萬荷蘭盾），幾乎導致北德意志邦聯與法國開戰。最後歐洲列強和相關各國於同年五月在倫敦簽訂條約，結果那筆交易遭到取消、普軍撤出盧森堡、盧森堡大公國則拆毀要塞並成為獨立的中立國。

12 巴登大公國隔著萊茵河與亞爾薩斯面對面相望。

法國的好戰派稍微知所收斂——他們曾在一八七〇年之前要求「為薩多瓦復仇」，並千方百計設法拼湊出一個與奧地利和義大利的同盟。這回俾斯麥直到最後一刻才決定作戰，而且那是在法國表現出過激反應，逼得他只能在戰爭和屈辱之間做一選擇的時候。即便如此，他還是讓法國做出宣戰的動作。

一八七〇：一場意外與一個即興創作

一八七〇／七一年的戰爭截然不同於一八六四和一八六六年時的戰爭，並非俾斯麥所刻意尋求的對象。俾斯麥事先甚至沒有主動把它列入考慮，那場戰爭對他而言是一個意外和一個即興創作，並且曾在幾個月的時間內脫離了他的政治掌控。在剛開始的時候，那場戰爭只不過是「霍恩佐倫」和「波拿巴特」兩個王朝的面子之爭，結果它卻演變成德法兩國之間的全民戰爭。兩國於此際爆發出來的強烈民族仇恨，主要是被來自拿破崙一世時代的回憶所激起，跟一八七〇年導致開戰的實際原因反而比較無關。那是一個讓俾斯麥覺得可怕的新現象：情況突然與一八六四和一八六六年的時候有所不同，交戰的雙方已經不再是國家，而變成了民族。俾斯麥從此以後所面臨的問題，就是應該如何遏阻雙方民族主義狂潮的爆發。我們必須從這個背景來同時檢視他的建國行動，以及他在和約中所列出的條件（尤其是強迫法國將亞爾薩斯－洛林割讓給新成立的德意志國）。二者實為一體之兩面。二者都是俾斯麥針對法國復仇戰爭所做出的預防措施，因為他從當前戰爭中沸騰的法國民族主義情緒已可看出，那場復仇戰爭未來勢將發生。但奇怪的是，他甚至早在決定建國之前，就已經決定要兼併亞爾薩斯－洛林。我們幾乎可以表示，正因為先有了後者，接著才出現前者。

一八六七年爆發「盧森堡危機」的時候，俾斯麥仍然拒絕兼併亞爾薩斯。他當時的講法，今天聽起來簡直像是預言：他說道：「縱使普魯士打了勝仗，那又將如何呢？贏得亞爾薩斯之後，就必須加以固守，結果法國人又去找來盟友，然後情況恐怕會變得非常糟糕！」其中有趣的地方是，俾斯麥早在當時就已經把擊敗法國與兼併亞爾薩斯（但尚未考慮到洛林）自動連結在一起了。俾斯麥始終深信不疑，法國絕不會對戰敗釋懷；如今「內閣戰爭」已變成了「全民戰爭」，他的態度只會更加如此。既然有法國展開一場報復戰爭之虞，那麼南德地區將會是普魯士防禦最薄弱之處。俾斯麥很喜歡引用符騰堡國王昔日說過的一句話：「只要斯特拉斯堡繼續被一個不斷耀武揚威的強權使用為攻擊發起地，我就必須擔心……友軍前來馳援之前，我的國土早已被外敵的軍隊淹沒。」俾斯麥如今往往把斯特拉斯堡稱作「打開我們房門的鑰匙」，既然現在他認為日子久了以後法國必定會成為敵人，那麼他寧願把這枚鑰匙保管在自己的口袋裡。但是基於地理因素，那個口袋不可能是普魯士的口袋。要有辦法讓普魯士的軍隊駐紮在亞爾薩斯－洛林，就必須從德國獲得授權來那麼做。俾斯麥為了兼併亞爾薩斯－洛林，於是循序漸進，先需要一個統一的德國。

俾斯麥之所以需要一個統一的德國，理由也在於讓自己能夠對南德各邦感到放心。無論在巴伐利亞還是在符騰堡，尤其是在黑森－達姆施塔特，當地君主和政府於一八七〇年剛開戰的時候，都不打算馬上向普魯士履行盟友的義務。是百姓之間猛烈爆發的仇法情緒（而非對普魯士的愛意），才迫使他們終於遵守了盟約。俾斯麥不希望將來面臨類似情況的時候，必須再度依靠南德各邦君主搖擺不定的盟約忠誠度，或者南德地區的民間情緒。這麼一來，他就不得不硬著頭皮繼續向前，遠遠走出「普魯士軍官儲備量」足以應付的範圍之外：他必須把北德意志邦聯擴大成為一個涵蓋全德的聯邦國家，即便這將意味著削弱普魯士的超強地位，以及給到處熊熊燃燒起來的德意志民族主義火上加油。

其間俾斯麥的主要需求之一，就是要疏導德意志民族主義（亦可說是為了要堵住它的嘴巴），不使之成為一股真正的勢力。對俾斯麥來說，德意志民族主義是普魯士有用的盟友；但德意志民族主義絕對不是他自己的事情。既然大環境現在逼迫他統一德國，他同時只好不斷設法避免讓德國過於統一。在新德國裡面必須給各個邦國留下足夠的活動空間，這樣才不至於損及普魯士本身的優勢地位。早在建立北德意志邦聯之初，俾斯麥有一次就已經寫道：「我們」（普魯士）可以成交「很好的生意」，如果能夠採取對策來因應新架構勢將產生的聯邦性質，避免使得邦聯的色彩過度退居幕後的話。一八七一年建立帝國的時候，他更加仔細地顧慮到這一點。

所以當他分別與南德各邦在凡爾賽宮進行協商的時候，對他們所極力爭取的各種特權和保留權利幾乎是有求必應。南德各邦當然都已經看了出來，合併以後勢將導致他們喪失自主權（被降格成為「間接屬國」），於是他們秉持任何國家天生具備的自保本能，極力加以抗拒。這正好合乎俾斯麥的心意：南德各邦在未來德意志國家裡面所保留的自主性越多，普魯士也就可以享有更高的獨立性——以及越能夠繼續維持自己的霸主地位。他幾乎答應了南德各邦代表所想要的一切東西；巴伐利亞表面上更幾乎仍然是一個自主的國家，擁有自己的軍隊和自己的外交機構。這使得德意志民族主義者大表憤慨，因為他們覺得俾斯麥為了德國的統一，應該從那邊擠出更多東西來才對。但那正是俾斯麥所不希望做的事情。他想要一種保持平衡的狀態，一個基本上仍然介於聯邦國家和邦聯之間的東西；德國應該「足夠統一」，以便在戰爭時期篤定能夠同舟共濟；但也應該「不夠統一」，以便在和平時期仍可看出它是由許多不同邦國所共同構成，而普魯士是其中最強大的一個，並且居於主導地位。

最後在凡爾賽宮實際談出來的結果，並無特別鼓舞人心之處：北德意志邦聯的擴充，同時也意味著聯邦關係的鬆弛化。如果只是從憲法政治的層次來看，我們幾乎可稱此結果為一個比較緊密的北德意志聯盟，和一個比較鬆散的全德意志聯盟；對真正統一的德國滿懷憧憬之人，只會看得大皺眉頭。例如「國家自由黨」的重量級議員拉斯克，曾經在北德意志邦聯議會批評道：「再醜的媳婦還是得見公婆。」不過俾斯麥現在有了一個絕妙的主意，能夠給苦藥加上糖衣：他把被他自己降生到世上的那個「醜媳婦」命名為令人發思古之幽情的「德意志國」（Deutsches Reich）；「邦聯參議院」由普魯士國王擔任的非人格化「主席團」，則被他更改名稱叫做「德意志皇帝」（Deutscher Kaiser）。

「皇帝」與「帝國」——它們都是會令人心跳加快的字眼，並且能夠一掌打死許多隻蒼蠅。它們原本是一八四八年「法蘭克福國民議會」舊有的要求；如今得到實現之後，想必可讓當年的民主派民族主義者心滿意足。但它們天生就完全不屬於民主主義和民族主義的概念：古老的「德意志民族的神聖羅馬帝國」始終只是一個鬆散的諸侯邦國聯盟，絕非一個民族國家，皇帝則是由諸侯而非百姓選舉出來的。俾斯麥如今也精心做出安排，由各諸侯國的君主向他的國王奉上德意志皇冠（他曾支付大筆賄賂來爭取巴伐利亞國王的同意）；北德意志邦聯議會則僅僅獲得許可，謙卑地出面懇請國王不要拒絕德意志諸侯們的提議。於是「皇帝與帝國」既能夠讓民主派和諸侯們感到滿意，同時又在一般百姓那邊撩撥了浪漫主義的心弦——或許比較好的講法是：讓心弦如鐘聲般地響起。既平淡無奇又略帶矛盾的普魯士—德意志新國家架構，從而閃耀著昔日千年偉大歷史的光環，把自己呈現得活像是充滿傳說色彩的「薩克森王朝」與「斯陶芬王朝」帝國之復生。[13]更何況普魯士國王從此掛上的皇帝頭銜，效果十足地突顯出俾斯麥務必要讓他的普魯士在新帝國內享有的主導地位。

這個做法天才橫溢，同時卻又自相矛盾！從歷史的角度來看待普魯士成為帝國建立者一事，其令人匪夷所思的程度簡直不亞於讓馬丁・路德擔任教皇。我們不妨回顧一下：當初之所以能夠建立起普魯士王國，完全是因為「普魯士」——東普魯士——此際不屬於神聖羅馬帝國，而為波蘭王室的采邑，同時普魯士國王起初只能自稱為「在普魯士的國王」。等到他後來終於當上了「普魯士國王」，又變成帝國永遠的眼中釘肉

13 薩克森王朝又名「奧圖王朝」(Ottonen, 919-1024)，其國王（東法蘭克國王）奧圖一世在西元九六二年成為「羅馬皇帝」，被視為神聖羅馬帝國之濫觴。斯陶芬王朝（Staufer, 1138-1254）亦稱「霍恩斯陶芬王朝」(Hohen-staufen)，其最著名的皇帝則是腓特烈一世（「巴巴羅薩」）。斯陶芬王朝時代相繼出現「神聖帝國」(1157)和「神聖羅馬帝國」(Sacrum Romanum Imperium, 1254）等講法。這個國號最後在十五世紀末逐漸演變成「德意志民族的神聖羅馬帝國」。

中刺。迥異於奧地利深深植根於帝國歷史之中、在帝國內部成長茁壯、從未完全與帝國理念分離的做法，普魯士反倒像是一個打對台的國度、一個反帝國，而且其本質也就是如此。帝國既古老又殘破（到了最後幾乎再也不可能按照國際法來對它做出定義），是一個泛歐洲性的神話，起源自古羅馬。普魯士卻熠熠生輝和新意盎然，是一個缺乏任何歷史光環的純粹理性國家。它完全只是列強之一、完全秉持精打細算的國家利益至上原則，更何況它並非中世紀的產物，反而來自啟蒙運動時代。有朝一日偏偏竟然是由普魯士來重振帝國——若是在古典時期的普魯士，每一個人都只會將此等情事當成笑話看待。

在一八七一年的時候，「皇帝與帝國」起先固然看起來僅僅像是一套既漂亮又仿古浪漫的老德意志外衣，被拿來包裝一個嶄新而現代的東西：德意志資產階級的民族國家。可是我們已經在前面看見過，事情不僅於此而已：最起碼它偏離了正常的民族國家，成為一個轉移注意力的行動。俾斯麥便打算拿它來取悅每一個人——王公貴族和資產階級民族主義者、南德百姓和北德百姓、普魯士人和非普魯士人——卻又沒有讓其中任何人完全得到自己實際上真正想要的東西。

俾斯麥至少於當下的時刻獲得了成功，但只有在一個人那邊除外：他自己的國王。對年邁的威廉一世而言，皇帝與帝國——按照他自己的說法——意味著「向普魯士道別」。威廉一世已經預告出來，他從此以後掛上的皇帝頭銜，將使得普魯士的國王頭銜黯淡無光。他充其量只想當「德國皇帝」（就如同他迄今是普魯士國的國王一般），亦即讓德國融入普魯士，而非讓普魯士融入德國。[14]如果此事行不通的話——「那麼我何必當這種名譽少校呢？」（「名譽少校」指的是退伍時獲得少校頭銜做為安慰獎的上尉們。）他甚至直到最後關頭都還打算讓擁立德皇一事無疾而終，並且表示有意退位。（「弗里茨[15]應該來處理這檔子事。反正他全心全意向著新的情況。可是我一點也不為所動，會繼續把普魯士堅守下去。」）等到俾斯麥一如既往地終於——在擁立德皇典禮的前一天——說服國王讓步之後，國王流著眼淚說道：「明天是我一生當中最不快樂的一天。我們會把普魯士的王位抬進墳墓。」

俾斯麥在寫給妻子的一封信函當中，將此事貶低為國王突發奇想的情緒性反應。後來大多數歷史學家的觀點也相當類似，認為那頂多只能算是一位老人家對陳舊過時事物的黯然神傷。當時大多數人的看法如此，大多數普魯士人亦然。可是那位老國王的目光比大多數人更加深遠。一八七一年一月十八日——普魯士第一位國王在柯尼斯

14 但德皇威廉一世的頭銜並非「德國皇帝」（Kaiser von Deutschland），而是德意志皇帝（Deutscher Kaiser）——表明他只是被擁戴出來的共主，地位與其他德意志諸侯們平等。

15 弗里茨（Fritz）指的是威廉之子，後來只當了三個月皇帝的腓特烈三世（Friedrich III, 1831-1888）。

堡加冕一百七十年後的同一天——隨著凡爾賽宮裡面擁立德皇的儀式，開始了普魯士的緩慢死亡。

第7章

緩慢的死亡經歷

Das lange Sterben

俾斯麥曾在晚年預見了普魯士和德國所將面臨的災難。他被免除帝國總理職務之後，怒氣沖天地表示：「腓特烈大帝去世二十年後，便有了耶拿的敗績。如果再繼續像現在這般處理政務的話，國家將在我死後二十年崩潰。」俾斯麥去世於一八九八年。二十年後正好是一九一八年。

而一九三二年七月二十日的「普魯士政變」，則標誌出普魯士國家地位真正結束的時間。德意志國總理巴本於總統全面授權下，在當天罷黜了普魯士邦政府，各個政府部會遭到國防軍占領，部長們則在暴力威脅下，被迫離開自己的辦公室。普魯士從那天起成為一個「國家直轄地」，沒有自己的政府，被德意志國政府順便一起統治。這是其自主國地位之終結——普魯士的末日。

無論我們做何感想，那都是一個悽慘的結束——不僅僅是這個既短暫又可敬的普魯士共和時代之結束，同時也是整部普魯士歷史的結束。

普魯士儘管最後僅僅置身虛無縹緲間，但它還是繼續在德國內部存在了七十五年，接著才在一九四五年與德意志國一同走上末路。然而那四分之三個世紀當中，德意志國的歷史與普魯士的歷史卻不重合，它們甚至還不平行運作，反而南轅北轍。德意志國欣欣向榮，並且變得越來越強大；普魯士卻地位下降，在德國內部日益欲振乏力。一八七一至一九四五年之間的德意志國歷史，是一部緊張刺激、高潮迭起，既氣勢恢宏又駭人聽聞的歷史；同一時期的普魯士歷史卻只不過是天鵝之歌，以及真正的普魯士歷史所留下之回響，不斷淪落到只具有地方性的意義。德國直到於一九四五年名副其實地土崩瓦解之前，曾經在整整六個可怕的年頭裡面讓全世界屏息凝神；那六年期間卻早就沒有任何人對普魯士感興趣了，甚至就連對它自己的百姓來說，普魯士也不再是活生生的現實。它已經融解於德國之中，應驗了腓特烈·威廉四世國王早在一八四八年的時候，於自己清醒之際所做出的預言。[1]

國家意識上的革命

但怎麼會這樣呢？德意志國不是由普魯士建立起來的嗎？難道普魯士沒有在一八七一年成為德國的霸主嗎？它不是在俾斯麥的帝國裡面掌握了各種「憲法王牌」而全

面享有優勢，以致人們往往可以把當時的德國稱作「大普魯士」嗎？怎麼可能所有的那些王牌打出去以後都未能奏效，結果普魯士非但無法支配德國，反而還越來越不加抗拒地輸給德國，最後竟然在德國裡面融解了呢？那麼它究竟融解於何時？是一八九〇年俾斯麥下台的時候？一九一八年君主政體告終之際？一九三二年普魯士政府遭到中央政府罷黜以後？或者是在接下來幾年的時光，直到各個邦國分別被任命了「國家總督」，[2]並且被改組成「國家行政區」為止？

所有這些事件和年代數字，毫無疑問都代表了不同的階段，共同標誌出一個很貼切地被稱做「普魯士身後歷史」的發展過程。然而我們無法表示，它們都是具有決定性意義的轉捩點，使得一切發展從此變得大不相同。其實它們每一次都只不過是勾勒出某種已發生的事件，呈現了人們於事發當時的不加抗拒，以及感覺事情早就無法避免。它們每一次都只能證明，普魯士國家在此之前又消失了一部分的生命力。每一次

1 腓特烈·威廉四世在一八四八革命爆發十年之後精神完全錯亂，由其弟威廉從一八五八年十月開始攝政。

2 納粹政權從一九三三年四月七日開始在各個邦國設置「國家總督」（Reichsstatthalter），以便將地方與中央「同步化」；一九三四年一月三十日更立法取消各邦國的自主性，摧毀了德國的聯邦體制。普魯士「國家總督」由奧地利人阿道夫·希特勒親自兼任（1933-1935），巴伐利亞人赫曼·戈林則擔任「普魯士總理」（1933-1945），以及代理「總督」（1935-1945）。

新消失的生命力，都只會給一個既緩慢又無法遏止的死亡過程帶來新的推動力。如果我們現在想問，這個既可怕又無形的過程究竟始於何時，而且到底是什麼事情促成它的發生，那麼答案只有一個。真正斷了普魯士命脈的決定性事件，只可能是建立德意志國的行動——普魯士的這個至高勝利，僅僅在表面上使得普魯士成為德國的主宰者。曠日持久之後卻只能證明，普魯士在與德國融合的過程當中早已無能為力，儘管它似乎享有權力政治方面的一切優勢，而且俾斯麥曾經把各種憲法巧門和防護措施安排妥當。普魯士就彷彿被里爾克的天使驟然擁入懷抱的那個人一般，「因為他較強大的存在而消散」。[3]

若有誰覺得這聽起來過於神奇怪誕的話，那麼不妨改用黑格爾一個著名的講法：「如果概念的國度有了革命性的改變，現實的世界便將難以為繼。」俾斯麥一八七一年在德國創造出來的現實，的的確確一面倒地有利於普魯士。普魯士國王成為德意志皇帝，普魯士則主導「聯邦參議院」、指派帝國總理、選舉出最多的帝國國會議員，而且不但構成帝國武裝力量的核心，還按照普魯士模式改造了其他邦國的軍隊。每一個德國人服兵役的時候，都「走去普魯士人那邊」——此為當時的一句民間俗話，藉此憑著直覺來掌握複雜的政治關連性（今日的役男則是「去聯邦那邊」）。俾斯麥帝國以違反憲法的方式，成為一個介於聯邦和邦聯之間的東西，而普魯士便在其中明顯享有政治上與軍事上的主導地位。

然而俾斯麥同時卻在不完全清楚自己做出什麼事情的狀態下，「革命性地改變了概念的國度」。在德國人的概念當中，德意志國是他們渴望已久的民族國家；「皇帝與德國」這些響亮的字眼，則進而喚醒了塵封已久、有關普世權力與威勢的古老概念。德國人普遍的觀感為：普魯士建立德意志國之後，已經履行自己的歷史任務，完成了自己的「德國使命」。大家固然應該對它表示感激，但普魯士已隨之變得多餘。它失去了存在的目的，其獨立國的地位已經不合時宜，純粹成為一個「紀念協會」，成為德國歷史上一個光輝燦爛的段落——從此可以把它如同博物館內的展品，或者擺放在陳列櫃裡面的獎盃一般地看待。

這場「國家意識上的革命」不僅發生在普魯士以外的德國，同時更出現於普魯士本身。畢竟普魯士人，至少其絕大多數的百姓，也都是德國人。如今建立德意志國以後，他們的德意志民族意識獲得了著力點，於是無論在力道或深度方面都遠遠凌駕其舊有的普魯士國家忠誠之上。在德國西部和西北部的新普魯士地區——「必須成為普魯

3 里爾克（Rainer Maria Rilke, 1875-1926）是奧地利詩人，「天使」一說則來自其《杜伊諾哀歌》（*Duineser Elegien*）的開頭部分：「誰—若是我吶喊—將從天使的序列聽見我？即便其中一位驟然將我擁入懷抱，我也會因為他較強大的存在而消散。因為美麗無非是恐怖事物的開端……每一個天使都是恐怖的。」

士國民者」的地區——自然更加如此。它們是在一八一五年以後，有的甚至剛剛在一八六六年才加入了普魯士，而且絕大多數的時候從未以普魯士的身分經歷過過普魯士的歷史。不過就連老普魯士地區的情況也相差無幾。例如柏林如今以「帝國首都」這個新頭銜為傲，幾乎不再想到自己同時也還順便是普魯士王國的首都，以及國王的京城。相形之下只能確定的是，慕尼黑、斯圖加特和德勒斯登——以及它們所代表的地區[4]——在新成立的德意志國裡面所保留的特殊邦國意識與部族意識，遠遠多過了柏林和普魯士。

如果我們停下來對此思索片刻的話，應不難發現解釋的理由何在：普魯士人正好由於是他們自己建立了德意志國的緣故，而且如今又自視為其真正的支柱，於是能夠更加快速和輕易許多地完全認同德意志國（「他們的」德意志國），以致可謂忘記了自己獨特的國家身分。除此之外，他們不同於巴伐利亞人、施瓦本人和薩克森人，並非單一的部族；其部族意識比德國南部要來得薄弱，而且頂多只會出現在普魯士的各個省分，在東普魯士人、西里西亞人、波美拉尼亞人和布蘭登堡人那邊。可是普魯士做為一個整體，則既缺乏部族的基礎又沒有民族的根柢。它向來純粹只是一個國家，一個人工化的權力架構與理性架構。人們只是出自偶然才會成為普魯士國民，有時則或許也基於自願的行動（「吾乃普魯士人，願為普魯士人！」[5]），但沒有人是天造地設的普魯士人，不像德國人或者像巴伐利亞人和薩克森人的身分那般自然而然。如今等到這個脆弱的人工產物和理性國家開始跟自己打對台，亦即與第二個和更大的國家——恰巧是德意志國——疊床架屋之後，也就難怪其國民的普魯士國家意識，很快便讓位給他們新近被喚醒的德意志民族意識。更何況這兩種忠誠意識之間的差異，就好比是清水和烈酒。想當普魯士人，那始終是一件理性十足的事情，其中涉及了服從紀律、端正舉止和履行責任。可是德國人的身分，而且現在又當上了德意志皇帝的臣屬和德意志國的國民，那只會讓人熱情洋溢並且陷入沉醉。「德國，德國超越一切」——這首歌曲在德國還沒有成為政治現實的時候，早早就已經出現，[6]卻從來沒有人起心動念，覺得應該唱出「普魯士超越一切」。

這種意識上的轉變從來都沒有變成「新聞」，從來都沒有成為「事件」，卻仍然是一個劃時代的發展。它不僅出現於民間，並且更以同等強度席捲了國家的中堅階層——

4 慕尼黑、斯圖加特和德勒斯登分別是巴伐利亞王國、符騰堡王國與薩克森王國的首都。

5 這句話摘自普魯士國歌（*Das Preußenlied*）的第一段歌詞：「吾乃普魯士人，你可知我顏色？黑白旗幟在我面前飄揚……無論天色昏暗或陽光普照，吾乃普魯士人，願為普魯士人！」

6 此句來自《德意志之歌》（*Das Deutschlandlied*）的第一段歌詞：「德國，德國超越一切……超越世上的一切。」《德意志之歌》填詞於一八四一年，一戰結束後在一九二二年成為德國國歌，二戰結束後在一九五二年被德意志聯邦共和國恢復使用為國歌（但不可再唱「德國超越一切」）。

政治人物、官員和部長，甚至還包括統治者家族。在凡爾賽宮擁立德皇的時候，威廉一世早就痛苦萬分地預見了這種發展，而且他寧願只是繼續擔任普魯士國王。儘管如此，現在他既然變成了「老皇帝」，只得發揮普魯士的責任心來扮演好那個嶄新、更大，以及違反其本意的角色。威廉一世的兒子，那位永遠的皇太子，卻完全融入了德皇的角色；當他一八八八年登基的時候已經病入膏肓，結果僅僅在位短短三個月的時間，但他仍希望只被稱做「腓特烈皇帝」，而非「腓特烈三世」——因為後者會讓人聯想起他同時握有的普魯士國王頭銜。最後威廉二世就只純粹是「皇上」了，雖然他也還是普魯士國王，而且普魯士依舊是一個既置身帝國之內又與帝國平行的國家——居主導地位的國家——但那些對他而言都已經完全成為虛幻渺茫的概念。一八九二年夏天，他曾針對此事向其親信奧伊倫堡做出一個特色十足的聲明，奧伊倫堡則把內容記錄了下來。皇帝表示：「俾斯麥侯爵有一次告訴我的說法，讓我始終不怎麼摸得著頭緒。我不明白其用意何在，而他的想法後面顯然另有企圖。他向我表示：『對德意志國意思意思一下就好。[7]請您設法只讓普魯士保持強大，不必在乎其他人會變得怎樣。』我從中看見了為我設下的某種圈套。」

那並不是圈套。俾斯麥正如同他經常所做的那般，以令人驚訝和容易造成混淆的方式，坦率說出了自己真正的想法與感覺。這位帝國的締造者——幾乎孑然一身——

從裡到外都還繼續是普魯士人。對他來說，德意志國並非目的本身，而是一個人為安排，藉以將普魯士的權力地位擴充到普魯士國界之外。那麼從這個角度來看，俾斯麥對這種安排所抱持的態度，的確很快就只會變得「意思意思」即可。

為了達到自己的目的，俾斯麥同時締結過兩個相互矛盾，而且都不完全真心誠意的同盟。他一方面是與德意志各邦國的諸侯結盟，讓他們表面上繼續保留自主權、君主頭銜以及宮廷排場，使得他們屈居普魯士之下的事實變得比較可口。另一方面則是和「德意志民族」，亦即跟自由派和民主派的德意志民族主義結盟，使之得以實現一八四八年的偉大目標（皇帝和德國），此外並讓他們獲得一個透過自由選舉產生的德意志國家議會——即便俾斯麥當然只想給它一個鼓掌叫好者的角色。與王侯們之間的一切大致都進行得還算功德圓滿。可是德意志民族和德意志國家議會卻讓俾斯麥大失所望，他們非但不表示感激，反而還提出苛求。在俾斯麥只想伸出一根小指頭的地方，他們卻貪得無厭地抓住了整隻手掌。

俾斯麥的國王與皇帝雖曾在剛開始的幾個年頭跟他起過激烈爭執，後來卻不再給他找麻煩了。就連往往被人言之鑿鑿宣稱的南德「地方分離主義」，也只不過是一個表

7 俾斯麥話中的「意思意思」（soso lala），亦可翻譯成「馬虎馬虎」或「敷衍敷衍」。

面上的問題而已——不管巴伐利亞人再怎麼喜歡怒罵「普魯士豬」(Saupreußen),從來都不必擔心巴伐利亞果真會鬧獨立。但帝國國會很快便令普魯士人俾斯麥真正感覺毛骨悚然。這個透過自由選舉產生的德意志議會,從一開始就讓按照三級選舉制間接選出的普魯士邦議會完全相形見絀。帝國總理必須一次又一次地在帝國國會登台,進行令人精疲力竭的辯論——結果普魯士首相俾斯麥日益被籠罩在帝國總理俾斯麥的陰影下,令他自己大為惱火。帝國國會裡面最能夠清楚呈現出我們曾經提到過的「意識上的轉變」:普魯士特有的國家意識已遭到勢不可當的德意志民族意識排擠。俾斯麥雖能察覺此事,卻沒辦法指名道姓斥責這個難以捉摸的敵人。他甚至還必須不斷把它掛在嘴上吹捧,以免危及自己與德意志民族主義的同盟——或者表面上的同盟。

普魯士的撤退戰

俾斯麥反而抨擊他自己所稱的「黨派精神」,但那其實只不過是國家的民主化進程於蓬勃發展之際,自然而然會產生的現象。帝國總理俾斯麥的兩大國內政治鬥爭,分別是以帝國裡面立即組成的兩大德意志全民政黨為對象:此即天主教徒的「中央黨」,以及「德國社會民主黨」。他稱之為「國家公敵」。但它們其實才是真正屬於德意志國的政黨，而且一直存續至今——「中央黨」已在擴及於所有的基督徒之後，更名為「基督教民主聯盟」。俾斯麥企圖癱瘓它們的嘗試——以「文化鬥爭」對付中央黨，以《反社會主義者法》對付社會民主黨——使得一八七〇和八〇年代在內政上充滿了肅殺之氣。這些事情便成為俾斯麥時代令人不快的主要話題。不過那兩個案例當中也出現過正面的發展：在「文化鬥爭」期間推出了世俗婚姻和廢止教會對學校的監督，在對抗社會民主黨的時候則劃時代地發明了社會保險。但是在政治方面，二者最後皆以俾斯麥的失敗收場。中央黨和社會民主黨非但沒有被削弱，反而不斷變得更加強大。這些挫敗解釋了，為何俾斯麥在遭到免職之前不久，曾經認真至極地打算解散德意志國，把它重新建立成一個諸侯同盟，並且廢除帝國議會（或至少是廢止國會選舉法）。

俾斯麥帝國最初二十年內的國內政治氛圍既令人不快又鬱悶凝重，而俾斯麥便於個人權力與榮耀臻於鼎盛之際，在這二十年內日益憤懣不滿。對這兩種現象的解釋是：俾斯麥在建國時期替普魯士做出的規劃未能奏效，德意志國並沒有變成大普魯士，反而自行發展出一種非普魯士的存在形式，並且在普魯士的頭頂上方繼續成長。俾斯麥於是發揮韌性和機智，甚至以粗暴的作風試圖力挽狂瀾，但只是白費力氣罷了。他的創造物畢竟比他自己強大。不過只要俾斯麥還在，普魯士也就依然存在。俾斯麥在一八七一至一八九〇年之間的國內政策，可以概略總結如下：它最後一次表達出普魯士拒絕融解於德國之中的態度——然而那種拒絕方式徒勞無功。它是普魯士最後所進行既漫長又不順利的撤退戰。

俾斯麥在一八七一年以後的國內政策難得受人讚譽，他的外交政策可就大不相同了。眾所周知的是，俾斯麥出乎世人的意料，於推動「波拿巴特式」充滿動盪、危機，並且隨時準備打仗的政策長達八年之後，變成了愛好和平的政治家。他曾在連續二十年的時間內捍衛與維護歐洲和平，就跟之前推動普魯士的擴張、按照普魯士的意思來解決德國問題時一般，運用了同樣深謀遠慮、冷靜計算的高超技巧——我們甚至可以表示：發揮了同樣的熱忱。有一次，在一八七八年的時候，他是以「誠實的經紀人」之身分阻止了一場迫在眉睫的歐洲大戰；而且他一直堅持認為，德意志國已經不再有必須「用劍征服」的東西。「我們是一個已經飽足的國家。」每當俾斯麥說出「我們」的時候，他暗中所指的始終是「普魯士」，而如果有人把他內政上令人不愉快的事物歸咎給他強硬的普魯士本位主義，那麼也必須把他外交上的成就歸功於他的普魯士本位主義。

普魯士在一八七一年以後的確是一個已經吃飽的國家，而且過於飽足——普魯士的確再也不需要用劍來進行征服。普魯士吞下的東西早已超過自己的消化能力，它已經吃撐了，現在它所需要的無非是寧靜與和平。對普魯士而言（再度套用俾斯麥的講法），它現在已經「替德國時鐘正確調好了往後一百年的時間」；建立德意志國一事——另一句俾斯麥自己講過的話——則「是『我們』能夠苛求歐洲接受的最後一樣東西」。普魯士的利益，實際上就是俾斯麥一輩子的施政綱領，因此只要俾斯麥繼續擔任帝國總理，普魯士便在外交方面成為德意志國的煞車。普魯士既然已經吃飽，那麼德意志國也必須以「飽足之國」的姿態現身——然而德意志國其實並沒有吃飽。一等到俾斯麥下台之後，這種情況很快便暴露出來。身為民族國家，德意志國並沒有飽足，因為還有千百萬德國人繼續留在國境之外。而身為帝國——剛出爐的大國以及歐洲的祕密霸主——甚至無法逆料其雄心壯志的上限究竟何在；「世界強權」與「世界政策」已經躍躍欲試，「生存空間」則只不過是兩個世代以後的事情。只要俾斯麥——以及俾斯麥所代表的普魯士——仍然決定了德國的外交政策，一切都還可以受到嚴格管束。普魯士對德意志國一八七一年被創建時的規模已經心滿意足，因此德意志國也應該對被創造出來的現狀心滿意足。這是俾斯麥和平政策的內在邏輯，然而在他下台之後卻立即遭到放棄。德意志國最初二十年內的這種和平政策，在本質上則仍舊還是普魯士的政策。

許多外國歷史學家，尤其是英國的，但也包括德國南部和奧地利的歷史學家，都不願意正視此事。對他們來說，普魯士是「萬惡的根源」、德國的惡靈，以及導致德國和世界在二十世紀上半葉陷入災難的真正原因。他們可以用兩個看似合理的論點來佐證自己的意見。

首先，在二十世紀的兩次世界大戰當中，德意志國的主要工具是它的陸軍，而這支陸軍——此說完全正確——主要就是普魯士和「普魯士軍國主義」的傑作。但問題是：軍方並沒有在兩次世界大戰爆發之前決定德國的政策，也不曾催促開戰；它甚至還極力設法勸阻第二場戰爭。

再則，普魯士於其身為獨立國的歷史上，特別是在十八世紀（但最後在十九世紀又一度如此），都是一個進行征服的國家：它曾一再推動土地調整政策和擴張政策，而這種征服的傳統——依據此論點更進一步的講法——已被它所建立的德意志國繼承下來，稱得上是被注射了進去。此論點的第一個部分完全正確，然而它省略了一件事情：領土擴張政策是十八世紀通行的實務，而且普魯士更由於長年以來的土地四分五裂，比其他國家還要依賴這種做法。第二個部分和決定性的部分，則根本是天馬行空的幻想：普魯士並沒有讓德意志國「繼承」，或者向它「注射」征服的傳統。普魯士在一八七一年建立帝國之後已經實現目標，抵達其事業生涯的終點。隨著德意志國的建立，它甚至已超出了自己伸展能力的極限。只要普魯士在德意志國內部說話還有分量，亦即直到俾斯麥下台為止，普魯士在德國外交政策方面一直是鞏固現狀、保持穩定、約束野心，以及維繫和平的因素。這當然並非出自和平主義，而是著眼於針對國家利害關係所做出的冷靜判斷。只要普魯士希望繼續成為領導德國的力量——在俾斯麥的時代它還打算那麼做——那麼德國就絕不可以比現在更大。普魯士對那個時候的德國已經無法真正「主宰」，它在俾斯麥的「小德意志國」早已赫然發現，自己一下子變得不斷居於守勢，甚至名副其實正處於「騎虎難下」的境地。在一個「大德意志國」，甚至在德意志「世界強權」裡面，普魯士的處境只會變得更加沒有指望。

俾斯麥已經看出此事，但就連他也不再有辦法阻止隨後發生的一切。縱使在外交政策方面，他的創造物也比他自己強大。一八七一年以後再也沒有了普魯士的外交政策。普魯士不再是一個獨立的「國際法的主體」，德意志帝國已經取而代之；同時不管俾斯麥喜歡與否，德意志國是個跟普魯士很不一樣，而且比較大的東西：它已非歐洲東北部的區域性國度，不復具有範圍有限、一目了然的國家利益，反而成為一個利益範圍涵蓋全歐洲，並且很快又擴大到歐洲之外的強權。

這種情形首度體現於俄國與英國之間嚴重的巴爾幹危機，而它幾乎在一八七八年導致歐洲全面陷入戰爭。調解危機的國際會議如今在柏林舉行，其主席是俾斯麥，和平的條件則有賴於他那位「誠實的經紀人」。德意志國已然成為歐洲的仲裁者——這一種傲人的角色，是普魯士所不可能也無意扮演的。但這種角色也不再有辦法推動普魯士的政策。俾斯麥必須以和平締造者的身分，對打了勝仗的俄國掣肘；結果這意味著普魯士—俄羅斯百年友誼的結束，以及此後同樣長達將近一百年的德國—俄羅斯敵對關係之開端。它迫使俾斯麥很快便採取下一個步驟：與奧地利結盟，德意志帝國從此陷入這個最不具普魯士風格的同盟，再也無法抽身而出。

一八八〇年代的俾斯麥海外殖民政策也同樣不符合普魯士作風，而他是因為迫於德國海外企業的壓力，以及「社會帝國主義」的宣傳（把殖民地看成是擺脫嚴重經濟衰退的出路），很不情願地同意進行。[8]那一切都再也無關乎普魯士和普魯士的利益。可是德國畢竟已經變得比普魯士強大，而且在俾斯麥的時代早就如此，即便俾斯麥是從普魯士的角度來思考，並且設法讓「他的」德國放慢腳步。等到俾斯麥離開以後，就再也沒有人讓德國煞車下來了，於是從此的口號改為：「全速前進！」

一個沒有人要的國家

眾所周知的是，德國歷史在威廉二世統治下變得非常緊張刺激，它是一部極具戲劇性的歷史，交織著輝煌與苦難、飛騰和墜落。但我們在此探討的並非德國歷史，而是普魯士的歷史，更何況進入德皇威廉時代之後，我們赫然發現自己陷入窘境：因為一下子就再也沒有普魯士的歷史了。之前甚至在俾斯麥的帝國裡面，普魯士歷史仍然或多或少是德國歷史的對照面，可是到了一八九〇至一九一四年之間，它已淪為無足輕重的省級歷史。

這並不表示普魯士——尤其是西部的新普魯士地帶，亦即如今蓬勃發展的德國大工業區所在之處——被排除在威廉二世時期德國的巨大權力膨脹之外，諸如：工業擴張、大海軍政策、「世界政策」等等。然而那一切都跟普魯士、普魯士國家，以及普魯士傳統完全不再具有任何關係。如果在此時代還有值得針對普魯士做出報導的東西，那就是一種暗中發生、由逆向發展和內部分裂所構成的奇特進程。普魯士國家久經考驗的整合能力現在已明顯衰退。德國西部的新普魯士地帶非常起勁地共同參與德皇威廉時代的經濟起飛，感覺自己從中得到了解放和助力。可是在「老普魯士」——一七七二年以降的普魯士，易北河以東那個容克貴族與農民的國度——人們突然發現自己在工業化的德國淪落到「窮親戚」的地步，因此開始倚老賣老對自我的本質進行崇拜，進而忿忿不平、大發牢騷、嘀嘀咕咕地針對新德國浮誇、豪奢、自大的作風，展開口頭攻擊。容克貴族們的批評，也沒有放過那位顯然已經忘記自己其實還是普魯士國王的皇帝。

8 哈夫納在《從俾斯麥到希特勒》對此事的內情做出了詳細的補充說明（見第二章）。

我們可以理解他們的批評。威廉二世時代的德國果真出現過許多非常難看，暴發戶式的搞炫耀、講派頭作風，讓老普魯士的簡樸踏實顯得好處多多。普魯士的容克貴族軍官和農民士兵，昔日確曾支撐起一個引人注目的國家，而如果沒有過那個國家的話，就不會出現當下高傲地把它拋諸背後的德意志帝國。可是事到如今呢？本來不是理應由普魯士首相順便擔任帝國總理的嗎？現在卻突然改由帝國總理順便兼任普魯士首相，即便他像霍恩洛厄親王那般是巴伐利亞人，像比羅那般是梅克倫堡人，像貝特曼—霍爾維格那般出身自法蘭克福銀行家家族，像赫特林那般再度是巴伐利亞人，甚或像馬克斯親王那般是巴登大公國統治者家族的成員。總之正確無誤的是，老普魯士——如今針對它出現了「易北河東」（Ostelbien）這個稱呼——於短短數十年內，在它自己所創建的德意志國裡面變成了落後地區、窮鄉僻壤、閉塞之地，甚至還是帝國的「賠錢貨」。它所生產的穀物必須仰賴高保護關稅才得以維持利潤，於是造成德國西部工業勞動者的麵包變貴，而易北河東的農莊卻依然債台高築。可憐的老普魯士！

如前所述，老普魯士於德皇威廉時代對帝國的滿腹牢騷其實不難理解，後來等到帝國在一九一八年崩潰之後，更有人從那種牢騷裡面看出了更高的智慧——假如帝國能夠維持普魯士簡樸作風的話！然而當人們那麼做的時候卻忽略了，普魯士於晚年針對德皇威廉時代所做出的批評中，也多方面充滿了不具普魯士作風的自怨自艾、利己主義，甚至某種程度的冥頑不靈。德皇威廉時代散發光芒的東西並非全部都華而不實，而且德意志國於帝國時代新出現的事物——在經濟上、文化上，同時也在政治上——並非完全一無是處。相較於德國在一八九〇至一九一四年之間四分之一個世紀內的欣欣向榮，從「易北河東」持續傳過來的怒罵之聲顯得不像是先知們的災難預警，反倒宛如針對普魯士衰頹所發出的信號。在其他德意志邦國都已經採用全民普選制度的時代，普魯士卻仍舊抱殘守缺，堅持自己從一八五〇年代流傳下來並且受到痛恨的三級選舉制，人們又該對此作何感想呢？更何況這種不斷出現的自我抬舉和自我誇耀，是普魯士於其全盛強大時期所從未有過的現象——這跟德皇威廉時代的浮華豪奢比較起來，豈不至少是同樣糟糕的作風？提奧多・馮塔納因而在一八九八年以嘲諷口吻默默地寫道：「我們的上層階級普遍具有一種天真傾向，喜歡把所有『普魯士』的東西都看成是一種比較高等的文化形式。」

提奧多・馮塔納在過去和現在都是普魯士的古典詩人。他其實不算是德國人，反而主要是法國血統，出身自「大選侯」時代即已定居普魯士的法國人社群，但他徹頭徹尾是普魯士人。他在年輕時代是普魯士的吟遊詩人；成年以後是普魯士的編年史家，寫出其戰爭、勝利和歷史——沒有任何德語歷史小說能夠比前面提到過的《風暴之前》更加優美、更值得一讀和更加耐人尋味，而書中真正的英雄就是普魯士這個國家。他在年邁之際則以獨到的眼光、憂傷的心情和實話實說的態度，批評了普魯士的衰頹：

那隻「我不逃避太陽」的老鷹抓在爪中的閃電光束已不再閃耀，[9]熱情已經消散。一個倒退的運動驀然重返，早已死亡的事物看似即將重新綻放花朵。可是它並未如此……即便時至今日，那些古老的家族也依舊受到愛戴。但他們濫用和耗盡了人們的同情，而那是大家——每一個人和每一個等級——所共同需要的。我們各個古老家族的共同毛病，都是以為「沒有他們就凡事都行不通」。但那實在錯得離譜，因為縱使沒有他們，事情肯定照樣可以行得通。他們不再是支撐起一切的棟樑，他們已然成為長滿苔蘚的老舊石頭屋頂，只會造成沉重的負擔，卻再也無力抵擋狂風暴雨。

上述字句摘自馮塔納最後一部而且最偉大的小說，《施泰希林》。就此意義而言，它是馮塔納告別人生之作；但它也是馮塔納對普魯士的道別。

德皇威廉時代對德國而言是春天和衝刺的階段，對普魯士來說卻是秋天和告別的時刻，普魯士正在走下坡路。等到德國皇權於一九一八年垮台的時候（它消失得無聲無臭、未曾做出抵抗，因而注定再也無法重建），普魯士一時之間也顯得氣數已盡。

我們在這裡跳過了第一次世界大戰，因為它已非普魯士的戰爭。依先後順序加入那場戰爭的國家，奧地利、俄國、德國、法國、英國和美國，分別有自己的參戰理由和戰爭目標。普魯士並沒有任何戰爭目標。然而德國戰敗之後，普魯士卻照單全收地付出代價。除卻亞爾薩斯—洛林之外，德國所割讓的全部都是普魯士的土地：波森與上西里西亞、但澤與波蘭「走廊」，甚至還有北什列斯威。隨著德國戰敗而爆發的革命，更給普魯士的生存打上了問號。

但問題並非僅僅出在革命本身。它終歸只是一個主要發生在德國西部的革命，到了後期階段才波及柏林，而且真正的「易北河東」完全不受影響。最關鍵的因素還是：霍恩佐倫王朝下台之後，普魯士便失去了一個非常重要的「夾子」，而迄今為止正是它把整個普魯士國家連接在一起。俾斯麥那個普魯士人曾經在他的《思考與回憶》裡面提出一個論點，表示並非各個部族，而是各個王朝構成了德意志特殊國家地位的基礎，導致德國不可避免地具有聯邦性質。就巴伐利亞、符騰堡、薩克森等邦國來說，這種論點非常站不住腳；對普魯士而言卻正確無誤。一九一八／一九年時的情況已經表明，

9 「我不逃避太陽」（*Non soli cedo*）乃普魯士國王腓特烈．威廉一世的拉丁文座右銘。其具體圖案是一隻用爪子抓住一把閃電光束的黑色老鷹。

其他各個德意志邦國縱使沒有「土生土長」的王朝，照樣能夠繼續維持強烈的自我意識。唯獨普魯士自從沒有了國王以後，本身卻突然成為問題，甚至處境變得尷尬起來。它在某種程度上不再曉得到底該拿自己怎麼辦；如今它全然準備融解於德國之中，正式批准其大多數國民早在帝國時代即已完成的意識轉變。

「普魯士邦制憲會議」在一九一九年一月與「威瑪國民議會」一同被選出之後（現在當然已改為全民普選），對自己的任務久久猶豫不決。何必在德意志國憲法的旁邊再搞出一部普魯士憲法來？既然已經有了德國，何必還要普魯士？遲至一九一九年十二月——革命一年之後，《威瑪共和國憲法》[10]已生效了四個月——普魯士邦議會仍在二一〇票贊成三十二票反對的情況下，做出一項決議，而其中最具關鍵性的段落如下：

> 身為德意志各邦國之最大者，普魯士認為其職責在於率先做出嘗試，藉以確認目前是否已適合創建一個統一的德意志國家。基於此項考量，邦議會謹敦促本邦政府，及時於通過憲法最終版本之前，立刻要求國家政府針對成立統一的德意志國家一事，與全體德意志邦國之政府進行洽商。

這表示普魯士願意自我解散，可是其他德意志邦國都不打算跟進，於是那個統一的德意志國家無疾而終；普魯士則不管喜不喜歡，都必須以自己其實早就不想要的國家身分繼續存在下去。

一九一九年時另外還出現過一些關於解散普魯士的計劃，但其宗旨並非建構一個大一統的德國，而是要成立一個聯邦共和國。

在一個聯邦共和國裡面，普魯士是成員國之一，而且它大於其他所有邦國的總合，亦即在某種程度內等於是國家整體的縮小版。這是個非常醒目的異常狀態。如果要繼續走聯邦之路的話，最合情合理的做法莫過於把普魯士分割成三、四個大小合宜，大致由同一個部族所組成的德意志邦國——其面積與巴伐利亞相仿，而這正是今日德意志聯邦共和國處理普魯士西部領土的方式。當時的科隆市長艾德諾曾經在一九一九年初，針對萊茵蘭提出類似的建議：它應該與普魯士分開，但不脫離德意志國。《德意志國憲法》的第一個草案，也著眼於將普魯士那個大邦切割成許多新的邦國。

但現在換成普魯士人不願意了。如果是融入一個大一統的德意志國家，那不成問

10《威瑪共和國憲法》（Weimarer Reichsverfassung）之正式名稱為《德意志國憲法》（Verfassung des Deutschen Reichs），其所規定之國體為：聯邦制的共和國。

題——他們認為此種做法既合乎時宜又非常光榮。然而若是被切割成萊茵蘭人、西發利亞人、下薩克森人，以及「易北河東人」，這有違普魯士人傳承下來的本能；普魯士歷代國王兩個世紀以來的戮力從公和戰鬥不懈，可不是為了要達成那種目的。結果共和派的普魯士人——社會民主黨、中央黨以及各個自由黨派的人士，亦即制憲會議以及日後邦議會的大多數成員——便在一半勉強（他們寧願要一個大一統的德國）和一半抗拒（普魯士人無意遭到分割）的情況下，繼承了普魯士歷代國王的事業。帷幔於焉升起，上演了普魯士身後歷史的最後一幕。

普魯士的毀滅

如同一部精心創作的悲劇在最後一幕所該出現的場景，其「最後的緊張高潮」帶來了虛假的希望，讓人以為一切說不定還是有可能轉入佳境。共和政體下的普魯士出人意料之外，成為德國共和時代的模範國度。威瑪共和國在十四年內折損了十三位國家總理，並且因為持續不斷改組的聯合政府而始終不得安寧。威瑪共和時代的普魯士卻與之不同，從一九二〇到一九三二年之間除了有過短暫的中斷之外，都是由同一位總理掌權，而且他治理得很好。那位名叫奧圖．布勞恩的東普魯士人，「末代普魯士國王」，毫無疑問是德國社會民主黨在威瑪共和時代的最佳政治人才，以及最強勢的政治人物。布勞恩讓他的黨和他的同盟——始終是一樣的同盟——維持井然的秩序；他在所有的選戰中獲勝，並使得普魯士有辦法力抗危機（德意志國卻是危機接二連三地出現）。他所引進的一些改革，例如著名的一九二一年普魯士學校教育改革，在當時被視為破天荒的創舉，而且他在幾年以後也對普魯士刑法制度進行了同樣自由化的改革。一九二〇年代共和政體下的普魯士與威瑪共和國比較起來，遠遠更像是今日德意志聯邦共和國的前身和模範：它成為第一個證據，表明德國人也能夠理智地處理共和制度和民主自由。

說來奇怪的是，奧圖・布勞恩的普魯士竟然於倒台前的最後一刻，推出了一個完全原創的政治發明，後來在憲政上成為穩定德意志聯邦共和國的基石：它叫做「建設性不信任投票」，亦即規定國會在倒閣之前必須先選出繼任的總理。

就跟大多數的好點子一樣，那個想法也誕生於困境之中。一九三二年時普魯士即將舉行大選，而且事先已可預見，國社黨和共產黨將會共同獲得過半數的選票，這種多數固然足以導致現任政府下台，那兩黨卻根本不可能合組一個替代政府。此先見之明促成布勞恩政府於一九三二年在普魯士推出「建設性不信任投票」，做為普魯士邦議會任期屆滿之前的最後一個動作。可想而知的是，假如德意志國出現了不一樣發展的話，布勞恩政府在「建設性不信任投票」的庇佑下，不無機會挺過納粹的浪潮。[11]因為最後使得布勞恩政府倒台的因素並非普魯士邦議會，而是一九三二年七月二十日的「普魯士政變」[12]——其執行者是德意志國總理巴本。[13]

這個日期標誌出普魯士國家地位真正結束的時間。德意志國總理於總統全面授權下，在當天罷黜了普魯士邦政府，並自任為「國家政府派駐普魯士的全權代表」。普魯士的各個政府部會遭到國防軍占領，部長們則在暴力威脅下，被迫離開自己的辦公室。他們俯首聽命，完全不曾設法進行抵抗。普魯士向「德意志國最高法院」提出的申訴則無法帶來任何決定性的結果。普魯士在一九三二年七月二十日所獲得的地位，實際上類似一八七一至一九一八年之間的亞爾薩斯–洛林；它成為一個「國家直轄地」，沒有自己的政府，被德意志國政府順便一起統治。這是其自主國地位之終結——普魯士的末日。

無論我們做何感想，那都是一個悽慘的結束——不僅僅是這個既短暫又可敬的普魯士共和時代之結束，同時也是整部普魯士歷史的結束。普魯士政府是否能夠，以及是否應該做出比較英勇的表現？它用暴力來對抗暴力是否會是比較好的做法？那些問題非但曾經在當時備受爭議，今日依然繼續受到爭議。奧圖·布勞恩及其內政部長，西發利亞人卡爾·澤偉林，直到去世為止都還一直堅稱，他們不具英雄氣概的表現既合理又正確。一九四五年結束很久之後，奧圖．布勞恩仍於其回憶錄中表示，抵抗不僅意味著內戰，同時也意謂血淋淋的失敗。普魯士警察絕對不是國防軍的對手，而且心中也不打算向國防軍進行武裝對抗。工人手中則沒有武器，更何況在六百萬人失業的情況下，總罷工根本就是不可能的事情。一切還可以讓人聽得下去。但儘管如此，那仍舊給人留下一種「灰頭土臉自暴自棄」的印象——並且擺明是在對方有些虛張聲勢的情況下那麼做。因為巴本自己的地位也不穩固。國防軍就跟普魯士警察一樣不想打內戰，或許會在巴本針對內戰做出暗示的時候立即拉他下台（這正是國防軍過了幾個月以後，在巴本向他們提出那種無理要求時果真做出的事情）。[14]

11 普魯士在一九三二年四月二十四日舉行邦議會選舉，結果在四百二十三個席次當中，納粹黨獲得一六二席，共產黨獲得五十七席（兩黨共同握有過半數的二一九席）。拜「建設性不信任投票」之賜，布勞恩政府得以繼續留任。

12 由社會民主黨執政的普魯士被極右派人士視為「赤色堡壘」。一九三二年七月二十日，興登堡與右派保守勢力強行解散普魯士政府，並以巴本總理兼任中央政府派駐普魯士的全權代表。此由上而下的政變史稱「普魯士政變」（Preußenstreich）或「鞭打普魯士」（Preußenschlag），公然違反了《威瑪憲法》所規定的聯邦制。

13 巴本（Franz von Papen, 1879-1969）是出身自「中央黨」非主流派的德國政客，曾在一九三二年當過五個半月總理，後來說服興登堡總統於一九三三年一月三十日任命希特勒出任總理，自己則擔任副總理。巴本企圖利用希特勒不成，一九三四年八月以後反而遭到冷凍，相繼外放擔任納粹德國派駐奧地利和土耳其的大使。

14 巴本繼一九三二年七月二十日在普魯士進行「小型政變」之後，同年秋季又打算在中央政府搞出一場大型政

但說來奇怪，並且對普魯士不戰而自暴自棄的做法具有決定意義的現象是：在當時主動和被動參與者的意識當中，凡事都再也跟普魯士那個國家沒有關係了。該國在十二年之前，就已經樂意被併入一個大一統的德意志國家；如今它自己變成了問題，而它在面對德意志國的時候，早已喪失國家自保的本能。對一九三二年時的普魯士人來說，七月二十日所發生的事件基本上不再涉及普魯士本身。在他們眼中，巴本的「普魯士政變」只不過是共和派、德意志國家民族派以及國社黨人為了爭奪國家的權力，在進行三角鬥爭時所走出的一步棋罷了。那是一九三二年時的大問題，而對同時代的人們來說，普魯士這座「共和堡壘」的傾頹，主要意味著「德意志國家民族黨」那個反動復辟勢力的勝利：普魯士是社會民主黨的堡壘，而巴本在摧毀它的時候非但直接打擊了共和派，同時也對國家社會主義展開間接打擊，意圖藉此強化德意志國家民族黨——當時該黨希望在左派和右派群眾政黨之爭當中成為漁翁得利的第三者，以便建立一個由上層階級進行統治的政權。

其間特別令人困惑的現象，就是德意志國家民族黨人在整個威瑪共和時期占用了「普魯士」一詞，就彷彿普魯士始終是德意志民族主義的機構一般，他們並且把「普魯士」使用為幌子，以及可供拿來打擊共和國的棍棒。例如那些年頭有一張怪誕的選舉海報，呈現出一個淌著血的心形圖案，而其標題文字為：「普魯士之心！誰來治癒它？

德意志國家民族黨！」同一個環節裡面還包括了各種站不住腳的，把普魯士神話化的做法。在一九二〇年代是史賓格勒和默勒・凡・登・布魯克等人；[15]後來在水準較低的層面，則是由胡根貝格的「烏發製片公司」[16]所拍攝的《腓特烈國王》電影系列加以進行，很有技巧地把那位普魯士國王變造成為民族主義反動宣傳中的人物角色。

那場**德意志國家民族主義普魯士騙局**的最高潮和終點站，就是一九三三年三月二十一日令人尷尬的「波茨坦之日」——亦即新上任的國家總理希特勒舉行國會改選之後，新國會的盛大開幕儀式。[17]此事確認了巴本與希特勒之間那個不但短命，並且給德

變，其結果將釀成一場同時對抗納粹、共產黨，以及共和派的內戰！結果軍方嚇得在同年十二月三日連忙把他拉下台（可參見哈夫納，《從俾斯麥到希特勒》，第七章）。

15 阿圖爾・默勒・凡・登・布魯克（Arthur Moeller van den Bruck, 1876-1925）是德意志民族主義派的政治理論家，曾在一九二三年推出《第三帝國》一書（*Das dritte Reich*），其書名後來被使用為納粹運動的象徵性口號。

16 烏發（UFA）是德國「環球電影股份公司」（Universum Film AG）的簡稱。胡根貝格（Alfred Hugenberg, 1865-1951）則為德國工商業大亨與激進的民族主義者。他在一九二七年買下「烏發」，一九二八年出任「德意志國家民族黨」（DNVP）主席，並於一九三一年與納粹結盟。希特勒上台後，胡根貝格曾短暫出任經濟部長及農業部長。

17 由於柏林市的國會大廈已遭焚毀，希特勒的新國會刻意選在具有特殊歷史意義的波茨坦舉行開幕儀式。「波茨坦之日」（Tag von Potsdam）那一天，興登堡穿上帝國時代的元帥服，街頭飄揚著納粹的萬字旗與德意志帝國的黑白紅三色旗。希特勒卻身著燕尾服出現，藉以製造出和平的假象。

意志國家民族黨帶來災難的同盟。[18]此同盟於「波茨坦之日」粉墨登場，被當成是普魯士傳統與國家社會主義革命的結盟。波茨坦的「駐軍教堂」[19]必須擔任舞台布景、德意志國家民族黨的「鋼盔團」與國社黨的「突擊隊」一同列隊行進、國防軍提供了臨時演員、老邁的德意志國總統興登堡（當他還是年輕少尉的時候，曾經參加過克尼格雷茨戰役）則可於其演說中讓人回憶起「老普魯士」。但那一切都無法改變的事實，就是普魯士很快便在希特勒的帝國裡面融解，幾乎消失得無影無蹤。縱使赫曼·戈林那個巴伐利亞人在他為自己蒐集來的各種頭銜當中也包括了「普魯士總理」，然而那個職稱已不具備任何政治功能。在希特勒的帝國當中，即使用放大鏡也找不到普魯士的特殊角色。

難道我們還有必要去認真探討一種愚蠢的論調：希特勒的帝國乃「普魯士傳統之延續」，希特勒則是「腓特烈大帝和俾斯麥的傳人」？對於辛辛苦苦將本書內容讀到這裡的人來說，應該已無詳細駁斥那種論點的必要。在此僅僅需要簡單講幾句話就夠了。無論普魯士還具備其他什麼性質，它都是一個法治國家，而且是歐洲最資深的法治國家之一。法治國家卻成為希特勒首先廢除的對象。普魯士的種族政策與民族政策始終充滿著高貴的寬宏大度和一視同仁作風。希特勒的種族政策與民族政策卻完全站在普魯士的反面。希特勒的施政風格、蠱惑民心的宣傳，以及劇場式的群眾集體催眠，也跟普魯士的理性作風完全背道而馳。再就希特勒的外交政策而言，其狂妄自大的征服構想若能與德國歷史產生任何瓜葛的話，那麼其連接點不在普魯士，而是在奧地利：施瓦岑貝格一八五〇年時的政策，亦即他心目中的中歐大帝國。希特勒終究是奧地利人，而一九三〇年代流行於柏林的一句玩笑話可謂不無道理：「希特勒——奧地利為克尼格雷茨做出的報復。」

時而有人做出相反的嘗試，認為是普魯士的傳統與理念，促成了德意志民族主義派的反抗希特勒行動——那個反抗運動宛如地下水一般，在第三帝國的整整十二個年頭內一直流動不停，最後甚至還短暫地流到了地面。也就是說，那些人不打算讓普魯士歷史結束於灰頭土臉的一九三二年七月二十日，而是在另外一個比較光榮的日期：一九四四年七月二十日的保守派流產政變。然而這種論調也經不起嚴格的檢驗。七月二十日殉難者名單上誠然出現了許多偉大的普魯士姓氏：信手捻來就有一位約克和一

18 德意志國家民族黨在一九三三年六月被迫「自行解散」。巴本副總理則在一九三四年七月底被希特勒逐出內閣，先後外放奧地利和土耳其擔任大使。

19 波茨坦的「駐軍教堂」(Garnisonkirche）由「士兵國王」腓特烈．威廉一世興建於一七三〇年代，毀於一九四五年四月。腓特烈．威廉一世在一七四〇年，以及腓特烈大帝在一七八六年去世之後，靈柩均安置於那座教堂的地穴。

位毛奇，一位哈登貝格和一位舒倫堡，一位克萊斯特和一位什未林。可是七月二十日的核心人物，史陶芬堡伯爵，卻是巴伐利亞人；其餘德意志各邦也都有人參與其事，為這個遲到並失敗的拯救行動奉獻出自己的生命，而且在大多數案例中也犧牲了自己的生命。但七月二十日那些起義者們所欲拯救的對象已非普魯士，而是德國。普魯士對他們來說，也早已融解於德國之中；在他們為一個既統一又獲得新生的德國所研擬的政變計劃當中，已經沒有了可供普魯士發揮的角色；即使他們果真成功推翻了希特勒，普魯士也不可能死而復生。就連對那些人裡面的普魯士人來說，他們自己昔日的國家也已經成為一個純粹的記憶。

現在只剩下了匆匆一瞥，留給普魯士身後歷史當中最末和最可怕的一幕。所涉及的對象不再是普魯士這個國家，因為它已經不復存在了。打輸第二次世界大戰以後，必須為戰敗付出代價者已不像一戰以後那般是普魯士邦，而變成了普魯士人——東普魯士人和西普魯士人、波美拉尼亞人、東布蘭登堡人和西里西亞人。亦即昔日普魯士百姓的主要部分，由德意志和西斯拉夫血統融合而成的人們。現在他們失去了七個世紀以來已成為其家園的土地，起初是經由大規模逃亡，然後是遭到大規模驅逐。普魯士那棵大樹在樹冠早已消失，樹幹已被砍伐之後，如今更遭到連根鏟除。因為驅逐行動所逆轉——也就是加以撤銷——的事情，已經不再是普魯士的歷史：那是普魯士史前史最初的起源，屬於十二和十三世紀殖民史的範疇，涉及當時前往東方國度的德意志騎士、僧侶和移居者的事蹟。如今不光是他們的後代被驅趕到西方，就連各個土生土長的西斯拉夫民族後裔也一樣：自從雙方當初相逢以來，早已融合在一起而難分彼此。我們無法稱之為歷史正義。那是一個暴行；一場由各種暴行堆積而成的戰爭當中的最後一個暴行。但那場戰爭不幸是德國在希特勒統治之下所發動的，而且暴行也是由德國人自己首開其端。

我們應當如何看待各種駭人聽聞的暴行呢？冤冤相報何時了？斤斤計較的做法無法帶來任何助益，而報復的念頭只會讓一切變得更糟。必須有人鼓起心靈的力量來大聲疾呼：「已經夠了。」流離失所的普魯士人有能力做出這種光榮的表現，這是無人可以否認的事情。若有人願意的話，不妨將他們心無報復之念（而且很快也沒有了收復故里的想法）、在德國西部安身立命時所表現出來的理性態度，稱作**普魯士的理性作風**。他們使得普魯士緩慢死亡的那段悲傷歷史，最後還是在曲終人散之際響起了光明的和弦。

譯名對照表

導言

民族大遷移　Völkerwanderung
東向殖民　Ostkolonisation
阿斯卡尼亞家族　Askanier
施普瑞河　Spree
哈弗爾河　Havel
條頓騎士團　Deutscher Orden
魏克塞爾河（威斯瓦河；維斯杜拉河）　Weichsel (Wisła, Vistula)
宗教改革時期　Reformationszeit
布蘭登堡邊區　Mark Brandenburg
選侯國（選帝侯國）　Kurfürstentum
選侯（選帝侯）　Kurfürst
在普魯士的國王　König in Preußen
普魯士國王　König von Preußen
德意志皇帝　Deutscher Kaiser
國防軍（威瑪共和國的軍隊）　Reichswehr
「德國使命」　Deutsche Sendung
國家理性　Staatsvernunft

第一章　漫長的成形過程

普魯士　Preußen
東普魯士　Ostpreußen
西普魯士　Westpreußen

波美拉尼亞　Pommern
西里西亞　Schlesien
萊茵蘭（萊茵地區）　Rheinland
西發利亞　Westfalen (Westphalia, Westfalia)
波森（波茲南）　Posen (Poznań)
北什列斯威　Nordschleswig
霍恩佐倫（霍亨佐倫、霍亨索倫）　Hohenzollern
柯尼斯堡（東普魯士的首府）　Königsberg
大選侯（大選帝侯）　Der Große Kurfürst
中世紀全盛時期　Hochmittelalter
薩克森　Sachsen
梅克倫堡　Mecklenburg
霍爾斯坦　Holstein
德國東向殖民　Deutsche Ostkolonisierung
聖瓦茨拉夫王冠（波希米亞的王冠）　Wenzelskrone
聖斯特芬王冠（匈牙利的王冠）　Stephanskrone
庫爾蘭　Kurland (Courland)
利沃尼亞　Livland (Livonia)
容克貴族　Junker
獅子鼻　Stupsnase
「熊羆」阿爾布雷希特　Albrecht der Bär
棲此（古代德國東部城市郊外的斯拉夫人聚集區）　Kietz (Kiez)
文德人（神聖羅馬帝國境內的西斯拉夫人）　Wenden
施普瑞森林　Spreewald
帝國總司庫（布蘭登堡選侯名義上的頭銜）　Reichskämmerer
易北河斯拉夫人　Elbslawen
奧德河斯拉夫人　Oderslawen
普魯森人（古普魯士人）　Pruzzen
熙篤會　Zisterzienser
普魯士起義　Preußenaufstand
卡蘇本人（普魯士的西斯拉夫民族）　Kassuben

馬蘇里亞人（普魯士的西斯拉夫民族） Masuren
馬索維亞人（普魯士的西斯拉夫民族） Masoviern
大團長（條頓騎士團的領袖） Hochmeister
諮議會（條頓騎士團的「內閣會議」） Kapitel
總執事（條頓騎士團的「省長」） Komtur
參事會（條頓騎士團的「省議會」） Konvent
德意志團長（條頓騎士團在德境的最高領導人） Deutschmeister
但澤 Danzig (Gdańsk)
赫曼・馮・薩爾札（條頓騎士團第四任大團長） Hermann von Salza
溫利希・馮・克尼普羅德（第二十二任大團長） Winrich von Kniprode
海因利希・馮・普勞恩（第二十七任大團長） Heinrich von Plauen
坦能堡戰役 Schlacht bei Tannenberg (1410)
馬恩河會戰 Marneschlacht (1914)
《第二次托倫條約》 Zweiter Thorner Frieden (1466)
普魯士公爵 Herzog von Preußen
阿爾布雷希特・馮・布蘭登堡－安斯巴赫
Albrecht von Brandenburg-Ansbach
繼承要求權 Anwartschaft
施瓦本（德國西南部地區） Schwaben (Swabia)
弗蘭肯（今日巴伐利亞北部地區） Franken (Franconia)
紐倫堡城堡伯爵 Burggraf von Nürnberg
安斯巴赫（中弗蘭肯的首府） Ansbach
拜羅伊特（拜魯特） Bayreuth
帝國之吸墨沙盒（布蘭登堡邊區） Streusandbüchse des Reiches
約阿希姆一世 Joachim I
「傻子」阿爾布雷希特・腓特烈 Der blöde Albrecht Friedrich
馬德堡 Magdeburg
美因茲 Mainz
《布蘭登堡家族歷史回憶錄》 *Denkwürdigkeiten des Hauses Brandenburg*
腓特烈大帝（弗里德里希大王） Friedrich der Große
約翰・西吉斯蒙德 Johann Sigismund

于利希—克雷弗（德國鄰近荷蘭東南部的地區） Jülich-Cleve
共主邦聯（君合國） Personalunion
《西發利亞和約》 Westfälischer Friede (1648)
後波美拉尼亞 Hinterpommern
卡緬（後波美拉尼亞西北部海灣地區） Cammin
明登 Minden
哈爾伯施塔特 Halberstadt
維特爾斯巴赫家族（巴伐利亞的統治者） Wittelsbacher
韋廷家族（薩克森的統治者） Wettiner
韋爾夫家族（漢諾威的統治者） Welfen
土地調整政策 Arrondierungspolitik
西西弗斯（希臘神話中的人物） Sisyphus (Sisyphos)
坦塔洛斯（希臘神話中的人物） Tantalus (Tantalos)
前波美拉尼亞 Vorpommern
安德瑞亞斯・施呂特爾（十七／十八世紀之交的普魯士建築大師）
Andreas Schlüter
夏洛特堡宮 Schloss Charlottenburg
費爾貝林（布蘭登堡中部的小鎮） Fehrbellin
馮・卡克斯坦上校 Oberst von Kalkstein
默美爾（東普魯士與立陶宛的邊界地邊） Memel
施普瑞河畔的雅典（柏林） Spree-Athen
萊布尼茨（十七／十八世紀之交德國的通才學者）
Gottfried Wilhelm Leibniz
《大團長與德意志團長進行曲》 *Hoch- und Deutschmeistermarsch*

第二章　粗線條理性國家

腓特烈・威廉一世 Friedrich Wilhelm I.
國家利益至上原則 Staatsraison (Staatsräson)
士兵國王（腓特烈・威廉一世） Soldatenkönig

法則性　Gesetzmäßigkeit
命定性　Vorbestimmtheit
戰爭與領地公署　Kriegs- und Domänenkammer
《反馬基維利》　*Anti-Machiavell*
伏爾泰（十八世紀法國哲學家）　François-Marie Arouet de Voltaire
薩爾馬特人（古代伊朗種的民族）　Sarmaten
阿諾・盧博斯（《德國人與斯拉夫人》之作者）　Arno Lubos
《德國人與斯拉夫人》　*Deutsche und Slawen*
米拉波伯爵（大革命時期的法國政治人物）
Monoré Gabriel Riqueti Comte de Mirabeau
華倫斯坦（三十年戰爭時期的軍事家）　Wallenstein
夾道鞭打　Spießrutenlaufen
國內貨物稅（消費稅）　Akzise (Verbrauchssteuer)
田賦（土地稅）　Kontribution (Grundsteuer)
柏林王室瓷器工坊　Königliche Porzellan-Manufaktur Berlin
《南特詔書》　Edikt von Nantes
《波茨坦詔書》　Edikt von Potsdam
華爾多教派　Waldenser
門諾教派　Mennoniten
斯坦因（普魯士改革家）　Heinrich Friedrich Karl vom und zum Stein
哈登貝格（普魯士改革家）　Karl August von Hardenberg
沙恩霍斯特（普魯士軍事改革家）　Gerhard von Scharnhorst
格奈森瑙（普魯士軍事改革家）　August Neidhardt von Gneisenau
波茨坦巨人衛隊　Potsdamer Riesengarde
長人（「士兵國王」的巨人士兵）　Lange Kerls
《在斯特拉斯堡的塹壕上》　*Zu Straßburg auf der Schanz*
募兵區　Kanton
德國農民戰爭　Deutscher Bauernkrieg (1524–1526)
草根容克（普魯士鄉間貴族）　Krautjunker
敲骨吸髓者　Leuteschinder
洛伊騰（位於西里西亞的古戰場）　Leuthen

洛伊騰戰役　Schlacht bei Leuthen (1757)
黑鷹勳章（普魯士最高等的勳章）
Der Schwarze Adler (Schwarzer Adlerorden)
各得其所　Suum cuique（拉丁文）
各得其所　Jedem das Seine（德文）
各盡其責　Jedem seine Pflicht（德文）
各取所好　Chacun à son goût（法文）
地區決定信仰　Cuius regio, eius religio（拉丁文）
保羅・格哈特（柏林市牧師與聖歌作詞者）　Paul Gerhardt
齊騰將軍（十八世紀普魯士名將）　Hans Joachim von Zieten
責任宗教　Pflichtreligion
國家道德　Staatsethik
因信稱義的教義　Rechtfertigungslehre

第三章　微不足道的強權

七年戰爭　Siebenjähriger Krieg (1756-1763)
威廉・馮・洪堡　Wilhelm von Humboldt
普法爾茨（德國西南部地區）　Pfalz
與榮耀有約　Rendezvous des Ruhms
《我這個時代的歷史》　*Geschichte meiner Zeit (Histoire de mon temps)*
瑪麗亞・特蕾西亞　Maria Theresia
奧地利王位繼承戰爭　Österreichischer Erbfolgekrieg (1740-1748)
梅菲斯托（歌德《浮士德》裡面的魔鬼）　Mephisto (Mephistopheles)
庫納斯多夫（奧德河東岸的村莊）　Kunersdorf
命運寵兒　Schoßkind des Glücks
刑訊柱　Marterpfahl
「普魯士的榮耀」　Preußens Gloria
《西敏寺條約》　Konvention von Westminster
霍爾斯坦（德意志帝國外交部的高級參贊）　Friedrich August von

Holstein
卡萊爾（十九世紀蘇格蘭作家和歷史學家） Thomas Carlyle
科林（波希米亞中部的城鎮） Kolin
圖林根（相當於前東德西南部的地區） Thüringen
羅斯巴赫（位於薩克森的古戰場） Roßbach
措恩多夫（位於紐馬克的古戰場） Zorndorf
紐馬克（東布蘭登堡） Neumark
萊辛（十八世紀德國文學家） Gotthold Ephraim Lessing
尼可萊（十七／十八世紀之交的德國出版商）Friedrich Nicolai
《胡貝圖斯堡和約》 Frieden von Hubertusburg (1763)
妥協的和約 Erschöpfungsfrieden
托爾高（薩克森北部的城鎮） Torgau
永遠保持警戒 Toujours en vedette
胖威廉（普魯士國王腓特烈・威廉二世）
Der dicke Wilhelm (Friedrich Wilhelm II.)
朗漢斯（十八世紀普魯士建築大師） Karl Gotthard Langhans
布蘭登堡城門 Brandenburger Tor
沙多（十八、十九世紀德國雕塑家） Johann Gottfried Schadow
四馬雙輪戰車 Quadriga
基利（法裔普魯士建築師世家） David und Friedrich Gilly
辛克爾（十九世紀普魯士建築大師） Karl Friedrich Schinkel
伊夫蘭（德國演員與藝術家） August Wilhelm Iffland
策爾特（德國音樂教育家與指揮家） Carl Friedrich Zelter
柏林歌唱學院 Singakademie zu Berlin
奧特里夫伯爵（十八、十九世紀法國外交官）
Alexandre Maurice Blanc de Lanauite, Comte d'Hauterive
《賴興巴赫協定》 Konvention von Reichenbach
布格河（今日波蘭與白俄羅斯和烏克蘭的界河） Bug
皮利察河（波蘭中南部的河流） Pilitza (Pilica)
南普魯士 Südpreußen
新東普魯士 Neuostpreußen

特賴奇克（十九世紀德國民族主義派歷史學家） Heinrich von Treitschke
民族國家 Nationalstaat
理性國家 Rationalstaat
《普魯士國家通用法典》 Allgemeines Preußisches Landrecht
《拿破崙法典》 Code Napoleon
拉齊維烏（波蘭貴族家庭） Radziwiłł
拉多林（波蘭貴族家庭） Radolin
胡騰－恰普斯基（波蘭貴族家庭） Hutten-Czapski
波德別爾斯基（波蘭貴族家庭） Podbielski

第四章 嚴峻的斷裂測試

解放戰爭 Befreiungskriege (1813-1815)
《巴塞爾和約》 Baseler Frieden (1795)
斯特魯恩西（普魯士財政部長） Carl August von Struensee
普遍徵兵制 Allgemeine Wehrpflicht
露易絲王后 Königin Luise
克萊斯特（普魯士劇作家和詩人） Heinrich von Kleist
諾瓦利斯（薩克森浪漫主義作家） Novalis (Friedrich von Hardenberg)
阿爾尼姆（普魯士詩人和小說家） Achim von Arnim
德・拉・莫特－富凱（法裔普魯士浪漫主義作家）
Friedrich de la Motte-Fouqué
提克（普魯士早期浪漫派作家） Ludwig Tieck
布倫塔諾（義大利裔德國浪漫主義詩人） Clemens Brentano
弗里德里希・施萊格爾（德國文化哲學家和作家） Friedrich Schlegel
ETA・霍夫曼（普魯士奇幻文學作家） E. T. A. Hoffmann
拉爾・萊文（沙龍女主人） Rahel Levin (Rahel Varnhagen)
朵蘿蒂雅・施萊格爾（沙龍女主人） Dorothea Schlegel
路易・費迪南親王 Prinz Louis Ferdinand
普魯士雅各賓黨人 Preußische Jakobiner

拜默（普魯士內閣的平民成員） Carl Friedrich von Beyme
隆巴爾（法裔普魯士內閣平民成員） Johann Wilhelm Lombard
曼肯（普魯士內閣的平民成員） Anastasius Ludwig Mencken
博因（普魯士軍事改革家） Hermann von Boyen
《治國藝術沉思錄》 *Gedanken über die Regierungskunst*
帝國代表重要決議 Reichsdeputationshauptschluß
奧地利皇帝 Kaiser von Österreich
奧斯特里茨（摩拉維亞南部的小鎮） Austerlitz
再保條約 Rückversicherungsvertrag
耶拿（圖林根的城鎮） Jena
奧爾施泰特（圖林根的村落） Auerstedt
雙重會戰 Doppelschlacht
萊茵邦聯 Rheinbund (1806-1813)
奧斯特羅德（東普魯士西南部縣分） Osterode
埃勞（柯尼斯堡南方的城鎮） Eylau (Preußisch Eylau)
尼門河（默美爾河） Njemen (Niemen, Neman, Memel)
《提爾西特和約》 Frieden von Tilsit (1807)
華沙公國 Herzogtum Warschau (1807-1815)
弗里德里希・路德維希・馮・德爾・馬爾維茨
Friedrich Ludwig von der Marwitz
拿騷（德國西部城鎮） Nassau
約克將軍（為反拿破崙戰爭發出信號的普魯士名將）
Johann David von Yorck (Ludwig Yorck von Wartenburg)
米夏埃爾・科爾哈斯（克萊斯特小說中的人物） Michael Kohlhaas
恩斯特・莫里茲・阿恩特（十八／十九世紀德國作家） Ernst Moritz Arndt
費希特（德國哲學家） Johann Gottlieb Fichte
《告德意志國民書》 *Reden an die deutsche Nation*
施萊爾馬赫（德國神學家） Friedrich Schleiermacher
雅恩（德國體操之父） Friedrich Ludwig Jahn
內閣戰爭 Kabinettskrieg

提奧多・克爾納（十九世紀德國民族運動的詩人） Theodor Körner
大陸封鎖令 Kontinentalsperre
提奧多・馮塔納（法國裔普魯士作家） Theodor Fontane
《風暴之前》（提奧多・馮塔納的名著） *Vor dem Sturm*
博羅季諾（莫斯科州的村落） Borodino
庫圖索夫（俄軍元帥） Kutusow (Mikhail Illarionovich Kutuzov)
沃龍佐夫（俄軍元帥） Woronzow (Mikhail Semyonovich Vorontsov)
迪比奇（德裔俄軍元帥） Hans Karl von Diebitsch
陶羅根（立陶宛西部城鎮） Tauroggen (Tauragė)
卡利什（今日波蘭中部城鎮） Kalisch (Kalisz)
克內瑟貝克將軍 General von dem Knesebeck
呂岑（薩克森－安哈特南部的城鎮） Lützen
包岑（薩克森東部的城鎮） Bautzen
民族大會戰（一八一三年的萊比錫會戰） Völkerschlacht
維也納會議 Wiener Kongress
西斯廷小堂 Sixtinische Kapelle

第五章 三隻黑色的老鷹

省三級會議 Provinzialstände
漢斯－約阿希姆・舍普斯（德國歷史學家） Hans-Joachim Schoeps
前立憲狀態 Vorkonstitutioneller Zustand
國務委員會 Staatsrat
省長 Oberpräsident
行政專區 Regierungsbezirk
省級主教 Generalsuperintendent
行政專區主席 Regierungspräsident
教區牧師 Superintendent
普魯士聯盟（一八一七至一九四五年的普魯士基督教會）
Preußische Union (Kirche der Altpreußischen Union)

教儀聯盟　Kultusunion
禮拜儀式　Agende
普世合一教會　Ökumene
丘八英雄　Kamaschenheld
《我祈求愛的力量》　*Ich bete an die Macht der Liebe*
卡斯帕・大衛・弗里德里希（波美拉尼亞畫家）　Caspar David Friedrich
約瑟夫・馮・艾興多夫（西里西亞詩人）　Joseph von Eichendorff
神聖同盟　Heilige Allianz
響亮的空話（梅特涅對神聖同盟的評語）　Tönendes Nichts
德意志邦聯　Deutscher Bund
歐洲共同體（歐洲共同市場）　Europäische Gemeinschaft
畢德邁爾時代　Biedermeierzeitalter (1815-1848)
菲澤爾（符騰堡王國的政治人物）　Paul von Pfizer
加格恩（法蘭克福國民議會第一任主席）　Heinrich von Gagern
追捕煽動者　Demagogenverfolgungen
格勒斯（萊茵蘭的教師和出版家）　Joseph Görres
勞赫（十九世紀德國最著名的雕塑大師）　Christian Daniel Rauch
《馬太受難曲》　*Matthäuspassion*
謝林（十九世紀德國哲學家）　Friedrich Wilhelm Joseph Schelling
薩維尼（十九世紀德國法學大師）　Friedrich Carl von Savigny
蘭克（十九世紀德國史學大師）　Leopold von Ranke
迪伯爾塹壕　Düppeler Schanzen
菩提樹下大街　Unter den Linden
三月前（一八四八年三月革命之前的時代）　Vormärz (1815-1848)
德意志關稅同盟　Deutscher Zollverein
君權神授說　Gottesgnadentum
格奧爾格・赫爾韋格（十九世紀德國革命詩人）　Georg Herwegh
聯合省議會　Vereinigter Landtag
拉多維茨（腓特烈・威廉四世國王的顧問）　Joseph von Radowitz
《致我親愛的柏林人》　*An meine lieben Berliner*
民防隊　Bürgerwehr

憲政衝突　Verfassungskonflikt
法蘭克福國民議會　Frankfurter Nationalversammlung
拉施塔特（巴登大公國北部的城鎮）　Rastatt
德意志聯盟　Deutsche Union
哥塔（德國中部城鎮）　Gotha
埃爾福特（今日德國圖林根邦的首府）　Erfurt
奧爾米茨（摩拉維亞中部城鎮，即奧洛穆茨）　Olmütz (Olomouc)
施瓦岑貝格（一八四八革命結束後的奧地利首相）　Felix zu Schwarzenberg
埃爾福特聯盟議會（德意志聯盟的議會）　Erfurter Unionsparlament
德意志民族主義騙局　Deutsch-nationaler Schwindel
多瑙河公國（「瓦拉幾亞」和「摩達維亞」）　Donaufürstentümer
國民協會　Nationalverein
進步黨　Fortschrittspartei

第六章　普魯士建立帝國

世界政策　Weltpolitik
瓦爾特・布斯曼（二十世紀德國歷史學家）　Walter Bußmann
克拉倫登（英國外交大臣）　George Villiers, 4th Earl of Clarendon
波拿巴特主義　Bonapartismus
路德維希・萊納斯（俾斯麥傳記作者）　Ludwig Reiners
對成功的執迷　Erfolgsfixiertheit
層進式排比　Klimax
德國問題　Deutsche Frage
《倫敦協議》　Londoner Protokoll
美因河（德國中部流經法蘭克福的萊茵河支流）　Main
德意志戰爭（普奧戰爭）　Deutscher Krieg (1866)
美泉宮　Schönbrunn
加斯坦（奧地利西部小鎮）　Gastein

加布倫茨任務　Mission Gablenz
國務卿樞機主教　Kardinalstaatssekretär
克尼格雷茨（波希米亞北部城鎮）　Königgrätz
薩多瓦（克尼格雷茨附近的村落）　Sadowa (Sadova)
克尼格雷茨戰役（薩多瓦戰役）　Schlacht bei Königgrätz (1866)
尼科爾斯堡（普魯士與奧地利進行停戰談判的地點）　Nikolsburg
漢諾威　Hannover
黑森－卡塞爾（黑森選侯國）　Hessen-Kassel (Kurhessen)
黑森－拿騷　Hessen-Nassau
梅克倫堡（德國北部的兩個大公國）　Mecklenburg
奧爾登堡（德國北部的大公國）　Oldenburg
北德意志邦聯（北德同盟）　Norddeutscher Bund
「化圓為方」一般的難題　Quadratur des Zirkels
成為間接屬國　Mediatisierung
《北德意志邦聯憲法》　Verfassung des Norddeutschen Bundes
施萊尼茨（普魯士王室事務部長）　Alexander von Schleinitz
西班牙和平的湧泉　Spanische Friedensfontanelle
國家自由黨　Nationalliberale Partei
拉斯克（猶太裔普魯士政治人物和法學家）　Eduard Lasker
德意志皇帝　Deutscher Kaiser
名譽少校　Charaktermajor

第七章　緩慢的死亡經歷

國家總督（納粹中央政府在昔日德境邦國的代表）　Reichsstatthalter
國家行政區（納粹德國的地方行政單位）　Reichsgau
里爾克（十九／二十世紀之交的奧地利詩人）　Rainer Maria Rilke
奧伊倫堡（威廉二世的「宮相」）　August zu Eulenburg
普魯士豬（巴伐利亞人的用語）　Saupreußen
中央黨　Zentrumspartei

德國社會民主黨　Sozialdemokratische Partei Deutschlands (SPD)
基督教民主聯盟　Christlich Demokratische Union Deutschlands (CDU)
文化鬥爭　Kulturkampf
《反社會主義者法》　Sozialistengesetze
誠實的經紀人　Ehrlicher Makler
世界強權　Weltmacht
世界政策　Weltpolitik
生存空間　Lebensraum
小德意志國　Kleindeutsches Reich
國際法的主體　Völkerrechtssubjekt
霍恩洛厄親王（德意志帝國第三任總理）
Fürst Hohenlohe (Chlodwig Fürst zu Hohenlohe-Schillingsfürst)
比羅（德意志帝國第四任總理）　Bernhard von Bülow
貝特曼－霍爾維格（德意志帝國第五任總理）
Theobald von Bethmann-Hollweg
赫特林（德意志帝國倒數第二任總理）　Georg von Hertling
馬克斯親王（德意志帝國末代總理）　Prinz Max von Baden
易北河東（易北河以東的普魯士地區）　Ostelbien
「我不逃避太陽」　Non soli cedo
《施泰希林》（馮塔納的小說）　*Der Stechlin*
威瑪國民議會　Weimarer Nationalversammlung
《威瑪共和國憲法》　Weimarer Reichsverfassung
艾德諾（科隆市長，日後的西德總理）　Konrad Adenauer
奧圖・布勞恩（普魯士自由邦的總理）　Otto Braun
建設性不信任投票　Konstruktives Misstrauensvotum
普魯士政變　Preußenstreich
巴本（威瑪共和倒數第二任總理和希特勒的副總理）　Franz von Papen
德意志國最高法院（設置於萊比錫）　Reichsgericht (1879-1945)
國家直轄地（亞爾薩斯－洛林）　Reichsland (1871-1918)
卡爾・澤偉林（普魯士自由邦的內政部長）　Carl Severing
德意志國家民族黨　Deutschnationale Volkspartei (DNVP)

史賓格勒（保守派德國歷史哲學家） Oswald Spengler
默勒・凡・登・布魯克（《第三帝國》一書的作者） Moeller van den Bruck
《第三帝國》 *Das Dritte Reich*
胡根貝格（德國右派政治人物和實業家） Alfred Hugenberg
烏發製片公司 Ufa-Konzern
《腓特烈國王》電影系列 Fridericus-Rex-Filme
波茨坦之日 Tag von Potsdam
駐軍教堂 Garnisonkirche
鋼盔團（德意志國家民族黨的退伍軍人組織） Stahlhelm
突擊隊（納粹黨的打手部隊） Sturmabteilung (SA)
德意志國家民族主義普魯士騙局 Deutschnationaler Preußenschwindel
史陶芬堡伯爵（一九四四年行刺希特勒的軍官） Claus Graf Stauffenberg
東布蘭登堡人（奧德河東岸的「紐馬克人」） Neumärker

年表

說明：*＝生，†＝卒，∞＝迎娶（以下日期保留德文原文的日／月／年格式）

1134
「熊羆」阿爾布雷希特（Albrecht der Bär）被冊封於「北方邊區」（Nordmark），成為邊疆伯爵。

1226
《里米尼金璽詔書》（Die Goldbulle von Rimini）授權條頓騎士團統治普魯森人的土地。

1320
布蘭登堡的阿斯卡尼亞統治者家族絕嗣。

1415
紐倫堡城堡伯爵腓特烈六世（Friedrich VI.）被冊封於布蘭登堡邊區（Mark Brandenburg），成為布蘭登堡邊疆伯爵腓特烈一世（Friedrich I., *6.8.1371 †21.9.1440）。

1440
腓特烈二世（Friedrich II., *19.11.1413 †10.2.1471）成為布蘭登堡選侯（Kurfürst von Brandenburg）。

1466
簽訂《第二次托倫條約》（Zweiter Thorner Friede）：條頓騎士團大團長必須向波蘭國王宣誓效忠。

1470
阿爾布雷希特・阿希里斯（Albrecht Achilles, *24.11.1414 †11.3.1486）成為布蘭登堡選侯。

1486
約翰・西塞羅（Johann Cicero, *2.8.1455 †9.1.1499）成為布蘭登堡選侯。

1499
約阿希姆一世（Joachim I. Nestor, *21.2.1484 †11.7.1535）成為布蘭登堡選侯。

1511
阿爾布雷希特・馮・布蘭登堡－安斯巴赫（Albrecht von Brandenburg-Ansbach）成為條頓騎士團大團長。

1525
條頓騎士團國轉型成為世俗化的普魯士公爵國（Herzogtum Preußen）。

1535
約阿希姆二世（Joachim II. Hektor, *9.1.1505 †3.1.1571）成為布蘭登堡選侯。

1539
約阿希姆二世在布蘭登堡推行宗教改革。

1544
創辦柯尼斯堡大學（Universität Königsberg）。

1571
約翰・格奧爾格（Johann Georg, *11.4.1525 †8.1.1598）成為布蘭登堡選侯。

1598
約阿希姆・腓特烈（Joachim Friedrich, *27.1.1546 †18.7.1608）成為布蘭登堡選侯。

1608
約翰・西吉斯蒙德（Johann Sigismund, *8.11.1572 †23.12.1619）成為布蘭登堡選侯。

1618
布蘭登堡選侯約翰・西吉斯蒙德被承認為普魯士公爵（Herzog von Preußen）。
三十年戰爭爆發。

1619
格奧爾格・威廉（Georg Wilhelm, *3.11.1595 †1.12.1640）成為布蘭登堡選侯。

1640
腓特烈・威廉（Friedrich Wilhelm, *6.2.1620 †29.4.1688）成為布蘭登堡選侯（「大選侯」）。

1648
簽訂《西發利亞和約》（Westfälischer Friede）：布蘭登堡取得東波美拉尼亞（Ostpommern）。

1660
簽訂《奧利瓦和約》（Friede von Oliva）：普魯士成為自主國。

1675
大選侯在費爾貝林（Fehrbellin）擊敗瑞典軍隊。

1685
頒布《波茨坦詔書》（Edikt von Potsdam）：法國的胡格諾教徒在布蘭登堡得到收容。

1686
腓特烈三世（Friedrich III., *11.7.1657 †25.2.1713）成為布蘭登堡選侯。乃腓特烈・威廉的次子，其母為拿騷－奧倫治親王之女，露易絲・亨麗埃特（1627-1667）。他自己有過三次婚姻：
1. 一六七九年 ∞ 伊麗莎白・亨麗埃特・馮・黑森－卡塞爾（1661-1683）。育有一女。
2. 一六八四年 ∞ 蘇菲・夏洛特（1668-1705），漢諾威選侯恩斯特－奧古斯特之女。育有二子。
3. 一七〇八年 ∞ 蘇菲・露易絲・馮・梅克倫堡－什末林（1685-1735）。

1698
「德紹老頭」利奧波德・馮・安哈特－德紹（Der alte Dessauer, Leopold von Anhalt-Dessau）在普魯士陸軍引進「齊步走」。
安德瑞亞斯・施呂特爾（Andreas Schlüter）開始在柏林市興建王宮，以及「大選侯」的騎馬塑像。

1700
戈特弗里德・威廉・萊布尼茨（Gottfried Wilhelm Leibniz）在柏林創立普魯士科學院，並擔任主席。

1701
獨立自主的普魯士公國躍升為王國，布蘭登堡選侯腓特烈三世成為「在普魯士的國王」腓特烈一世。

1704
柏林市推出《福斯日報》（*Vossische Zeitung*）的前身——《柏林政治與學術事務新聞報》（*Berlinische Nachrichten von Staats- und Gelehrtensachen*）。

1710
在柏林市創辦「慈善醫院」（Charité）。

1713
腓特烈・威廉一世（Friedrich Wilhelm I., *14.8.1688 †31.5.1740）成為在普魯士的國王（腓特烈一世的次子，來自其第二次婚姻）。
一七〇六年 ∞ 蘇菲・朵蘿蒂雅（1687-1757），英國國王喬治一世之女。
約翰・弗里德里希・艾奧桑德・馮・歌德（Johann Friedrich Eosander von Göthe）主持柏林王宮的擴建工作。

1714
克里斯提安・托瑪西烏斯（Christian Thomasius）於其《論巫術犯罪》（*De crimine magiae*）一書中呼籲廢除巫婆審判後，普魯士停止了相關審判。

1715
普魯士加入「大北方戰爭」，並征服前波美拉尼亞（Vorpommern）與施特拉爾松德（Stralsund）。

1717
普魯士開始引進國民義務教育。

1720
一七〇〇年開始的「大北方戰爭」正式結束，普魯士在《斯德哥爾摩和約》中獲得了斯德丁（Stettin）、佩訥河（Peene）以南的前波

美拉尼亞，以及烏瑟多姆島（Usedom）和沃林島（Wollin）。
約翰・賽巴斯提安・巴赫譜出《布蘭登堡協奏曲》（*Brandenburgische Konzerte*）。

1723
普魯士設置「總理事務府」（Generaldirektorium），成為全國最高行政機關。

1730
腓特烈太子的逃亡計劃失敗，腓特烈與協助其逃亡的馮・卡特都遭到逮捕。腓特烈必須入獄服刑，其好友馮・卡特中尉（Leutnant von Katte）則被處決。

1731/32
對瘟疫結束後而人口銳減的東普魯士重新移民。腓特烈・威廉一世將二萬多名被逐離薩爾茨堡的新教徒安置到東普魯士各地。

1739
伏爾泰出版了腓特烈（二世）所撰寫的《反馬基維利》（*Anti-Machiavell*）——他對道德治國所做的訴求。

1740
腓特烈二世（Friedrich II., *24.1.1712, † 17.8.1786），腓特烈・威廉一世之第三子，成為在普魯士的國王。
一七三三年 ∞ 伊麗莎白（1715-1797），布倫瑞克－沃爾芬比特爾公爵費迪南・阿爾布雷希特二世之女。婚後無子女。
爆發了「奧地利王位繼承戰爭」（1740-1748），以及「第一次西里西亞戰爭」（1740-1742）。
普魯士廢除酷刑。
腓特烈二世實現宗教寬容。
普魯士創設「功績勳章」（Pour le Mérite）。

1742
簽訂《布雷斯勞和約》（Friede von Breslau）：普魯士獲得上西里西亞、下西里西亞，以及格拉茨伯爵領地（Grafschaft Glatz）。
修建易北－哈弗爾運河（Elbe-Havel-Kanal）。

1743
完成柏林歌劇院的建築工作，建築師為克諾伯斯多夫（Georg Wenzeslaus von Knobelsdorff）。

1744
「第二次西里西亞戰爭」（1744-1745）爆發。
在柏林市創辦一所棉花加工坊。
克諾伯斯多夫開始興建「無憂宮」（Schloss Sanssouci）。

1745
簽訂《德勒斯登和約》（Friede von Dresden）：奧地利確認普魯士對西里西亞的所有權，腓特烈則承認瑪麗亞．特蕾西亞（Maria-Theresia）之夫——法朗茲一世（Franz I.）——的皇帝資格。

1746
腓特烈二世國王以法文寫出《我這個時代的歷史》（*Histoire de mon temps*）。

1750
柏林市創辦一座瓷器工坊。
伏爾泰前往「無憂宮」拜訪腓特烈二世國王，並在當地停留三年。

1756
「七年戰爭」爆發。普魯士在這場戰爭中對抗由奧地利、法國、俄國，瑞典及神聖羅馬帝國所組成的大同盟。
哲學家摩西．孟德爾頌（Moses Mendelssohn）在普魯士鼓吹解放猶

太人。
萊辛（Gotthold Ephraim Lessing）為《福斯日報》撰寫評論。

1760
柏林首度被俄軍占領。

1762
俄國女皇伊麗莎白去世，新沙皇彼得三世與腓特烈二世國王締結同盟。

1763
簽訂《胡貝圖斯堡和約》（Friede von Hubertusburg）：確認西里西亞的所有權歸屬。普魯士成為強權。
普魯士頒布《全國學校通用規章》（Generallandschulreglement）——國民接受義務教育的年齡為五至十三歲。

1770
康德成為柯尼斯堡大學教授。

1772
第一次瓜分波蘭：普魯士獲得西普魯士（但澤與托倫除外）、埃姆蘭（Ermland）、內策地區（Netzedistrikt）。

1774
約翰・戈特弗里德・赫爾德（Johann Gottfried Herder）發表其《關於人類教育的另一種歷史哲學》（*Auch eine Philosophie der Geschichte zur Bildung der Menschheit*）。

1781
康德寫出其《純粹理性批判》（*Kritik der reinen Vernunft*）。

1786
腓特烈・威廉二世（*25.9.1744 †16.11.1797）成為普魯士國王。其父為奧古斯特・威廉（腓特烈二世國王之弟），其母為露易絲（布倫瑞克－沃爾芬比特爾公爵費迪南・阿爾布雷希特二世之女）。
1. 一七六五年 ∞ 伊麗莎白・馮・布倫瑞克－沃爾芬比特爾（1746-1840，一七六九年離婚）。育有一女。
2. 一七六九年 ∞ 弗里德莉可（1751-1805），黑森－達姆施塔特侯爵路德維希九世之女。育有八名子女。
他除此之外另有兩次貴賤通婚的姻緣。與蘇菲・登霍夫女伯爵（Sophie Gräfin Dönhoff）生下的兒子成為「布蘭登堡伯爵」；與其情婦威廉明娜・恩可（Wilhelmine Enke）——利希特瑙女伯爵（Gräfin Lichtenau）——則育有子女五人。

1788
康德發表其第二部主要著作：《實踐理性批判》（*Kritik der praktischen Vernunft*）。

1789
法國大革命爆發的同一年，卡爾・戈特哈特・朗漢斯（Carl Gotthardt Langhans）興建「布蘭登堡城門」（Brandenburger Tor）。

1792
第一次反法同盟戰爭（1792-1797）：法國對抗奧地利和普魯士，雙方在「瓦爾密砲戰」（Kanonade von Valmy）不分勝負。
成立「柏林歌唱學院」（Berliner Singakademie）。

1793
第二次瓜分波蘭：普魯士獲得波森（Posen）、卡利什（Kalisch）、但澤（Danzig）和托倫（Thorn）。

1794

由卡爾・戈特里布・斯瓦雷茨（Carl Gottlieb Svarez）修訂的《普魯士國家通用法典》開始生效。

約翰・戈特弗里德・沙多（Johann Gottfried Schadow）完成「布蘭登堡城門」頂端的「四馬雙輪戰車」。

1795

普魯士、奧地利與俄國第三次瓜分波蘭。普魯士獲得馬索維亞（Masovien）、華沙，以及介於魏克塞爾河、布格河和尼門河之間的土地。

1797

腓特烈・威廉三世（*3.8.1770 †7.6.1840），腓特烈・威廉二世第二次婚姻所生的兒子，成為普魯士國王。

1. 一七九三年 ∞ 露易絲（Luise, 1776-1810），梅克倫堡－斯特雷利茨公爵卡爾二世之女。育有九名子女。

2. 一八二四年 ∞ 李格尼茨女侯爵奧古斯塔（1800-1873）

康德發表其《道德形上學的基礎》（*Grundlegung zur Metaphysik der Sitten*）。

奧古斯特・威廉・施萊格爾（August Wilhelm Schlegel）開始翻譯莎士比亞的作品。

路德維希・提克（Ludwig Tieck）撰寫其《民間故事集》（*Volksmärchen*）。

1799

「第二次反法同盟戰爭」（1799-1802）：普魯士保持中立。

亞歷山大・馮・洪堡（Alexander von Humboldt）前往中美洲和南美洲進行研究之旅。

弗里德里希・施萊爾馬赫（Friedrich Schleiermacher）撰寫《論宗教》（*Über die Religion*）。

1806
除奧地利、普魯士、黑森－卡塞爾、布倫瑞克之外，其餘德意志邦國悉數加入拿破崙的「萊茵邦聯」（Rheinbund）。
爆發法國對抗普魯士和俄國的戰爭。

1807
簽訂《提爾西特和約》（Friede von Tilsit）：普魯士喪失易北河以西的全部土地，此後的面積與人口大約只有從前的一半。
斯坦因男爵（Freiherr vom Stein）推行自由主義改革（農民解放、城市自治、政府改造）。

1808
克勞塞維茨、沙恩霍斯特與格奈森瑙開始改革普魯士軍隊。約翰・戈特里布・費希特在柏林舉行「告德意志國民」演說（Reden an die Deutsche Nation）。

1809
威廉・馮・洪堡（Wilhelm von Humboldt）成為普魯士教育部長。

1810
斯坦因遭到免職後，卡爾・奧古斯特・馮・哈登貝格侯爵（Karl August Fürst von Hardenberg）繼續推行普魯士的改革工作。
普魯士宣布就業自由。
海因利希・馮・克萊斯特（Heinrich von Kleist）完成其《洪堡的弗里德里希親王》（*Prinz Friedrich von Homburg*）。

1812
約克將軍（General Yorck [von Wartenburg]）擅自與俄軍簽訂中立協議。解放戰爭隨即展開。
弗里德里希・路德維希・雅恩（Friedrich Ludwig Jahn）在柏林設置了第一座體操場。

1813
萊比錫「民族大會戰」（Völkerschlacht bei Leipzig）：拿破崙被普魯士、奧地利和俄羅斯聯軍擊潰，必須撤退至萊茵河對岸。

1814
盟國佔領巴黎，拿破崙遭到廢黜。
維也納會議開始。
ETA・霍夫曼（E.T.A. Hoffmann）出版了他的《幻想小品集》（*Phantasiestücke*）。

1815
拿破崙從流放地潛回法國，但被布呂歇爾（Gebhard Leberecht von Blücher）和威靈頓（The Duke of Wellington）擊敗於滑鐵盧，必須永遠退位。
拉爾・法恩哈根（Rahel Varnhagen）繼續主持她的文藝沙龍。
使得柏林劇院開始聲名大噪的奧古斯特・威廉・伊夫蘭（August Wilhelm Iffland）去世。
維他納會議建立歐洲新秩序後，俄國、普魯士和奧地利組成「神聖同盟」（Heilige Alllanz），藉以反對自由主義和革命運動。

1819
《卡爾斯巴德決議》（Karlsbader Beschlüsse）：決定實施新聞檢查、查禁學生聯合會（Burschenschaft）、對大學及教師進行監控。
開始「追捕煽動者」（Demagogenverfolgung）：阿恩特（Ernst Moritz Arndt）和施萊爾馬赫（Friedrich Schleiermacher）遭到免職，雅恩（Friedrich Ludwig Jahn）則被逮捕。

1821
在辛克爾修建於「御林廣場」（Gendarmenmarkt）的新劇院，舉行了卡爾・瑪麗亞・馮・韋伯的歌劇《魔彈射手》（*Der Freischütz*）之首演儀式。

1826
孟德爾頌譜出《仲夏夜之夢》（*Sommernachrstraum*）的序曲。

1833
十八個德意志邦國組成「德意志關稅同盟」（Deutscher Zollverein）。
「青年德意志」（Junges Deutschland）的自由主義書籍遭到查禁。

1837
奧古斯特．博爾西希（August Borsig）在柏林創辦鑄鐵廠和機械製造廠。

1838/39
柏林至波茨坦之間的普魯士第一條鐵路開始通車。
為了提高適服兵役者的比例，普魯士禁止九歲以下的兒童在工廠勞動。

1840
腓特烈．威廉四世（Friedrich Wilhelm IV. *15.10.1795 † 2.1.1861），腓特烈．威廉三世的長子，成為普魯士國王。
一八三〇年 ∞ 巴伐利亞公主伊麗莎白（1801-1873）。婚後無子女。

1842
腓特烈．威廉四世為科隆大教堂的重新開工奠下基石。
卡爾．馬克思在科隆的《萊茵報》擔任主編，而後於一八四三年被迫移居巴黎。

1844
西里西亞紡織工人的反抗行動遭到血腥鎮壓。

1845
亞歷山大・馮・洪堡出版其厚達五冊的巨著《宇宙》。

1847
腓特烈・威廉四世召集八個省分的議會前往柏林舉行「聯合省議會」（Vereinigter Landtag）。

1848
普魯士爆發街頭戰鬥（三月革命）。
俾斯麥在柏林創辦保守派的《新普魯士報》（《十字報》）。
政治諷刺幽默雜誌《咔啦噠啦噠奇》（*Kladderadatsch*）開始發行。

1849
腓特烈・威廉四世拒絕接受「德意志皇冠」；普魯士獲得一部「強加的」憲法（oktroyierte Verfassung）。
普魯士成立由二十八個德意志諸侯國組成的「德意志聯盟」（Deutsche Union）。

1850
簽訂《奧爾米茨條約》（Vertrag von Olmütz）：恢復「德意志邦聯」（Deutscher Bund）並解散「德意志聯盟」。
奧地利鞏固了自己在德國的霸主地位。

1851
奧圖・馮・俾斯麥成為普魯士派駐德意志邦聯會議的代表。

1854
格林兄弟開始編纂《德語詞典》。

1857
腓特烈・威廉四世放棄自己對瑞士紐沙特（Neuchâtel）的權利。

1858
威廉（一世）代替其兄腓特烈・威廉四世國王攝理政務。
魯道夫・維蕭（Rudolf Virchow）創立細胞病理學。

1861
威廉一世（*22.3.1797 †9.3.1888），腓特烈・威廉四世之弟，成為普魯士國王。
一八二九年 ∞ 奧古斯塔（1811-1890），薩克森－威瑪大公爵卡爾－腓特烈之女。育有子女二人。

1862
戰爭部長阿爾布雷希特・馮・羅恩（Albrecht von Roon）擴大陸軍規模，在前一年引發憲政衝突後，普魯士下議院遭到解散。俾斯麥出任普魯士首相。

1864
普魯士與奧地利聯手對丹麥作戰。

1866
普魯士與奧地利為了德國的霸主地位而開戰。

1867
俾斯麥成為北德意志邦聯總理。

1869
成立社會民主工人黨（SDAP）。

1870/71
北德意志邦聯與南德各邦合力對法國作戰。

1871
建立德意志國。普魯士國王威廉一世成為德意志皇帝，俾斯麥成為帝國總理。

1872
俾斯麥在普魯士針對天主教徒的「中央黨」展開「文化鬥爭」（Kulturkampf）。
普魯士由國家接管對學校的監督。

1878
俾斯麥推出《反社會主義者法》來壓制工人運動。

1879
維爾納・馮・西門子（Werner von Siemens）製造出第一台電力火車頭。

1882
羅伯特・柯霍（Robert Koch），細菌學的創始人，發現了結核桿菌。
提奧多・馮塔納（Theodor Fontane）完成其《布蘭登堡邊區徒步紀行》（*Wanderungen durch die Mark Brandenburg*）。

1883
俾斯麥展開社會立法的工作。

1887
俾斯麥與俄國祕密簽訂《再保條約》（Rückversicherungsvertrag）。

1888
腓特烈三世（Friedrich III. Wilhelm, *18.5.1831 †15.6.1888），威廉一世的長子，成為德意志皇帝與普魯士國王。

一八五八年 ∞ 英國維多利亞公主（1840-1901），薩克森－科堡－哥塔親王，阿爾布雷希特（Prinz Albrecht von Sachsen-Coburg-Gotha）之女。育有子女八人。
威廉二世（Wilhelm II., *27.1.1859 †4.6.1941），腓特烈三世的長子，成為德意志皇帝與普魯士國王。
1. 一八八一年 ∞ 奧古斯塔・維多利亞・馮・什列斯威－霍爾斯坦（1858-1921）。育有子女七人。
2. 一九二二年 ∞ 赫米娜・馮・羅伊斯。

1889
魯爾地區進行大罷工。
格哈特・豪普特曼（Gerhart Hauptmann）完成《日出之前》（*Vor Sonnenaufgang*）。
奧圖・布拉姆（Otto Brahm）在柏林創辦「自由劇場」（Freie Bühne）。

1890
俾斯麥被德皇威廉二世免除總理職位。

1893
埃米爾・馮・貝林（Emil von Behring）開發出白喉血清。

1897
阿爾弗雷德・馮・提爾皮茨（Alfred von Tirpitz）在威廉二世的指示下，創立德國海軍艦隊。

1898
畫家馬克斯・李伯曼（Max Liebermann）創立柏林「分離派」（Berliner Sezession）。
阿爾弗雷德・梅塞爾（Alfred Messel）開始興建「威爾特海姆百貨公司」（Kaufhaus Wertheim），對日後「新即物主義」（Neue

Sachlichkeit）產生決定性的影響。

1905
威廉二世引發「第一次摩洛哥危機」。
馬克斯・萊因哈特（Max Reinhardt）接掌柏林市德意志劇院。

1908
威廉二世接受《每日電訊報》採訪的內容在國內外引起嚴厲批評。

1911
德國派遣豹號（Panther）砲艦，引發了「第二次摩洛哥危機」。

1912
社會民主黨成為德意志帝國國會的最大黨派。

1914
歐洲的權力政治衝突導致第一次世界大戰爆發。

1916
興登堡成為「最高陸軍指揮部」（OHL）負責人。

1917
威廉二世承諾在普魯士採用祕密直接選舉制。
格奧爾格・格羅斯（George Grosz）推出其平版印刷作品《統治階級的面孔》（*Das Gesicht der herrschenden Klasse*）。

1918
馬克斯・馮・巴登親王（Prinz Max von Baden）成為德意志帝國總理，並自行宣布德皇威廉二世退位。
卡爾・李卜克內希（Karl Liebknecht）宣布成立蘇維埃共和國。菲利普・賽德曼（Philipp Scheidemann）宣布成立共和國。

1919
弗里德里希・艾伯特（Friedrich Ebert）成為第一任德意志國總統。「普魯士邦制憲會議」提議創建一個統一的德意志國家。科隆市長康拉德・艾德諾（Konrad Adenauer）主張萊茵蘭脫離普魯士。

1920
奧圖・布勞恩（Otto Braun）成為普魯士總理，卡爾・澤偉林（Carl Severing）出任普魯士內政部長。
馬克斯・李伯曼成為普魯士藝術學院的主席。

1921
康拉德・艾德諾成為普魯士國務委員會主席。

1925
弗里德里希・艾伯特去世後，保羅・馮・興登堡當選德意志國總統。柏林市成立一個名為「集團」（Der Ring）的建築師協會，其成員包括：密斯・凡・德・羅（Mies van der Rohe）、格羅皮烏斯（Walter Gropius）、邁伊（Ernst May）、巴特寧（Otto Bartning）、孟德爾頌（Erich Mendelsohn）。

1927
海因利希・齊勒推出《齊勒畫作全集》（*Heinrich Zille, Das große Zille-Album*）。

1928
貝爾托特・布萊希特（Bertolt Brecht），庫爾特・魏爾（Kurt Weill）的《三毛錢歌劇》（*Dreigroschenoper*）在柏林首演，並享譽全球。

1932
國社黨在普魯士邦議會選舉中的突破，動搖了布勞恩與澤偉林的社會民主黨政府。興登堡再度當選總統。

法朗茲・馮・巴本（Franz von Papen）在普魯士發動政變。布勞恩與澤偉林的政府遭到罷黜；巴本以中央政府全權代表的身分接管普魯士政務。

1933
興登堡總統任命阿道夫・希特勒為總理。普魯士在威瑪共和時代仍保留下來的自由邦性質遭到取消。

1937
古斯塔夫・格林德根斯（Gustaf Gründgens）出任柏林市「普魯士國家劇院」院長。

1939
德國占領默美爾地區（Memelgebiet）。
希特勒要求歸還但澤，並要求在西普魯士開啟一條走廊。
第二次世界大戰爆發。

1944
德國軍方密謀暗殺阿道夫・希特勒。

1945
俄國對普魯士東方領土的征服引發大規模逃亡潮。
波茨坦會議決定「重新安置」普魯士東方領土殘餘的居民。

1947
「盟軍管制委員會」在二月二十五日決議解散普魯士。

地圖

一四一五至一九一八年之間的
布蘭登堡—普魯士

新繼承的土地

新獲得或者新征服的土地

家族旁支所擁有的土地

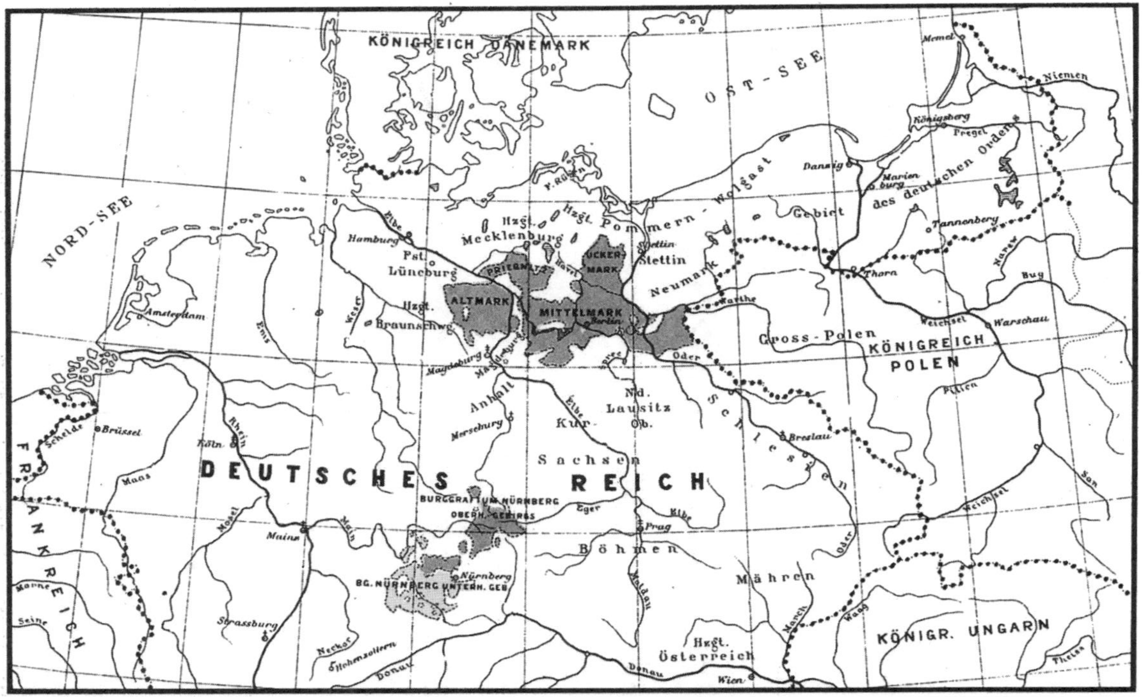

1415-1440：紐倫堡城堡伯爵腓特烈六世在一四一五年的時候，被西吉斯蒙德國王冊封於布蘭登堡邊區（深色區塊）。這第一位布蘭登堡選侯去世時，布蘭登堡邊區加上安斯巴赫（Ansbach）與拜羅伊特（Bayreuth）之後，總面積為二萬九千四百七十八平方公里。

KÖNIGREICH DÄNEMARK 丹麥王國　OST-SEE 波羅的海　Memel 默美爾　Niemen 尼門河

NORD-SEE 北海　F. Rügen 呂根侯國　Danzig 但澤　Königsberg 柯尼斯堡　Pregel 普雷格爾河

Hzgt. Pommern-Wolgast 波美拉尼亞－沃爾加斯特公國　Marienburg 馬利亞堡　Gebiet des deutschen Ordens 條頓騎士團國

Hamburg 漢堡　Elbe 易北河　Hzgt. Mecklenburg 梅克倫堡公國　UCKERMARK 烏克馬克　Stettin 斯德丁

Fst. Lüneburg 呂內堡侯國　PRIEGNITZ 普里格尼茨　Havel 哈弗爾河　NEUMARK 紐馬克

Warthe 瓦爾特河　Thorn 托倫　Tannenberg 坦能堡　Narew 納雷夫河　Bug 布格河

Amsterdam 阿姆斯特丹　Ems埃姆斯河　Weser 威悉河　Hzgt. Braunschweig 布倫瑞克公國

ALTMARK 阿爾特馬克　Magdeburg 馬德堡　MITTELMARK 米特爾馬克　Berlin 柏林　Spree 施普瑞河　Oder 奧德河

Gross-Polen 大波蘭　KÖNIGREICH POLEN 波蘭王國　Weichsel 魏克塞爾河　Warschau 華沙　Pilica 皮利察河

Schelde 斯海爾德河　Brüssel 布魯塞爾　Köln 科隆　Rhein 萊茵河　Anhalt 安哈特　Merseburg 梅澤堡

Kur Sachsen 薩克森選侯國　Nd. Lausitz 下勞西茨　Ob. Lausitz 上勞西茨　Schlesien 西里西亞　Breslau 布雷斯勞

Maas 馬斯河　DEUTSCHES REICH 德意志國　San 桑河

BURGGRAFTUM NÜRNBERG OBERH. GEBIRGS 紐倫堡城堡伯爵領地（高地）　Eger 埃格爾河　Prag 布拉格

FRANKREICH 法國　Mosel 摩瑟爾河　Mainz 美因茲　Main 美因河

BG. NÜRNBERG UNTERH GEB. 紐倫堡城堡伯爵領地（低地）　Nürnberg 紐倫堡　Böhmen 波希米亞　Moldau 莫爾道河

Marne 馬恩河　Seine 塞納河　Strassburg 斯特拉斯堡　Neckar 內卡河　Hohenzollern 霍恩佐倫

Donau 多瑙河　Hezt. Österreich 奧地利公國　Wien 維也納

Mähren 摩拉維亞　March 摩拉瓦河　Waag瓦赫河　KÖNIGREICH UNGARN 匈牙利王國　Theiss蒂薩河

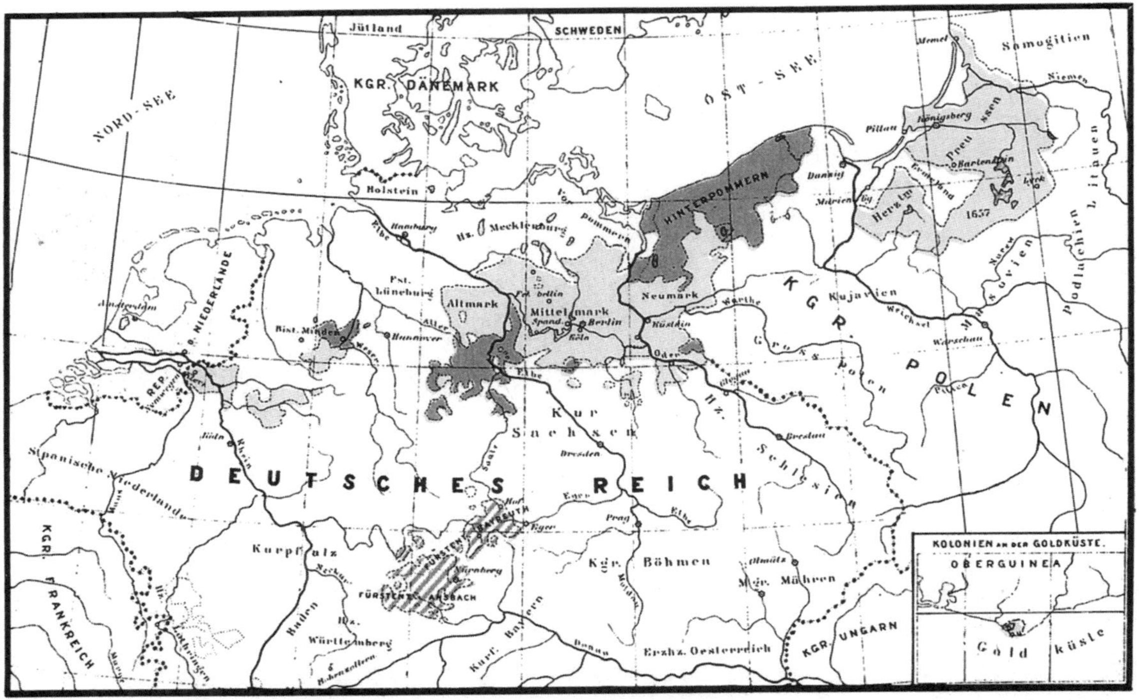

1640-1688：大選侯腓特烈・威廉登基時，布蘭登堡－普魯士的面積已經增加了一倍多。他自己並且在黃金海岸和西印度群島取得殖民地。等到他去世的時候，該國面積為十一萬零八百三十六平方公里。

Nord-See 北海　Jütland 日德蘭半島　SCHWEDEN 瑞典　Ost-See 波羅的海

KÖNIGREICH DÄNEMARK 丹麥王國　Memel 默美爾　Samogitien 薩莫吉提亞　Niemen 尼門河

HINTERPOMMERN 後波美拉尼亞　Danzig 但澤　Marienburg 馬利亞堡　Pillau 皮勞　Königsberg 柯尼斯堡

Ermland 埃姆蘭　Herztm. Preussen 普魯士公國　Lyck 呂克　Litauen 立陶宛

Holstein 霍爾斯坦　Elbe 易北河　Hamburg 漢堡　Hz. Mecklenburg 梅克倫堡公國　Vorpommern 前波美拉尼亞

Amsterdam 阿姆斯特丹　REP. D. Niederlande 尼德蘭共和國　Bist. Minden 明登主教區

Fst. Lüneburg 呂內堡侯國　Hannover 漢諾威　Altmark 阿爾特馬克　Fehrbellin費爾貝林　Mittelmark 米特爾馬克

Spand. 施潘道　Berlin 柏林　Cölln 科恩　Neumark 紐馬克　Küstrin 屈斯特林　Oder 奧德河

Gross Polen 大波蘭　KGR. POLEN 波蘭王國　Warschau 華沙

Kujavien 庫亞維　Weichsel 魏克塞爾河　Masovien 馬索維亞　Podlachien 波德拉謝

Nymwegen 尼美根　Kleve 克雷弗　Maas 馬斯河　Spanische Niederlande 西屬尼德蘭　Köln 科隆　Rhein 萊茵河

DEUTSCHES REICH 德意志國　Kur Sachsen 薩克森選侯國　Dresden 德勒斯登

Hz. Schlesien 西里西亞公國　Glogau 格洛高　Breslau 布雷斯勞

FÜRSTENT. BAYREUTH 拜羅伊特侯國　Hof霍夫　FÜRSTENT. ANSBACH 安斯巴赫侯國　Nürnberg 紐倫堡

KGR. FRANKREICH 法蘭西王國　Marne 馬恩河　Hz. Lothringen 洛林公國

Kurpfalz普法爾茨選侯國　Baden 巴登　Hz. Württembeg 符騰堡公國　Hohenzollern 霍恩佐倫

Prag 布拉格　KGR. BÖHMEN 波希米亞王國　Olmütz 奧爾米茨　Mgr. Mähren 摩拉維亞邊疆伯爵領地

Kurf. Bayern 巴伐利亞選侯國　Erzhz. Oesterreich 奧地利大公國　KGR. UNGARN 匈牙利王國

OBERGUINEA 上幾內亞　Goldküste 黃金海岸

1688-1740：腓特烈三世選侯在一七〇一年成為「在普魯士的國王」腓特烈一世。他遺留給自己兒子的土地比他當初所繼承的大不了多少。等到其子腓特烈．威廉一世在一七四〇年去世時，普魯士加上奧倫治（Orange）和紐沙特（Neuchâtel）之後的總面積為十一萬八千九百二十六平方公里。

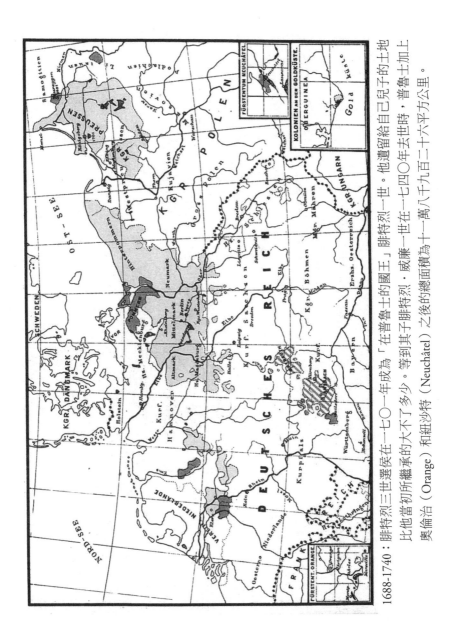

NORD-SEE 北海　KGR. SCHWEDEN 瑞典王國　KGR. DÄNEMARK 丹麥王國　Ost-See 波羅的海
Holstein 霍爾斯坦　VOR POMMERN 前波美拉尼亞　Hinterpommern 後波美拉尼亞
Danzig 但澤　Marienburg 馬利亞堡　Elbing 埃爾賓　KGR PREUSSEN 普魯士王國
Königsberg 柯尼斯堡　Memel 默美爾　Samogitien 薩莫吉提亞　Tauroggen 陶羅根　Niemen 尼門河　Litauen 立陶宛
VEREIN. NIEDERLANDE 尼德蘭聯省國　Kurf. Hannover 漢諾威選侯國
Hamburg 漢堡　Elbe 易北河　Hzgt. Mecklenburg 梅克倫堡公國　Westpreussen 西普魯士
Altmark 阿爾特馬克　Hz. Magdeburg 馬德堡公國　Reinsberg 賴因斯貝格　MITTELMARK 米特爾馬克
Potsdam 波茨坦　Berlin 柏林　Spree 施普瑞河　Kgs. Wusterhausen 國王武斯特豪森　Oder 奧德河
Gross Polen 大波蘭　KGR. POLEN 波蘭王國 Thorn 托倫　Soldau索爾道
Kujavien 庫亞維　Weichsel 魏克塞爾河　Warschau 華沙　Masovien 馬索維亞　Podlachien 波德拉謝
Oesterr. Niederlande 奧屬尼德蘭　Kleve 克雷弗　Köln 科隆　Rhein 萊茵河　Mosel 摩瑟爾河　Main 美因河
Halle 哈勒　Leipzig 萊比錫　Kurf. Sachsen 薩克森選侯國　Dresden 德勒斯登
DEUTSCHES REICH 德意志國　KGR. BÖHMEN 波希米亞王國　Prag 布拉格
Liegnitz 李格尼茨　Hz. Schlesien 西里西亞公國　Breslau 布雷斯勞　Schweidnitz 史威德尼　Beuthen 波伊騰
FRANKREICH 法國　Hz. Lothringen 洛林公國　Kurpfalz 普法爾茨選侯國
BAYREUTH 拜羅伊特 Nürnberg 紐倫堡　ANSBACH 安斯巴赫　Gailsdorf 蓋爾斯多夫
Württembeg 符騰堡　Hohenzollern 霍恩佐倫　Kurf. Bayern 巴伐利亞選侯國　Passau　帕紹
Olmütz 奧爾米茨　Mgr. Mähren 摩拉維亞邊疆伯爵領地　Erzhz. Oesterreich 奧地利大公國　KGR. UNGARN 匈牙利王國
Orange 奧倫治　Avignon 亞維農　Arles 阿爾勒　Montpellier 蒙貝利耶　Marseille 馬賽
Neuchâtel 紐沙特　Lausanne 洛桑　OBERGUINEA 上幾內亞　Goldküste 黃金海岸

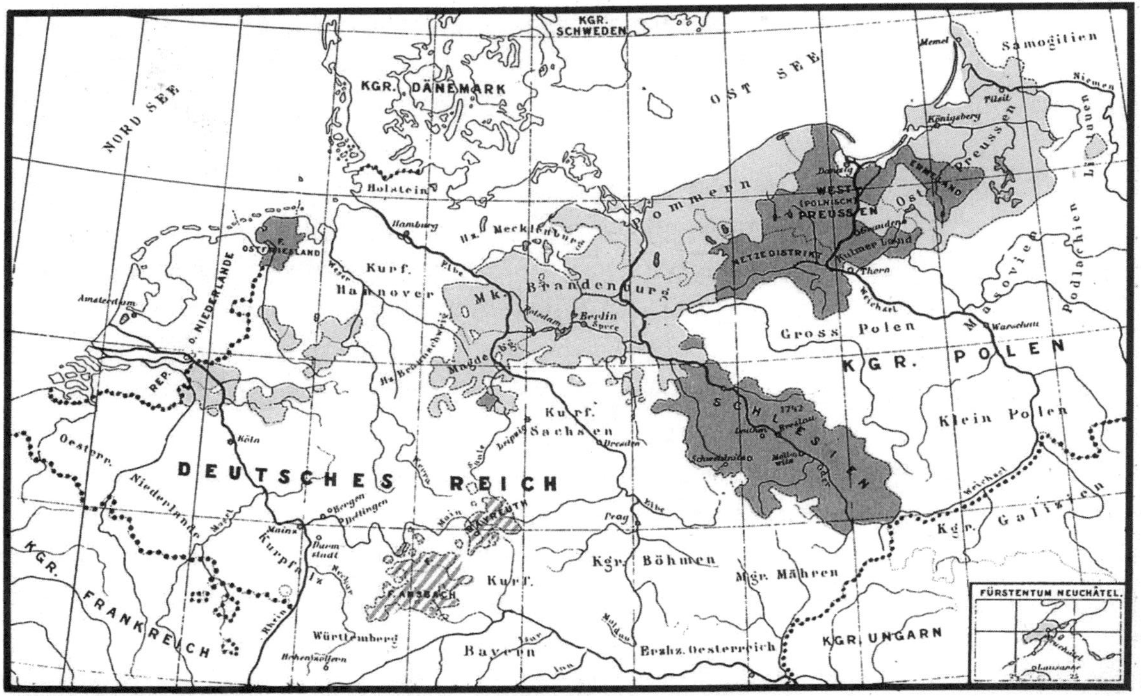

1740-1786：在腓特烈大帝統治下，普魯士的面積巨幅擴大（深色區塊），新增的土地包括了西里西亞、西普魯士以及內策地區。他遺留給繼任者五百四十三萬的人口，以及十九萬四千八百九十一平方公里的土地。

Nord-See 北海　KGR. SCHWEDEN 瑞典王國　KGR. DÄNEMARK 丹麥王國　Holstein 霍爾斯坦　Ost-See 波羅的海
POMMERN 波美拉尼亞　Danzig 但澤（波蘭）　Ermland 埃姆蘭　Königsberg 柯尼斯堡　Ost-Preussen 東普魯士
Memel 默美爾　Tilsit 提爾西特　Samogitien 薩莫吉提亞　Niemen 尼門河　Litauen 立陶宛
Amsterdam 阿姆斯特丹　REP. D. Niederlande 尼德蘭共和國　F. OSTFRIESLAND 東弗里斯蘭侯國
Weser 威悉河　Hamburg漢堡　Elbe易北河　Kurf. Hannover 漢諾威選侯國
Hz. Braunschweig 布倫瑞克公國　Hz. Mecklenburg 梅克倫堡公國　Mk. Brandenburg 布蘭登堡邊區
Magdeburg 馬德堡　Potsdam 波茨坦　Berlin 柏林　Spree施普瑞河　NETZEDISTRIKT 內策地區
WESTPREUSSEN 西普魯士　Graudenz 格勞登茨　Kulmer Land 庫爾姆蘭　Thorn 托倫
Weichsel 魏克塞爾河　Gross Polen 大波蘭　Masovien 馬索維亞　Warschau 華沙　Podlachien 波德拉謝
Oesterr. Niederlande 奧屬尼德蘭　Köln 科隆　Mosel 摩瑟爾河　Bergen 貝爾根　Dettingen 德廷根
Werra 威拉河　Saale 薩勒河　Leipzig 萊比錫　Main 美因河　DEUTSCHES REICH 德意志國
BAYREUTH 拜羅伊特　Kurf. Sachsen 薩克森選侯國　Dresden 德勒斯登　Prag 布拉格
Schweidnitz 史威德尼　Leuthen 洛伊騰　SCHLESIEN 西里西亞　Breslau 布雷斯勞
Mollwitz 莫爾維茨　KGR. POLEN 波蘭王國　Klein Polen 小波蘭　Weichsel 魏克塞爾河
KGR. FRANKREICH 法蘭西王國　Rhein 萊茵河　Mainz 美因茲　Darmstadt 達姆施塔特
Kurpfalz 普法爾茨選侯國　Neckar 內卡河　Württembeg 符騰堡　Hohenzollern 霍恩佐倫
ANSBACH 安斯巴赫　Kurf. Bayern 巴伐利亞選侯國　Isar 伊薩爾河　Inn 茵河
KGR. BÖHMEN 波希米亞王國　Moldau 莫爾道河　Erzhz. Oesterreich 奧地利大公國
Mgr. Mähren 摩拉維亞邊疆伯爵領地　KGR. UNGARN 匈牙利王國　Kgr. Galizien 加利西亞王國
Neuchâtel 紐沙特　Lausanne 洛桑

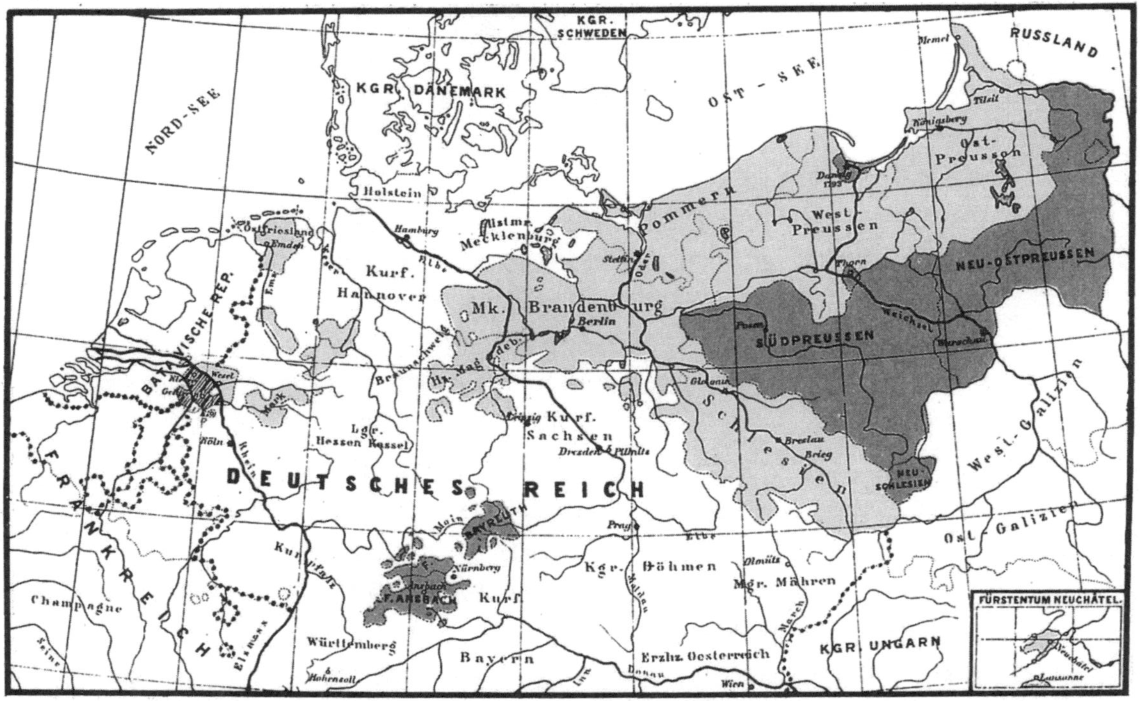

1786-1797：於腓特烈・威廉二世短暫統治期間，普魯士的幅員達到迄今最大規模：其面積為三十萬五千六百五十九平方公里（西德的面積則是二十四萬七千九百七十五平方公里）。這主要歸功於普魯士在一七九二和一七九五年從波蘭獲得的土地。

NORD-SEE 北海　KGR. DÄNEMARK 丹麥王國　KGR. SCHWEDEN 瑞典王國　Ost-See 波羅的海　RUSSLAND 俄國
Holstein 霍爾斯坦　Danzig 但澤　Königsberg 柯尼斯堡　Ost-Preussen 東普魯士　Memel 默美爾　Tilsit 提爾西特
BATAVISCHE REP. 巴達維亞共和國　Friesland東弗里斯蘭　Emden埃姆登　Ems埃姆斯河
Weser 威悉河　Kurf. Hannover 漢諾威選侯國　Hamburg 漢堡　Elbe 易北河　Braunschweig 布倫瑞克
Hztmr. Mecklenburg 梅克倫堡公國　Mk. Brandenburg 布蘭登堡邊區　Hz. Magdeb. 馬德堡公國　Berlin 柏林
Pommern 波美拉尼亞　Stettin 斯德丁　Oder 奧德河　West-Preussen 西普魯士　Thorn 托倫　Posen 波森
SÜDPREUSSEN 南普魯士　Weichsel 魏克塞爾河　Warschau 華沙　NEU-OSTPREUSSEN 新東普魯士
Kleve 克雷弗　Wesel 韋塞爾　Geldern 蓋爾登　Mark 馬克　Lgr. Hessen-Kassel 黑森－卡塞爾侯爵國
Köln 科隆　Rhein 萊茵河　DEUTSCHES REICH 德意志國　Main 美因河　F. BAYREUTH 拜羅伊特侯國
Leipzig 萊比錫　Kurf. Sachsen 薩克森選侯國　Dresden 德勒斯登　Pillnitz皮 爾尼茨
Prag 布拉格　Elbe 易北河　Glogau 格洛高　Schlesien 西里西亞　Breslau 布雷斯勞　Brieg 布里格
NEU-SCHLESIEN 新西里西亞　West-Galizien 西加利西亞
FRANKREICH 法國　Champagne 香檳區　Seine 塞納河　Elsass 亞爾薩斯
Kurpfalz 普法爾茨選侯國 Württembeg 符騰堡　Hohenzollern 霍恩佐倫
Nürnberg 紐倫堡　ANSBACH 安斯巴赫　F. ANSBACH 安斯巴赫侯國
Kurf. Bayern 巴伐利亞選侯國　Inn 茵河　KGR. BÖHMEN 波希米亞王國
Moldau 莫爾道河　Erzhz. Oesterreich 奧地利大公國　Donau 多瑙河　Wien 維也納
Olmütz 奧爾米茨　Mgr. Mähren 摩拉維亞邊疆伯爵領地　March 摩拉瓦河
KGR. UNGARN 匈牙利王國　Ost-Galizien 東加利西亞
Neuchâtel 紐沙特　Lausanne 洛桑

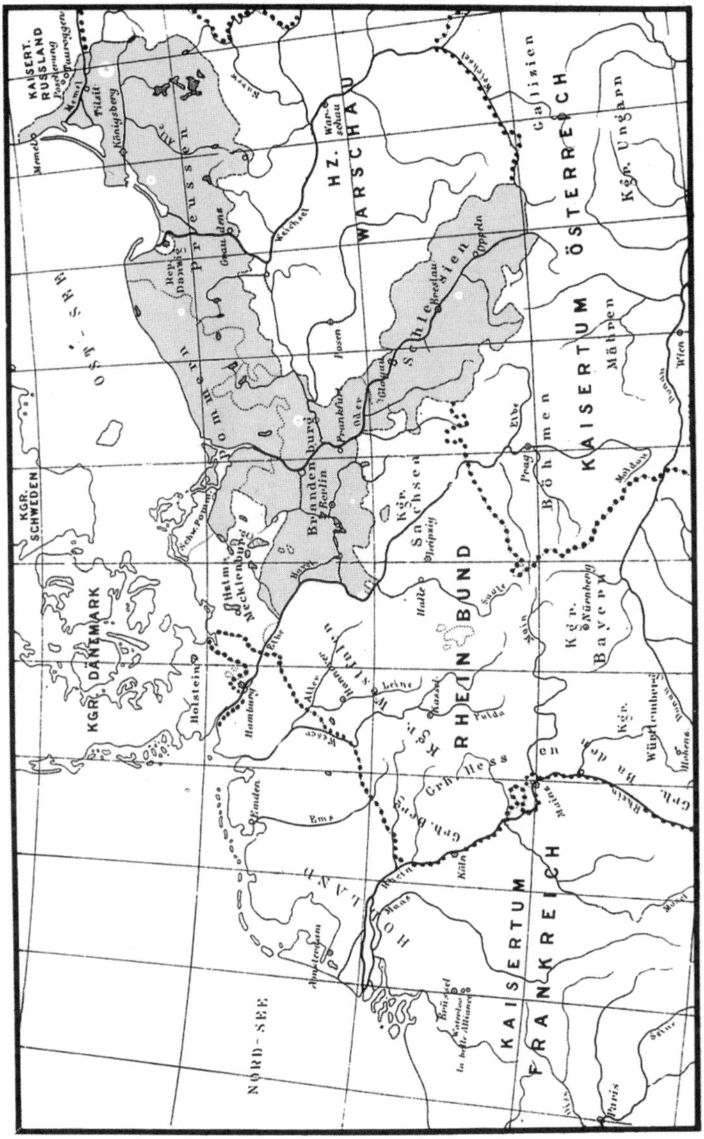

1807-1815：簽訂《提爾西特和約》之後，普魯士必須割讓一半的國土，其中包括易北河以西的全部土地、內策地區的大部分，以及從波蘭取得的地方。（普魯士剩餘的領土以淺色標出）

KGR. SCHWEDEN 瑞典王國

KGR. DÄNEMARK丹麥王國　Ost-See 波羅的海　Holstein 霍爾斯坦　Schw. Pomm. 瑞典波美拉尼亞

POMMERN 波美拉尼亞　Rep. Danzig 但澤共和國　Alle 阿勒河　Königsberg 柯尼斯堡　Tilsit 提爾西特

Memel 默美爾　Memel 默美爾河　Poscherung 波雪隆　Tauroggen 陶羅根

KAISERT. RUSSLAND 俄羅斯帝國

Nord-See 北海　Amsterdam 阿姆斯特丹　Emden 埃姆登　Ems 埃姆斯河

Hamburg漢堡　Elbe易北河　Weser 威悉河　Aller 阿勒爾河　Hannover 漢諾威

Kgr. Westfalen 西發利亞王國　Hztmr. Mecklenburg 梅克倫堡公國　Havel 哈弗爾河　Brandenburg 布蘭登堡

Berlin 柏林　Frankfurt 法蘭克福　Oder 奧德河　Posen 波森　Preussen 普魯士　Graudenz 格勞登茨

Warschau 華沙　HZ. WARSCHAU 華沙公國　Narew 納雷夫河

Brüssel 布魯塞爾　Waterloo 滑鐵盧　La belle Alliance 拉貝拉良斯　Maas 馬斯河　Rhein 萊茵河　Köln 科隆

Grh. Berg 貝爾格大公國　Grh. Hessen 黑森大公國　Leine 萊納河　Kassel 卡塞爾　RHEIN BUND 萊茵邦聯

Fulda 富爾達河　Halle 哈勒　Leipzig 萊比錫　Kgr. Sachsen 薩克森王國　Saale 薩勒河　Main 美因河

Prag 布拉格　Elbe 易北河　Glogau 格洛高　Schlesien 西里西亞　Breslau 布雷斯勞　Oppeln 奧珀倫

Weichsel 魏克塞爾河

KAISERTUM FRANKREICH 法蘭西帝國　Oise 瓦茲河　Paris 巴黎　Seine 塞納河　Mosel 摩瑟爾河

Mainz 美因茲　Rhein 萊茵河　Grh. Baden 巴登大公國　Kgr. Württembeg 符騰堡王國　Hohenz. 霍恩佐倫

Donau 多瑙河　Kgr. Bayern 巴伐利亞王國　Nürnberg 紐倫堡　Böhmen 波希米亞王國　Moldau 莫爾道河

KAISERTUM ÖSTERREICH 奧地利帝國　Mähren 摩拉維亞　Donau 多瑙河　Wien 維也納

Kgr. Ungarn 匈牙利王國　Galizien加利西亞

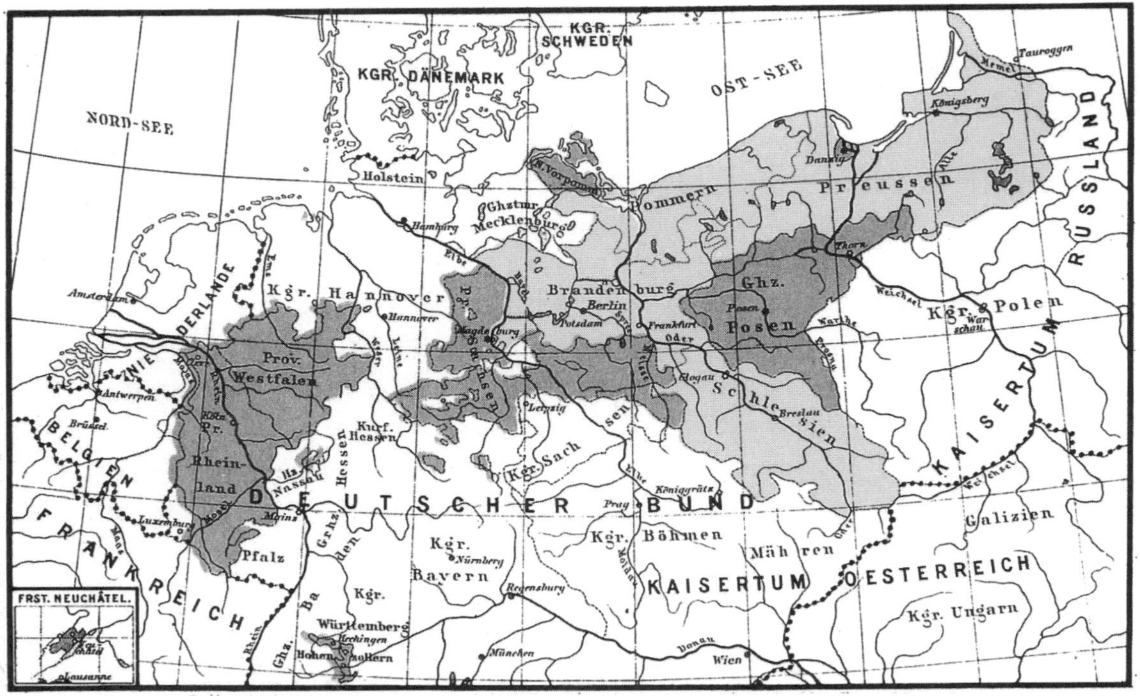

1815-1861：一八一四／一五的維也納會議在歐洲創造了秩序。普魯士不但保留一八〇七年之前已擁有的土地，並獲得薩克森的一部分、西發利亞以及萊茵河左岸。其一八一五年時的百姓共有一千零四十萬人，面積為二十七萬八千零四十二平方公里；一八六一年時則有一千九百六十萬居民。

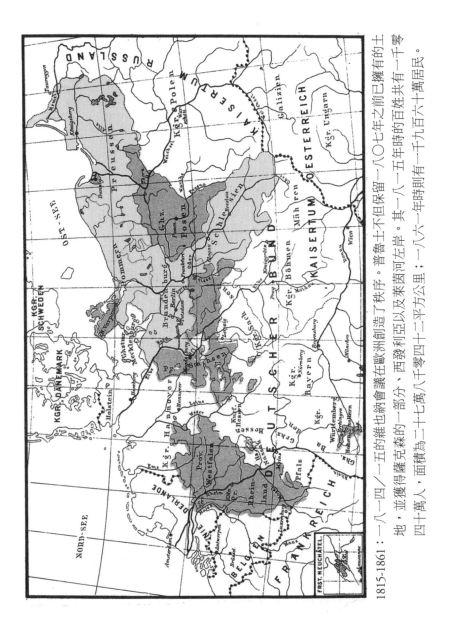

NORD-SEE 北海　KGR. DÄNEMARK 丹麥王國　Holstein 霍爾斯坦　KGR. SCHWEDEN 瑞典王國　Ost-See 波羅的海
N. Vorpommern 前波美拉尼亞　Danzig 但澤　Alle 阿勒河　Königsberg 柯尼斯堡　Memel 默美爾河　Tauroggen 陶羅根
Amsterdam 阿姆斯特丹　NIEDERLANDE 尼德蘭　Ems 埃姆斯河　Kgr. Hannover 漢諾威王國
Hannover 漢諾威　Weser 威悉河　Leine 萊納河　Hamburg 漢堡　Elbe 易北河　Pr. Sachsen 薩克森省
Magdeburg 馬德堡　Hztmr. Mecklenburg 梅克倫堡公國　Havel 哈弗爾河　Brandenburg 布蘭登堡
Berlin 柏林　Potsdam 波茨坦　Frankfurt 法蘭克福　Neisse 奈塞河　Oder 奧德河
Ghz. Posen 波森大公國　Posen 波森　Warthe 瓦爾特河　Prosna 普魯斯納河　Preussen 普魯士　Thorn 托倫
Weichsel 魏克塞爾河　Kgr. Polen 波蘭王國　Warschau 華沙　KAISERTUM RUSSLAND 俄羅斯帝國
Antwerpen 安特衛普　Brüssel 布魯塞爾　BELGIEN 比利時　Maas 馬斯河　Kleve 克雷弗　Rhein 萊茵河
Köln 科隆　Pr. Rhein-land 萊茵省　Prov. Westfalen 西發利亞省　Hz. Nassau 拿騷公國
Grh.Hessen 黑森大公國　Kurf. Hessen　黑森選侯國　DEUTSCHES REICH 德意志國
Leipzig 萊比錫　Kgr. Sachsen 薩克森王國　Elbe 易北河　Prag 布拉格　Königgrätz 克尼格雷茨
Glogau 格洛高　Schlesien 西里西亞　Breslau 布雷斯勞　Weichsel 魏克塞爾河
FRANKREICH法國　Maas 馬斯河　Luxemburg 盧森堡　Mosel 摩瑟爾河
Mainz 美因茲　Rhein 萊茵河　Pfalz 普法爾茨　Grh. Baden 巴登大公國
Kgr. Württembeg 符騰堡王國　Hechingen 赫辛根　Hohenzollern 霍恩佐倫
Kgr. Bayern 巴伐利亞王國　Nürnberg 紐倫堡　Regensburg 雷根斯堡　München 慕尼黑
Kgr. Böhmen 波希米亞王國　Moldau 莫爾道河　Mähren 摩拉維亞
KAISERTUM ÖSTERREICH 奧地利帝國　Donau 多瑙河　Wien 維也納　Kgr. Ungarn 匈牙利王國　Galizien加利西亞
Neuchâtel 紐沙特　Lausanne 洛桑

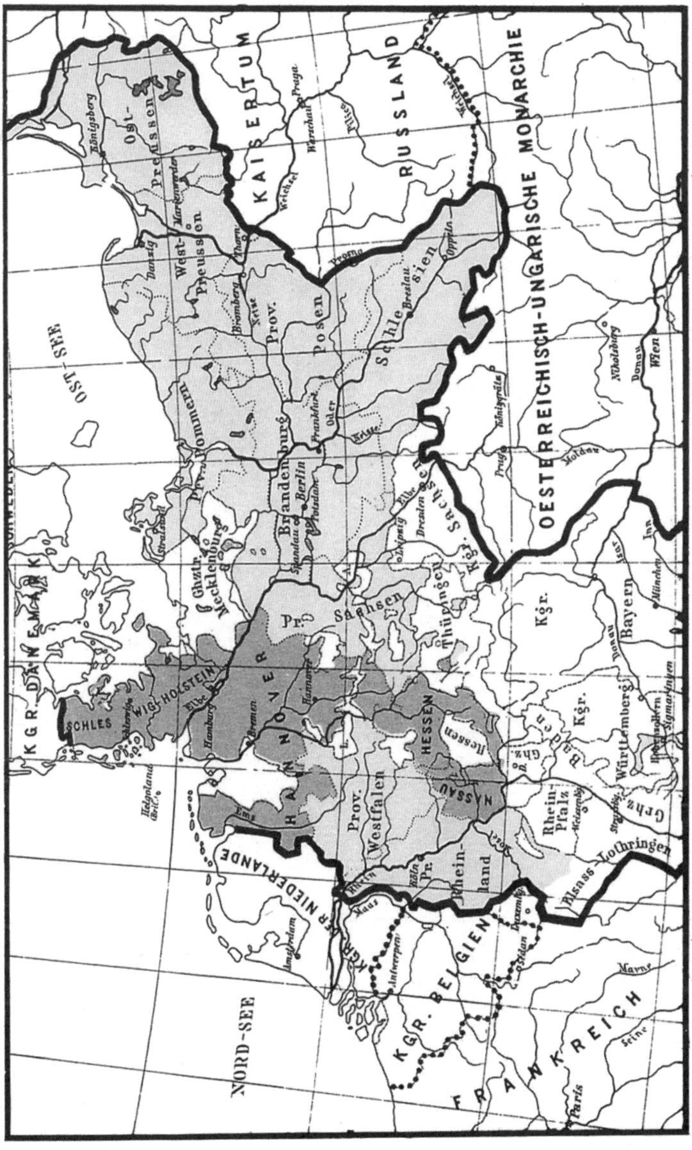

1861-1918：深色區塊為普魯士在一八六四和一八六六年時新獲得的土地，勞恩堡公國（Herzogtum Lauenburg）則在一八七六年才被併入。威廉一世在一八七一年時成為德意志皇帝，粗黑線條標示出德意志帝國的邊界。

KGR. DÄNEMARK 丹麥王國　Ost-See 波羅的海　SCHLESWIG-HOLSTEIN 什列斯威－霍爾斯坦
Schleswig 什列斯威　Helgoland 黑爾戈蘭（英）　Stralsund 施特拉爾松德　Danzig 但澤
Königsberg 柯尼斯堡　Ost-Preussen 東普魯士
NORD-SEE 北海　Amsterdam 阿姆斯特丹　KGR. DER NIEDERLANDE 尼德蘭王國　Ems 埃姆斯河
Hamburg 漢堡　Elbe 易北河　Bremen 不來梅　HANNOVER 漢諾威省　Hannover 漢諾威
Hztmr. Mecklenburg 梅克倫堡公國　Pr. Sachsen 薩克森省　Brandenburg 布蘭登堡　Spandau 施潘道
Berlin 柏林　Frankfurt 法蘭克福　Oder 奧德河　Prov. Posen 波森省　Netze 內策河　Thorn 托倫
Bromberg 布龍貝格　West-Preussen 西普魯士　Marienwerder 馬林韋爾德
KAISERTUM RUSSLAND 俄羅斯帝國　Weichsel 魏克塞爾河　Warschau 華沙　Praga 普拉加
KGR. BELGIEN 比利時王國　Antwerpen 安特衛普　Maas 馬斯河　Rhein 萊茵河　Köln 科隆
Pr. Rhein-land 萊茵省　Prov. Westfalen 西發利亞省　Mosel 摩瑟爾河　NASSAU HESSEN 黑森－拿騷省
Ghz. Hessen 黑森大公國　Thüringen 圖林根　Leipzig 萊比錫　Elbe易北河　Dresden 德勒斯登
Kgr. Sachsen 薩克森王國　Neisse 奈塞河　Schlesien 西里西亞　Breslau 布雷斯勞　Oppeln 奧珀倫
Prosna 普魯斯納河　Pilica 皮利察河　Weichsel 魏克塞爾河
FRANKREICH 法國　Paris 巴黎　Seine 塞納河　Marne 馬恩河　Sedan 色當　Luxemburg 盧森堡
Elsass-Lothringen 亞爾薩斯－洛林　Weissenbg. 魏森堡　Strassbg. 斯特拉斯堡　Grh. Baden 巴登大公國
Kgr. Württembeg 符騰堡王國　Hohenzollern-Sigmaringen 霍恩佐倫－西格馬林根　Donau 多瑙河
Kgr. Bayern 巴伐利亞王國　Isar伊薩爾河　München 慕尼黑　Inn 茵河
Prag 布拉格　Königgrätz 克尼格雷茨　OESTERREICHISCH-UNGARISCHE MONARCHIE 奧匈帝國
Moldau 莫爾道河　Nikolsburg 尼科爾斯堡　Donau 多瑙河　Wien 維也納

左岸 | 歷史254

不含傳說的普魯士（新版）

Preußen ohne Legende

作　　者　賽巴斯提安・哈夫納（Sebastian Haffner）
譯　　者　周全
總 編 輯　黃秀如
封面設計　黃暐鵬
內頁排版　宸遠彩藝

社　　長　郭重興
發行人暨出版總監　曾大福
出　　版　左岸文化／遠足文化事業股份有限公司
發　　行　遠足文化事業股份有限公司
　　　　　23141新北市新店區民權路108-2號9樓
電　　話　02-2218-1417
傳　　真　02-2218-1142
客服專線　0800-221-029
E-Mail　service@bookrep.com.tw
左岸臉書　facebook.com/RiveGauchePublishingHouse
法律顧問　華洋法律事務所 蘇文生律師
印　　刷　成陽印刷股份有限公司
初版一刷　2012年4月
二版一刷　2017年5月
二版四刷　2022年4月
定　　價　350元
ISBN　978-986-5727-53-6

國家圖書館出版品預行編目資料

不含傳說的普魯士 / 賽巴斯提安・哈夫納(Sebastian Haffner)著 ; 周全譯. -- 二版. -- 新北市 : 左岸文化出版 : 遠足文化發行, 2017.05
面 ; 公分. -- (左岸歷史 ; 254)

譯自 : Preußen ohne Legende

ISBN 978-986-5727-53-6(平裝)

1. 德國史

743.235 106005689